時代的現金戰爭

CLOUDMONEY

Cash, Cards, Crypto, and the War for Our Wallets

通膨、銀行倒閉、金融詐騙……當金錢只剩一組數字，如何在「無現金社會」保護自己的雲端財富？

布萊特・史考特 BRETT SCOTT——著　閻蕙群——譯

目錄

目錄

目錄

好評推薦

「現金數位化，真的是進步的表現嗎？數位化就代表社會進步嗎？或只是侵害了我們的掌控權和隱私權呢？科技正在革命，金融也不例外，本書從社會角度探討科技對金融的影響，乃至對人類的影響，如何權衡科技進步與社會進步，是現代世界的難題。強烈推薦本書給對科技、金融，乃至社會議題有興趣的朋友。」

——杜若宇，台灣區塊鏈大學聯盟副理事長、麥哲倫數位科技執行長

「本書是對金融新世界的重要反思。布萊特．史考特深入探討了區塊鏈、加密貨幣，以及科技巨頭和銀行巨擘在無現金社會中的權力聯繫。」

——萊諾．巴伯（Lionel Barber），《金融時報》前總編輯

「這是一本內容引人入勝且行文流暢易讀的未來指南，它讓我們知道如何從金融巨擘與

科技巨頭的魔掌中奪回這個未來。」

——葛莉絲・布雷克利（Grace Blakeley），《新冠疫情將會如何改變資本主義》（*The Corona Crash*）作者

「這是一本敘事出色、引人入勝且淺顯易懂的傑作，堪稱是快速發展的全球金融網路中的探路先鋒和政治指南。史考特發揮其人類學專業的洞察力，並結合金融業內人士的敏銳度，闡述了科技業與金融業是如何攜手合作，使企業資本主義快速壯大。如果你想了解金錢是什麼，以及它將形成什麼危害——就從本書著手吧。」

——凱特・拉沃斯（Kate Raworth），《甜甜圈經濟學》（*Doughnut Economics*）作者

「在這本不留情面、嚴辭抨擊卻妙趣橫生的書中，布萊特・史考特打破了許多關於現金、數位貨幣和加密貨幣的傳統迷思，並且非常高明地告訴我們，在迫在眉睫的貨幣靈魂大戰裡，究竟有哪些利害關係牽扯其中。」

——史蒂芬妮・凱爾頓（Stephanie Kelton）《紐約時報》暢銷書《赤字迷思》（*The Deficit Myth*）的作者

「論述權威且條理清晰。」

——《科克斯書評》（*Kirkus Reviews*）

前言

當「實體貨幣」變成「雲端貨幣」……

本書要講的是併購的故事：合併的是金融巨擘和科技巨頭這兩大勢力，被收購的則是權力；一旦兩者合併完成，他們將會以人類史上前所未見的規模掌控我們的生活。

我的看法與世俗觀點背道而馳。媒體每天都在大肆報導，又有某家金融科技新創公司推出了一個令人興奮的嶄新應用程式，能為人們提供許多便利的好處。比方說，當亞馬遜宣布與某支付平台建立新的合作關係，或是花旗集團宣布與谷歌支付合作時，媒體就會將此報導成一個人人歡迎的最先進創舉。未來學家更是爭相喊出各種數位金融流行語，就像古早的吟遊詩人拚命吹捧歌頌國王。

但我想告訴大家，為什麼你們不該相信數位貨幣與數位金融必定會愈來愈進步的說法。請大家別再聽信金融業和科技業每天不斷放送的洗腦言論，也別理會企業執行長及其部屬所捏造的神話故事。企業家跟衝浪者一樣，只愛講述那些乘風破浪激勵人心的美好故事（還會貼心地跟大家分享如何保持直立的祕訣），卻對其中暗藏的風險避而不談，例如：從外水域傳來的可怕長浪；這種大浪有可能是遠處的地震引發的，而地震本身則是看不見的板塊構造移動的結果。這裡我將省略看似美好的乘風破浪故事，直接揭開全球經濟的板塊構造。

我們正在見證全球金融的自動化，這個過程首先需要讓我們錢包裡的實體貨幣被銀行業控制的數位貨幣所取代——這種情況被冠上「無現金社會」的美名。**金融業及某些政府一直合力將實體貨幣妖魔化，至少在過去二十年間是如此**。金融業與科技業更利用新冠疫情期間大家對衛生的擔憂，趁機加快了他們想要消滅現金的大戰，朝無現金社會邁進一大步。但其實現金不僅能保護隱私，還能對抗天然災害和銀行倒閉這樣的人禍，然而卻被有心人士汙衊成是阻擋進步的過時障礙，必須讓路給數位貨幣（我稱「雲端貨幣」）來建構新的世界。

支付的數位化讓金融數位化——這項任務目前被外包給金融科技業（fintech）——變得更加廣泛，進而促成了企業資本主義（corporate capitalism）的全面自動化。該現象也已出現在亞馬遜、Uber 和谷歌（以及中國的騰訊、阿里巴巴）等公司的營運；幾乎每家大型科技公司都與金融機構建立夥伴關係，因為它們若不跟全球數位支付系統結合，就無法打造全球數位帝國。

在此過程中，巨型企業（mega-firms）悄悄組成集團（conglomeration）並形成寡頭壟斷

（oligopoly），隱身在表面上看似多樣化的大量應用程式背後。在我們的智慧手機螢幕背後，有個自動化的金融控制基礎設施正在日漸成長，數十億人正在被鎖入這些相互連結的系統中；而這些系統對於使用者的監控和資料提取程度，著實令人難以想像，並因此讓它們獲得了排除、操縱和欺瞞的力量。各主要強權也在其企業盟友的支持下展開搶人大戰，試圖讓人們重度依賴且離不開這些系統，而這也導致了地緣政治角力。

乍看之下，政府加企業組成的各路人馬好像是在爭奪主導權，但細思之後才發現，他們其實是想在不斷增長的全球超級系統中搶先卡位。我們很難窺見這個超級系統的全貌，部分原因是它太大了。但是我們每天與手機、電腦和感應器的例行互動，全都會被它們傳送到遠方的資料中心，讓我們的一舉一動皆留下印記，並轉化為一種不舒服的感覺：我們生活的這個世界，必定會變得日益緊密相連。

有些人，包括我自己在內，在察覺到這個日益收緊的網絡時，幽閉恐懼症隨即上身。那些展示產品便利性的廣告往往令我不寒而慄，因為之後它們就會想要研究我的行為並加以引導。我看著我的手機，懷疑它並非一個能幹的同伴，而是邪惡勢力的代理人，時時刻刻監視著我生活中原本不受正式控制的那些面向。

不過，我不打算在這裡爭論數位世界是壞的，或是拿它跟某些良善的非數位世界進行對比。因為所謂的公開辯論，是評比兩個事物的高下，但我個人傾向於把世界看成是矛盾的。我認為我們所有人都陷入了複雜的經濟、文化和政治網絡中，它們既能解放我們但同時也會禁錮我們。所以我撰寫本書的目的，是想將失之偏頗的數位金融故事扳正，因此我會同時呈現它的陰暗面與光明面。

貨幣雲端化，讓人喪失直接持有金錢的能力

小時候我父親曾教我們兄弟倆如何看地形圖，還讓我倆只帶著一具指南針去南非境內三千多公尺高的龍山山脈探險。當時我們自認為是不折不扣的男子漢，但其實五百年前住在這些山區的薩恩族（Sān）原住民，根本不必靠任何科技的幫忙，全憑自己的經驗、直覺和星辰來導航。

此事凸顯出一個矛盾。從表面上看，工具是人類將其意志強加於世界的利器，譬如當年我們兄弟倆緊握著珍貴的指南針大步前進，並且一如預期地在夜幕降臨前順利抵達山洞，令我們為自己的成就興奮不已。但年幼的我們並不明白，讓這個工具發揮功能的代價就是我們

變得依賴它。我們把找路的工作外包給指南針，遺忘了自己內在的指南針，沒讓它成長茁壯，最後甚至有可能完全失去它。

科技是把雙面刃：我們以為它會賦予我們能力，但實則令我們變得更加依賴它。那些支援我們日常生活的外部小工具，其實會塑造我們的行動和思想，就像我們本以為那些創新事物是可以自由選擇的新方案而收下，哪知後來卻成了強制性的必需品。如果你住在大城市裡，你能選擇的是智慧手機的品牌，卻不能「選擇」要不要用手機，因為不用手機恐怕會被排除在你所依賴的社會經濟網絡之外。

要是我們不持有我們所依賴的強大科技，該矛盾會更加嚴重。例如谷歌地圖並不在我的手機上，而是位在一個遙遠的數位資料中心，也就是俗稱的「雲端」。我只能透過我的智慧手機造訪谷歌地圖，它其實是一個外包的方向感，被託付給遠方的一個巨大實體。

我們對谷歌地圖的依賴不過是最近幾十年的事，但今天要是某個倫敦人的手機電池電力只剩一％時，他的心臟就會怦怦狂跳，擔心再也無法連上那個遠端控制的數位神諭。我們一整天的生活都圍繞著這些科技打轉，它們似乎已經與我們融為一體了。只要一天無法用手機，我就會覺得自己像是搭上長途航班的老菸槍，滿腦子只想著什麼時候能衝下飛機點上一根菸，好讓自己再度活過來。

這種矛盾模式也存在於金錢，但層次較深。活在今天的我們，早已深刻體驗到沒錢萬萬不能的道理，要是你選對熱門行業擁有很好的收入，你就知道錢有多好用——有錢能使鬼推磨。我們早已忘了貨幣交易出現之前的世界是什麼模樣，甚至連想像都辦不到。五千年前的貨幣系統，規模小而孤立，但發展至今卻大到吞噬了我們的文明。我們擁有的每件物品——從電腦到鞋子，從進口的義大利麵到這本書——幾乎都是透過一個全球貨幣交易系統取得的。我們與金錢的關係甚至超過我們對科技的依附，**當我們銀行戶頭裡的餘額接近零，我們就會因為即將無法進入市場消費而感到無比恐慌**。失去那樣的機會，甚至比老菸槍無法在飛機上吸菸更難受，會令我覺得自己像一條在乾地上逐漸窒息的魚，拚命想朝著水源前進。由於錢能讓我們取得我們依賴的所有東西，金錢遂成為我們最終極的依賴物。

不過，**當我們失去直接持有金錢的能力時，情況就進入一個全新的層面。我們銀行帳戶中的數位貨幣，存在於銀行業控制的遠方資料中心裡，我們透過手機、電腦或支付卡與之溝通**。在「無現金社會」裡，我們的交易能力被外包給這些金融實體，但目前它們卻紛紛與谷歌之類的公司達成協同交易（synergistic deals），並大肆宣傳該協同作用極其方便，但其便利性卻是來自於對企業權力集中的高度依賴。這是我們這個時代的核心矛盾，也是本書將深入探討的內容。

科技正在改造金融

過去十四年間，我一直處在全球金融領域的最前線。我的金融職涯開始於我加入倫敦一家新創立的流氓金融公司，卻不巧遇上二〇〇八年的金融危機。我的工作是推銷所謂的「非常規衍生性金融商品」（exotic derivatives），它們不是一般人能理解的超複雜賭注。在那兩年的工作期間，我每天都在打電話給各大企業的財務總監、巨型基金的經理人，以及投資銀行的交易員。那家公司在全球金融市場動盪不安的強大壓力下一直搖搖欲墜，最後終於還是不支倒閉了，但它苦撐下來的時間已經長到足以讓我認識「高端金融」（high finance）這門黑暗藝術。

金融是個古老的行業，比網際網路至少早出道一千年。它主掌全球貨幣系統，每天都有數以億計的經濟互動與金融合約依賴於它。這個世界是由全球的中央銀行、商業銀行、華爾街、倫敦市，以及在岸和離岸金融中心組成的。倫敦金融區的酒館裡經常坐滿西裝革履的金融從業人員：大嗓門的交易員、油嘴滑舌的投資銀行家、斯文的理財顧問、粗魯的對沖基金經理人。在高檔的梅菲爾區戒備森嚴的大門後，俄羅斯的寡頭政治家正在為採礦企業籌募資金，中東產油國的酋長則為他們的主權基金聽取投資建議。

我曾在二〇一三年出版一本書，名為《異端的全球金融指南》（*The Heretic's Guide to Global Finance: Hacking the Future of Money*），說的就是這個世界的故事。由於我有人類學的背景，所以我運用該學科的方法來深入研究金融巨擘，並參考滲入複雜系統的駭客哲學，做為挑戰金融業權力的方法。該書的出版竟為我開了條路，讓我得以跟各式各樣的社群合作，他們多半聲稱已經發現了金融改革或金融革命的關鍵。

這些團體的背景各異，從極左的無政府主義者，到生態保育人士、新世紀的靈修者、市場自由主義者、鷹派保守主義者，乃至於政府的科技官僚，每個人的觀點可說是南轅北轍。我曾與嬉皮合作設計地方貨幣，幫助環保人士向退休基金遊說，協助會計師重新想像查帳的未來，並向貨幣政策制定者提出挑戰。我還曾擔任維也納一家藝廊的金融駐場藝術家，也做過麻省理工學院媒體實驗室的合作者。我曾在落腳處遇過馬來西亞的央行官員、國際貨幣基金的美國官員、德國的反監控抗議者，以及塞爾維亞的政治異議人士。我甚至曾與極右派人士同桌而坐，他們當中有一小撮人仍未能忘情法西斯主義。我很幸運有機會與不同立場者交換意見，我們對於經濟體系的問題，以及改變它的作法，抱持著截然不同的觀點，不同立場的改革者，追求的最終目標也都不一樣。

到了二〇一五年，我開始將注意焦點轉移到數位自動化的領主——矽谷的科技公司。這個世界有著開放的工作空間，裡面擺放著能隨意變換形狀的紓壓躺椅（beanbag chairs）、貼著便利貼的白板，黑色螢幕上有著色彩繽紛的電腦代碼。這個世界裡的自我推銷充斥著各種創新語言，執行長們戴著耳麥走上舞台，像傳福音似地介紹他們最新的應用程式，總能獲得台下如雷的掌聲。世界上最大的公司——谷歌（字母）、臉書、蘋果、亞馬遜和微軟（以及中國的阿里巴巴、騰訊和百度）——全都化身為數位結締組織，而我們則透過他們來參與市場。這讓他們得以獲得大量的數據，然後用這些資料來訓練他們的人工智慧。

金融業和數位科技業的高層裡都有一些人，他們相信自己的行為能帶領世界走向未來，但其實兩者來自截然不同的企業文化。金融界的形象是自私自利，就像電影《華爾街》（*Wall Street*）裡的戈登・蓋科（Gordon Gekko），是個無情的企業掠奪者。而科技界長期以來的形象，一直是理想主義者和怪咖編碼員，蘋果公司在一九八四年超級盃美式足球賽推出的廣告，便十足展現出他們的精神——一個身穿鮮豔服裝的運動員，用大錘砸碎了壓迫性的灰暗現狀，它承諾要給大家帶來擺脫傳統權力結構的自由。

不過，那已是一九八〇年代的陳年往事了，現在這兩種企業文化正在結合。例證之一是金融巨擘和科技巨頭的員工，在兩個行業之間自由轉換——例如我有個朋友曾在摩根大通集團擔任定量分析員，負責計算金融合約的價格。但如今他在谷歌旗下的人工智慧研究單位

DeepMind 工作，負責研發可適用於任何情況的人工智慧。

這種金融與科技人才一家親的現象，在它倆誕下的混血寶寶——金融科技領域也可見到，這個新行業充分展現了兩個世界之間曖昧卻又緊密的關係。銀行業在二〇〇八年的金融危機之後聲譽不佳，這時出現了一個科技烏托邦的想法：數位新創公司將顛覆金融業並促使金融民主化。數位科技被視為挽救危難的白衣騎士（white knight），將把糟糕的舊金融業導入正軌。「金融科技」成了一個熱門詞彙，吸引了來自傳統銀行的工作人員，他們對於如何將金融服務數位化很有想法，同時也吸引了想以局外人身分從事金融業務的科技專家。

剛開始的時候，金融科技業感覺好像比其他科技業單調，因為它附屬於金融巨擘的舊勢力，但比傳統的金融業多采多姿些，因為它跟矽谷的炒作扯上了邊。時至今日，金融科技利用這樣的想法：**科技正在改造金融，而銀行則是不情不願硬被拖入新的數位世界**。用科技的話來說，就是未來必須被帶至現在，而且所有老舊事物必須消失在過去。舊的金融系統必須被更新，過去的老方法——包括銀行分行、實體現金和非數位的流程——必須死去。這些想法被當成是對金融的徹底顛覆。但是當我以更客觀的立場審視金融科技業時，我發現他們並不打算改造金融巨擘，而是想要將它自動化。但該差異很少被提及，這是為什麼呢？

自動化是「必然的進步」嗎？

人們往往憑直覺預測未來可能會是怎樣，但如果我們不確定未來會看到什麼，不妨轉而論證它應該會是怎樣。這屬於政治的領域，我們可以為我們想要的未來提出慷慨激昂的請求，而不是隨便將就於一個我們認為可能的未來。然而地方性的政治要求——例如要求為學校提供補助，或是為地方打造環保的綠色基礎建設——比較容易實現，但要實現跨國性的政治要求就困難多了。而且只要一說到全球經濟的數位化和自動化這麼廣泛的軌跡時，人們便奇怪地噤聲了，感覺好像不管你是否願意，它們都會發生。

為什麼會這樣？因為跨國經濟體系的規模令我們每個人都相形見絀，而且大多數人把它當成是他們必須學會去應對、而非自己主動去打造的事情。沒有人覺得自己在「驅動」全球經濟，但他們確實體驗到它在動，就像一個自動駕駛的龐大隊伍。它被視為理所當然的事情，其他被視為理所當然的事還包括企業的規模會越來越大，武器的威力會越來越強，資源會越來越稀少，數位連結會越來越密集。該場景似乎與一九七〇年代的電馭叛客（cyberpunk，通譯為賽博龐克）科幻小說家所想像的情況異常吻合。小說裡的人物生活在高科技的世界中，那裡只有一望無際的大都市帶（megalopolises）、完全看不到森林。政府已與大企業官商勾結在一起，大企業為茫然的人類提供了進入虛擬實境夢境的機會，來逃避他們單調乏味令人厭倦的生活，但仍有一小群反抗者試圖抵抗。

有時你不免會覺得反烏托邦的科幻小說啟發了科技公司，因為我們已經看到小說中的情節，活生生體現在科技巨頭公司帶給我們的創新中：從《關鍵報告》（*Minority Report*）中無所不在的臉部識別科技，以及《銀翼殺手》（*Blade Runner*）裡的生物科技，再到《潰雪》（*Snow Crash*）裡的「鬼怪」（Gargoyles）*——一個人只要穿戴上能將視聽資料載入的設備，就能進入一個稱為「元宇宙」的虛擬實境版網路。但電馭叛客並非從科幻小說獲得「靈感」，而是從大規模資本主義系統的固有趨勢中推斷出來的，這就是為什麼結果會持續出現在我們眼前，彷彿受到慣性的支配似的。

但新冠疫情短暫打破了該慣性，並對許多人造成了重大的精神衝擊。我們的系統出現了短暫的停頓——這情況令一些人感到焦慮，但讓另一些人感到欣喜——但之後又回到相同的舊模式中，就像跑步機重新開機一樣（但速度卻加快了）。對科技抱持樂觀想法的人努力為這種慣性感受做出一個積極正面的解釋，他們主張經濟進程的規模和速度不斷提升，是由我們所有人推動的「進步」，是人類創造性精神的體現。

這些故事在數位金融裡隨處可見：例如專家們聲稱，無現金社會乃是不可避免的發展，因為「我們」——大眾——看到了速度快、自動化、連線性和便利性不斷提升的價值，所以想要獲得更多的數位金融。因為「我們」全都希望如此，所以沒有任何一個人能反對此事，要是有人試圖反對，他就會被棄之不顧。整個行銷業更是傾盡全力強化該訊息，他們告訴大家要為「我們」一起推動的變化做好準備，否則就會被一個「快速變化的世界」給略過。金融業和科技公司推出的所有產品，幾乎都會附帶該訊息，將商業利益幻化成大自然的力量，是無法阻擋且利於所有人的。

這就是我在倫敦地鐵的月台上看到的廣告內容，它把數位支付說成是「未來就在這裡」。我還在新加坡某座摩天大樓的一側，看到三星手機的宣傳看板上寫著「未來已經到來」（Next is Now）。就連某位企業家也在哈薩克第二大城努爾－蘇丹（Nur-Sultan）舉行的某個大會的舞台上，預言未來的一切都將數位化。在我的祖國南非，當地一位政治人物也在電視上說出相同的訊息，他要大家為「第四次工業革命」做好準備。我的父親是一名來自辛巴威農村的退役士兵，用的是一台高齡十二歲的老舊電腦，但電視中卻傳出這樣的訊息，要他為無人機、機器人、智慧城市、生物科技和人工智慧的龐大綜合體做好準備，但他明明

* 歐洲教堂屋頂上會滴水的怪獸狀石雕。

從未要求過上述任何一樣東西。

在地的政治人物是從哪裡獲得這些資訊的？官方的故事是從那些位於有權有勢地區的高科技中心傳播出去的，那裡關係到巨額的利潤。其中一個中心位在距離南非一萬六千公里外的矽谷，那裡的人正在向創投金主募集資金，以便推出行銷活動，讓我們迷上他們的平台。這群人的竊竊私語從灣區的會議室和酒吧傳到了記者那裡，而記者影響了達沃斯世界經濟論壇之小組討論的主辦人，然後BBC的達沃斯世界經濟論壇的報導，被約翰尼斯堡的一位在地潮流引領者看到，此人的任務就是讓我老家的政治人士了解國際潮流的最新情況。我們這個時代的科技咒語，就是透過該管道及其他上千個管道，傳播到我父親的小客廳裡。在被告知要做好準備之後，他將像大多數人一樣，體驗到科技透過他的對等網路傳播，之後他將別無選擇只能乖乖加入。

對許多人來說，他們不大在意該選擇集體或個人的施為（individual agency）來揭開此事。但有一些人發現，對於即將到來的科技進步奇蹟，當個加油吶喊的啦啦隊，心情會比較輕鬆，他們還會對任何提及反烏托邦可能性的言論，表現出聽天由命的漠不關心。如果你是拿人錢財，那你做出這樣的表態就更說得過去了，許多主流的未來學家收受了大筆金錢，還把自己塑造成鐵口直斷的預言大師。例如《連線》雜誌的創刊編輯凱文．凱利（Kevin

Kelly）在二〇一六年出版了《必然：掌握形塑未來30年的12科技大趨力》（*The Inevitable: Understanding the 12 Technological Forces That Will Shape Our Future*）一書，書名把未來視為天氣——像是會發生在你身上的事。他的「天氣預報」中提到的第十二個預測是，我們將會被吸收到「連結所有人類和機器並形成一個全球矩陣的行星系統中」。

對於如何打造這個全球矩陣，我倒是可以給個意見，既然科技巨頭與金融巨擘的平台都已融入數十億人的生活中，那麼只需透過金融科技的基礎建設使兩者結合，然後將兩者與其他所有東西（城市、機器、我們的身體）黏在一起，讓整個環境都成為唯利是圖的寡頭壟斷企業的囊中物，並將這種情況說成是我們所有人一起推動的一場革命，所以它是不可避免且大受歡迎的。最後，把任何反抗者都說成是無足輕重、與世隔絕且留戀過去的盧德分子（Luddite）*，他們需要被哄騙或是被拯救。

* 強烈反對機器化或自動化的人。

異軍突起的加密貨幣

不過或許還有其他方法可以打造一個全球矩陣，二〇〇八年就出現了另一個建議，有人在網路論壇上發布了一份內容晦澀難懂的九頁PDF文件。文件的標題是《比特幣：一種對等式的電子現金系統》（*Bitcoin: A Peer-to-Peer Electronic Cash System*），作者署名為中本聰（Satoshi Nakamoto）。我們平常使用非接觸式卡片付款的數位貨幣系統，是由銀行掌管的；但是該文件指出，一個由眾人組成的網絡，如何在沒有銀行參與的情況下，自行發行可在彼此間移動的數位代幣。中本聰和各種合作者開始建立擬議的系統，並在二〇〇九年發布了第一版的開放原始碼協定——當人們開始使用時——世界上第一個「加密貨幣」比特幣就誕生了。

我從二〇一一年開始嘗試使用比特幣，並寫了兩篇關於比特幣的早期部落格文章，其中一篇很快就出現在谷歌搜尋結果的第一頁。當BBC和其他媒體的製作人在二〇一三年左右開始瘋狂搜尋關於比特幣的資訊時，我便陸續收到電子郵件，邀請我上電視和廣播節目討論比特幣。我還開始賺取比特幣——主要是用我的第一本書換來的——並用它們來買東西，比如倫敦一家酒吧的披薩，保加利亞的薄荷茶，甚至用它在一個名為加密情趣玩具的成人網站購買商品。當我手頭拮据時，便說服我的合租室友同意我用比特幣支付租金，我還用比特幣雇用幫手。在比特幣的加持下，一個加密貨幣的場景開始發展，新的加密貨幣不斷出現。二〇一三年問世的狗狗幣（Dogecoin）更是充分體現了加密貨幣有趣且具實驗性的精神，它以熱門網路迷因為基礎，標誌則是一隻柴犬。

但氣氛很快就變了，投機者被加密代幣科技的新穎性所吸引，開始蜂擁而至並進行交易。與此同時，支撐這些代幣的區塊鏈技術也備受關注，到了二〇一五年，區塊鏈本身成為一個熱門詞彙，被創新專家們興奮地吹捧著。區塊鏈技術被用來創建數位系統，可以協調互不相識的人採取行動，而不需要一個中介機構。所謂的行動包括移動代幣（是由比特幣系統促成的），但也可以擴展到其他方面。各種尚待開發的可能性，成為新科技願景的強大催化劑，而它們全都是基於「去中心化」的概念：人們認為現有的任何「中心化」系統——一個以少數大咖參與者為核心的系統——都面臨著被破壞的威脅。除了金融系統之外，還可能包括法律、著作權或全球貿易系統。

雖然去中心化的概念令人興奮，但因為提出的解決方案模糊含混，再加上對現有系統不夠了解，以至於人們對區塊鏈將如何徹底改變貨幣、金融與經濟，產生了一些離譜的說法。從智慧財產權律師到無政府資本主義自由派人士，從新法西斯主義者到新世紀瑜伽士，幾乎人人都在大力宣傳，因為他們從中看到了全球和諧的有機願景。

這股熱潮引起了主流機構的注意，我的收件匣裡出現一些請求協助、邀請演講及上媒體曝光的電子郵件。我撰寫了聯合國關於加密貨幣的首批報告之一，後來還到歐盟委員會及歐洲議會做了報告；國際貨幣基金的官員也發電子郵件給我，詢問是否可以用區塊鏈來解決國際支付系統的問題。區塊鏈熱潮把我帶到了世界各地，從阿姆斯特丹到舊金山，從奈洛比到東京。但其實我對區塊鏈技術懂得很少，其他人也差不多如此。可不論是在彭博社還是CNBC的攝影棚裡，或是在全球會議的舞台上，現場總是擠滿了高談闊論的投機者。我看到一些完全不懂殖民主義之複雜歷史的創業者，卻聲稱區塊鏈將「終結非洲的貧困」，也看到無數的加密貨幣大師，明明不了解銀行的運作，卻大膽預測銀行業的滅亡。我還見過資深銀行家對這些鬼話信以為真，因為他們根本沒能力評估科技專家提出的主張。

區塊鏈技術最初承諾提供一個去中心化的替代方案，以取代我在本文開頭提到的金融與科技寡頭壟斷日益增長的情況。**區塊鏈技術的早期發展直接受到以下這兩件事的啟發：一是擔心無現金社會隱含的監控現象，二是擔心國家和企業的權力有可能在數位時代大規模集中化**。但區塊鏈技術本身存在著深刻的模糊矛盾性，其中之一就是金融機構和巨型企業非但不怕被區塊鏈排斥，反而越來越渴望將它納入他們的業務中；因為區塊鏈技術既然能夠協調一般人組成的網絡，當然也可以用來協調寡頭壟斷。

到了二〇二一年，區塊鏈的炒作達到一個新熱度，這時全球資本主義制度開始吞噬它的整個部分。像伊隆·馬斯克之類的科技巨頭也開始推廣加密代幣，創投金主紛紛設立基金投資加密新創企業，就連威士卡（Visa）也開始提供新的業務線，將加密貨幣納入正常的支付系統。雖然人們一開始想像區塊鏈技術是要對抗金融巨擘和科技巨頭的，但實際上雙方卻是在組成一個綜合體，所以這個綜合體究竟是會進一步推動反烏托邦趨勢，還是會打擊它們，目前還無法下定論。

深入了解正在改變的貨幣系統

我們被帶往的方向應該還存有一線希望吧？或許吧。但在深入探討此事之前，我們需要先參觀一下我們的貨幣系統，以便更了解它是如何在改變的，並說明現金系統是如何遭到侵蝕的。我還將深入探究金融科技的動能，看它如何讓現有的金融體系「蛻變」，以及那會如何與矽谷產生交集。接下來，我將帶領各位一探令人困惑的加密貨幣世界，以及自詡將成為替代方案的區塊鏈技術。我還將展示銀行業與加密貨幣世界互相掠奪時出現的混合區（zones of hybridisation）。我也會討論當前的情況，目前各種勢力已經集結並蓄勢待發準備要包圍我們了，我們必須找到力量把它們推往新的方向。

在我的論述過程中，我會批評許多機構，包括國家、企業、新創公司，甚至是一些意識形態社群。但我要聲明，我無意批判系統裡的人們。我們每個人都必須在這個世界上討生活，對大多數人來說，他們被迫在現存的結構中工作。但我經常看到這些結構，並不關心它們的受雇者，甚至是管理者的死活。在我們有幸能發揮創意重新想像這些系統之前，我們必須批判性地反省它們，而且現在就是這麼做的最佳時機。新冠疫情加強了我們對跨國數位基礎建設的依賴，被困在家中工作的許多人，不僅感受到被前述各種勢力包圍的空虛，同時也感受到隱藏在螢幕後方蓬勃發展的那股力量。

第 **1** 章

貨幣，是經濟的神經系統

此刻，我正站在英國次高大樓的三十九樓，他們稱這個地方為 Level 39。這棟摩天大樓位於倫敦的金絲雀碼頭區（Canary Wharf），此區匯集了世界上最多家金融巨擘，而 Level 39 則是金融技術新創公司的匯聚地。Level 39 是由金絲雀碼頭集團打造的，目的是讓金融科技公司在一個培養皿中成長。這裡進駐了超過一百家公司，多半從事金融自動化的某個面向，例如支付應用程式、保險客服機器人、人工智慧信用評分，以及「機器人顧問」（robo-advisers）。

這種充滿年輕公司的空間被稱為「孵化器」或「加速器」，但更精準的形象可能是一個豪華的健身中心：一家公司在那裡展開密集鍛鍊，並注入類固醇（創投資金），最後在日光浴床上休息一小時，以晒出健康的光澤。我經常受邀進入科技創業的世界，我這次來 Level 39 也是為了參加一場關於「金錢的未來」的研討會。

其實，我並非頭一次造訪這棟摩天大樓，早在十多年前，也就是二〇〇八年七月，我就曾來到位於三十五樓的雷曼兄弟投資銀行面試。雖然我順利通過第二輪面試，但還沒等到第三輪面試，這家巨型銀行就破產倒閉了，而且還引發了全球金融危機。

我在危機升溫期間，成為一名衍生性金融商品銷售人員，這個職位讓我有機會拜訪這棟大樓裡的多家公司。我在那段時間裡領悟到一件事：你工作的樓層越高、你就越難抱持腳踏實地的心態。打個比方吧，沒有人會在三十五樓租間辦公室用石磨麵粉製作手工麵包，只會出於投機的目的或是跨國風險管理，在此進行全球小麥價格的巨大賭注。

倫敦並非世上唯一一個摩天大樓林立的地方，摩天大樓會聳立在金融界大佬聚集的任何地方，例如新加坡、紐約、上海、東京及法蘭克福。德國商業銀行大樓是法蘭克福最具標誌性的摩天大樓之一，我還記得某天深夜我站在大樓前給它拍了張照片（見圖1-1），當時裡面有名保全緊張地盯著我看。這座巨大的塔樓讓人聯想起《魔戒》（*The Lord of the Rings*）

圖1-1　德國商業銀行大樓

裡巫師薩魯曼的堡壘，樓頂的堡壘被籠罩在幽靈般的黃色聚光燈中。這些建築的每一個元素，從安全門到在陽光下閃閃發光的單向玻璃窗，都被刻意設計散發出一股堅不可摧的力量感。這些建築精準反應出我們大多數人與「高端金融」的關係：只能站在這些高不可攀的摩天大樓下方，從外圍向上遙望。

德國商業銀行大樓內部有個祕密：某間男廁所裡的小便斗，擁有能俯觀城市的視角，讓上廁所的人可以邊尿尿邊看著下方熙來攘往的人群。（見圖1-2）

這個景象所隱含的寓意也太巧妙了：高高在上的銀行家俯視下方的芸芸眾生並對著他們撒尿？曾在高端金融工作過的我，認為情況其實更複雜，儘管銀行家們很愛大放厥

圖 1-2　德國商業銀行大樓內部某間男廁的視角

辭，但他們鮮少能掌控自家的機構，通常只是充當上級的傳聲筒罷了。商辦摩天大樓其實有點沒人性，銀行家們身穿的西裝像是護身的制服，廁所則是摩天大樓裡唯一能讓他們稍稍卸下盔甲喘口氣的地方：他們在那小小的隔間裡安心地光著屁股，露出溫暖的身體。

說到底，我們都是在地的群居生物，即便是飛得最高的銀行家，要是晚上沒有朋友、家人、寵物或社群的陪伴，隔天早上恐怕也提不起勁走進這些冷冰冰的大樓。沒有人願意住在德國商業銀行大樓裡，因為你無法從五十樓感知遠處的活動。摩天大樓並非溫血人類的自然棲息地，但如果我們把企業看作是自給自足的活實體，那摩天大樓確實是企業的自然棲息地。企業在鋼鐵大樓裡感到非常自在，從五十樓的高處往下看，下方的人群只不過是試算表上的數據點罷了。

集體觀之，全球金融企業社群就像一個好多層的金錢帝國——以及金錢承諾——的密集神經中樞，透過海底的光纖電纜傳達訊息，並經由境外金融中心傳給遠方的其他企業集群。Level 39 就位居其中一座金融高塔的頂端，那些被雇用的金融科技業員工並不知道，自己將負責實現這個神經中樞的自動化。

把貨幣視為一個神經系統

我是刻意使用「神經中樞」一詞的，因為經濟學家常用血液隱喻貨幣，將它描述為一種在經濟中「流動」且具有價值的物質。金融家們喜愛這個比喻，因為這使得他們這一行成了全球經濟的「跳動的心臟」。**但以循環系統做比喻，無法讓我們看到金融的真正本質。**

人體的神經系統是一個由神經元組成的網絡，神經元嵌入所有的組織和肌肉中，傳遞神經衝動來啟動肌肉。神經系統集中在某些地方，例如我們的脊髓和大腦（神經密度最高）。同樣地，我們的全球貨幣系統也是互相連結的網絡——雖然基本上是看不見的——但能到達地球上最遠的地方；而且就像神經元嵌入組織中一樣，它們也嵌入了我們。但全球貨幣系統雖然能到達塵土飛揚的最偏遠小鎮，卻集中在高端金融的世界裡，而高端金融本身又集中在這些高聳的摩天大樓裡。

許多人聽到媒體專家談論這裡發生的活動時，往往會感到心慌意亂，這並不奇怪。因為他們聽到的都是「外匯市場每天的資金交易高達數兆美元」，或是「全球衍生性金融商品市場的市值是全球 GDP 的十倍」之類的陳述，令人聯想到一個由天文數字組成的異世界形象。雖然高端金融確實存在，卻與我們的生活毫無關聯，但複雜的金融網絡，最終一定能追溯到我們身上與地球上。

確實所有事物歸根結底都來自我們的生態系統，沒有它我們根本活不成。如果我走進一座公園，然後躺在草地上往下看，我會看到蟎蟲在土壤顆粒中爬行。要是我能鑽進更深的地裡，就會看到微生物、真菌和水分子，這是孕育植物的底土層，而植物養活了無數的生物。這些東西都被安排在生態系統中，讓我們得以在此生存了二十多萬年，繁衍子孫、形成社區，以及生產商品和服務，也就是創造了價值。

在這數十萬年的大部分時間裡，我們都是在沒有金錢的情況下活過來的。但我們今天所說的「經濟」，是一個眾人和群體組成的相互依存之網路，大家利用這個生態基地互相為對方生產商品和服務，並透過貨幣系統的協調，來轉移他們的勞動（及其勞動所產出的產品），貨幣系統將大家凝聚在一個密集的星座中。這就是為什麼從一開始，我們就應該把貨幣單位視為能促使某人產出價值的東西——**就像互相連結的神經系統中的一個衝動，從某個部分飛向另一個部分，使身體動了起來**。

我們將在後續的章節中，深入研究貨幣體系，並思考它是如何分成兩個部分，一個以中央銀行為中心，另一個則以商業銀行（現金和數位貨幣之爭的主角）為中心。我們將了解到現金是一種更基本的貨幣形式，而你在輕觸支付工具時使用的數位貨幣，其力量有一部分得自於它將自己與現金聯繫起來。

不過本章的其餘部分，將把貨幣網路視為已經嵌入我們的生活中，以便探討這如何讓金融界的大咖參與者（投資銀行和對沖基金）得以透過公司結構，設計和交易相關的合約，來引導、擴大和提高貨幣移動的複雜性。這樣我們才能搞清楚，那些高層次的經濟結構，跟我們日常生活中攜帶何種形式的貨幣這種看似低層次的問題究竟有啥關係。

經濟體真正的命脈不是錢，而是……

產業巨頭可沒興趣做苦工。如果有五名石油大亨組成一支團隊，打算開發一座新的海上鑽井平台，他們並不會自己動手而是找別人代勞。大亨們會動員一支供應商大軍負責提供材料，並招募工程師和許多承包商和工人。啟動該過程的主要方法是建立一個法律實體——成立一家公司或企業——然後給它取個名字（例如DeepFuel Inc.），並開立一個銀行帳戶，這樣它就可以跟這些承包商和工人進行交易。不過在這家公司能夠採取行動之前，它的銀行帳戶必須先注入資金（或稱「資本化」）。

負責安排資金注入的就是金融業，石油大亨可能會把他們自己的一些錢轉進 DeepFuel 的帳戶裡，但是為新實體注滿資金的任務，將被外包給投資銀行家。投資銀行家將為 DeepFuel 公司起草一份招股說明書（prospectus），旨在展示該業務的管理者將如何在一定的風險下，能以低於產出（這裡指石油）的價格，取得他們所需的投入（工人、材料、技術等）。這份 DeepFuel 的招股說明書（以及它許諾的誘人未來利潤），可能會吸引到正在尋找投資機會的大型退休基金的經理人。

退休基金是一個機構，它將成千上萬人的資金聚集在一起，成為一個巨大的「電池」，等著為尋求融資的企業充電。投資銀行家看準這一點，邀請基金經理人向 DeepFuel 提供它現在需要的資金，以換取它未來獲利的分成。這種可以索求未來資金的承諾，被寫在一份稱為股份的法律合約中；該公司還可以向其他投資者（稱為債權人）承諾，未來可以取得固定數額的金錢，以換取他們現在投入資金。

一個經濟體的真正命脈不是金錢，而是從事勞動的人。但就像心臟可以透過電擊而跳動，一家公司完成資本化之後，它就可以透過貨幣神經系統把電荷發射出去，像除顫器一樣，讓成千上萬人開始採取大規模的行動。這就是為什麼一萬名工人可以被動員起來，製造和組裝一個石油鑽井平台，然後操作它來開採石油，好讓他們的老闆能把石油賣給客戶。這些客戶來源是不確定的，因為他們有可能被競爭對手的公司挖走（所以管理者會試圖壓低成本，例如用機器取代人力勞動）。但隨著產品的銷售，它又會把錢送進電路裡，其中一些錢以管理層的獎金和政府的稅收之形式流出；其餘的錢則按照金融合約中的承諾發給投資者，重新幫電池充電。依此方式支付利息給債權人，支付股息給股東。

五名石油大亨就是這樣將想法轉化為實際行動，透過金融市場將資金推向勞動和技術市場，最終成為商品市場上的產品。如果他們建立的 DeepFuel 是一個有前途的業務，那麼他們可能會把它賣給石油業巨頭英國石油公司（BP），並成為它旗下的一個子公司。二〇一四年我與柏林的開放資料公司 OpenOil 合作，繪製出英國石油公司錯綜複雜的企業結構圖：來自重量級投資者的資金，透過倫敦證券交易所進入英國石油公司這家母公司，為它旗下的三十五家子公司提供資金，子公司再為數百家孫公司提供資金，整個上下層結構居然多達十二層。[1] 我們所說的英國石油公司，實際上是一個由一千一百多家子公司與孫公司組成的聯盟，透過遍布全球的複雜金融電路網絡連結起來，一個巨型企業就是這樣創造出來的。

巨型企業是由位在某座摩天大樓裡的總部，對旗下的子公司發號施令，並讓它們「互做生意」，這就是為什麼多達一半的全球貿易，實際上是在企業內部而非在公開市場上進行的。[2]「企業資本主義」（Corporate capitalism）就是要把這些聯合結構，串連成一個複雜的結構，把一個結構的產出當做另一個結構的投入：英國石油公司新的子公司 DeepFuel 生產的石油，最終將成為陶氏化學公司（Dow Chemical）塑膠生產的投入；而陶氏化學公司生產的塑膠，又可以跟全球第一大鋼鐵公司安賽樂米塔爾（ArcelorMittal）的鋼鐵結合，為雀巢公司的糖果工廠製造專用的擠壓機。這些企業對企業的網絡，構成了全球經濟的核心，他們透過跨國物流網來回運送半成品的組件，直到它們製造完成，並透過批發商進到各地的熟食店貨架上。

這時我走進一間商店，花錢買了一塊牛奶巧克力（好讓我有力氣繼續勞動），整個交易鏈終於完成。當我購買巧克力時，我可能會把錢交給一個長得像我的人，這使我相信我們是平等參與市場上的相互交換。但我沒有看到的是，為該小行為奠定基礎的制度性基礎設施（institutional infrastructures）：契約法、軍事力量、財產權、龐大的企業供應鏈，以及龐大的全球貿易融資系統。我也沒看到商店裡的每一筆購買，都部分地完成了幾十年前（甚至是幾個世紀前）就已經開啟的好多層的金融電路。

見樹不見林的問題

我們從地面的位置，很難看到企業資本主義相互連結的元素。我們成了盲人摸象故事裡的盲人，以為大象的尾巴是繩子、象腿是樹幹。媒體則更加強化了這種以偏概全的觀點，硬生生把同一個人分成買東西的「消費者」、隔天必須去上班賺錢的「受雇者」，以及所謂的「儲蓄者」——決定把自己的錢交給金融機構控制的人。

但**其實消費者、受雇者和儲蓄者根本是在同一個貨幣體系中的同一個人**。某天你領到了薪水，但另一天你就為了某個商品或是金融合約把錢送走，然後那錢就流往不同的方向。金融機構不只會為企業注入資金，他們還會插足系統中任何有資金流動的地方。例如他們可以提供消費者融資，鼓勵人們負債購買企業生產的商品；他們會提供學貸，鼓勵那些想進入某家公司的人先去念個學位，讓他們還沒工作就先欠了一屁股債；金融機構還會為剛還清學貸就急著買房的人——為了獲得安身立命的安全感——提供房屋抵押貸款。

金融機構還會利用人們追求安全感的渴望，推出快速致富的投機性投資商品。我辭去衍生性金融商品銷售人員的工作後，曾在一家點差交易（spread-betting）公司做了幾個月，該公司從一家投資銀行借錢，然後再把錢借給那些想在金融市場賭一把來扭轉命運的當沖交易者。沒錯，大型金融機構提供資金給一個中型金融機構，而這個中型金融機構則為小型金融機構提供資金。融資是門大生意，你可以借錢給股東買股票，也可以借錢給債權人買債券。

前面提到的每一種金融合約，都可以當做原料來建立更複雜的合約。我們先前業已看到，英國石油公司的一股，是取得它旗下一千一百家子公司之收入的所有權憑證，但是包含該股份的某個大型基金裡的一個投資單位，其收入可能衍生自數萬家子公司，至於組合型基金（fund-of-funds）中的一個投資單位，其收入可能衍生自數十萬家子公司。金融機構可以將他們現有的任何合約——如消費貸款、學貸或房貸——匯集成投資工具，就像引發二〇〇八年金融危機的擔保債權憑證（collateralised debt obligations）和不動產抵押證券（mortgage-backed securities）。這些結構是由數十萬個基礎金融工具建立的，它們就是所謂的衍生性金融商品：押注在各種合約組合上。例如所謂的股票指數交換選擇權（equity index swaption），就是押注在一個押注於數百家公司旗下的數十萬個子公司之收入的金融商品。

有資格開會討論股票指數交換選擇權的銀行家，皆位於經濟層級頂端的高度抽象領域；他們會把成千上萬的抵押貸款組合成一個巨大的衍生性金融商品，轉賣給挪威的主權財富基金，這批人可沒那個閒工夫跟想要購買新房的年輕夫婦打交道。摩天大樓的最高處只有區區數人，但他們的業務規模卻是最大。

不過這些金融大樓還是要依靠一個地面的接觸點系統將人們輸送進來，這些地面接觸點包括銀行的分行、理財顧問、股票經紀人和點差交易公司，它們全都雇用了客服人員。對於一家企業來說，為地面上的數百萬人提供人工服務，感覺成本很高；雖然企業很樂於擁有這麼一大群客戶，但針對個人提供服務卻很麻煩。這就是為什麼金融機構希望將他們與個人的互動自動化，最好是為人們提供一個允許自助服務的標準化數位應用程式；這麼一來每個客戶就可以把自己輸送到金融機構的巨大核心，而不需要有專人從旁協助與指導。

但是金融機構對自動化的渴望並不僅止於此，還延伸到了摩天大樓。金融機構在許多方面受到制約，例如辦事不牢靠的員工，他們有著無法預測的需求、爭鬥和夢想，他們會在一夜的醉酒狂歡之後，脫了褲子癱坐在馬桶上。何不裁撤這些單位，改成訓練機器來設計和包裝所有的金融合約？乾脆把神經中樞自動化吧，這就是為什麼那些摩天大樓裡會有 Level 39 進駐。

不過在自動化的路上出現了一個小障礙，它就是現金。

現金被視為自動化的障礙

明確劃分企業資本主義的核心與周邊是非常重要的。我已經描述過資本主義的核心部分——像英國石油公司這樣與金融業配合運作的巨型企業——而且核心巨型企業使用的數位支付系統，是由商業銀行營運的。當英國石油公司命令承包商完成數百公里長的運油管工程時，它並不會付現金給承包商，而是使用數位銀行的大宗轉帳到承包商的銀行帳戶，再由此承包商透過數位銀行轉帳給他的下游承包商。從高端金融大樓發出的電脈衝鏈，透過銀行帳戶網路發出劈里啪啦的聲音，但是當它到達周邊地區時，這種劈里啪啦聲遇到了一個導電性較差的媒介。在企業資本主義的周邊，是那些負責骯髒粗活的工人，他們向來是使用現金的。

現金聚集的廣大周邊地區，是銀行和企業必欲除之而後快的眼中釘。現金在礦工髒兮兮的錢包裡找到了家，或是在南非某個偏鄉老奶奶的胸罩裡找到了家，她正在小雜貨店裡為孫子買一盒雀巢嬰兒配方奶粉。金融公司夢想著一個「無現金社會」，在這個社會中，即使是資本主義市場裡最微不足道的節點，也會被繫連在他們的帳戶上，好讓銀行業能插入經濟畫面的每一個像素中。企業資本主義為了要牢牢扎根在我們的生活中，並黏附在我們的身體上，它必須把錢數位化，並用標準化的應用程式，來取代地面的接觸點。這些應用程式存放在智慧手機中，無論我們走到哪裡都會跟著我們，這就是所謂的「貨幣的未來」。

第 **2** 章

對現金開戰的四大陰謀家

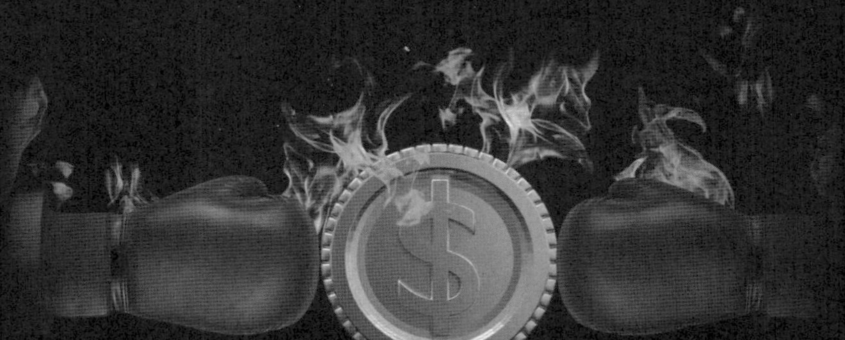

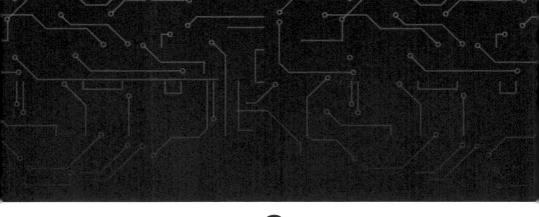

基礎經濟學教科書開頭那幾頁所描述的場景，不禁讓人聯想起《羅密歐與茱麗葉》的劇情：立場對立的兩幫人馬——買方和賣方——前者擁有金錢，後者則擁有貨物或服務，雙方展開了緊張的對峙。期間買方反覆檢視需求曲線，提出他們願意購買的條件，而賣方則仔細打量供應曲線，提出他們願意出售的條件。在曲線相交處，買方與賣方終於達成合意，買方交出一定數量的錢，從賣方那裡取得等值的貨物。而這個和氣收場的成交點就是市場價格。

坐在英國航空公司的飛機上，錢包裡裝著現金的我代表買方，帶著商品目錄的空姐則代表賣方。交易的舞台已經搭好，我立刻展開行動，請對方賣給我一杯即溶咖啡。空姐轉身去準備飲料，然後把它放在托盤上走了回來，這時又輪到我上場，我掏出一張五英鎊的紙幣。

「抱歉，先生，我們不收現金。」浪漫的氣氛戛然而止。

我滿臉錯愕地說：「但我沒有卡吔。」

空姐先是一臉驚訝，然後是尷尬。

我慢慢地對她說：「我想妳得把這個拿回去。」她給我一個難過的表情，向我致歉後便端著咖啡走了。我周圍的乘客也顯得很尷尬，他們心裡肯定想著：這傢伙也太遜了吧，竟然連張銀行卡都沒有，連給自己買杯熱飲都辦不到。

其實我是有張簽帳卡的，但我篤信經濟學教科書中的程式：我是一個有錢的買家，你是一個有貨的賣家，所以咱倆做個交易吧！為什麼我們非得透過威士卡和銀行介入這個關係呢？

我從廁所回來後，發現鄰座的乘客自掏腰包用他的卡買了杯咖啡給我。空姐為他的善心露出燦爛的微笑，那人向我豎起了兩隻大拇指，周圍的乘客也都樂成一團。我雖然表面上滿是謝意，但心裡卻暗自嘀咕：「拜託，我是想表達一個觀點！」這並不是我第一次對英國航空公司的反現金政策做出迂腐的抗議，沒想到卻被一個揮舞著卡片的慈善家給攪了局。

這個故事的寓意是，雖然傳統上經濟學家的市場概念涉及兩方人馬，但我們正在邁入的世界，每筆交易中都引入了第三方——所謂的貨幣傳遞者（Money-Passers），這是個由銀行和支付中介機構（例如威士卡和萬事達卡）組成的綜合企業集團。在現今這個世界裡，除非有位神職人員站在兩人中間，將他倆的手握在一起，並祝福他們結為夫妻，否則羅密歐是不能親茱麗葉的。但前述的中介機構並非真正的神職人員，他們是從很遠的地方，透過一個遙遠的「雲端」資料中心運作，與我們進行遠端互動。他們的數位金融雲猶如無孔不入的迷霧，籠罩著我們所有人。

支付系統失靈，破壞資本市場的核心儀式

用「霧」來對應雲的隱喻還挺貼切的，正好呈現出地面上的人群被雲霧繚繞的經驗。而且就像薄霧罩身令人幾無知覺，人們往往也察覺不出有個數位中介站在他們與其他人之間，它是如此的來去無蹤，簡直就像魔法一樣。

但這個魔法仍有可能會失敗。二〇一六年，我受邀到荷蘭台夫特大學舉行的「重新打造貨幣」大會上發表演講。當時我因為時差還沒調過來，整個人精神委靡疲憊不堪，我不想以這麼差的狀態上台，所以在演講前十五分鐘到處尋找可口可樂。我好不容易找到一台自動販賣機，但它不收現金，上面只有一個由荷蘭 Payter 公司建造的小型數位介面，寫著「僅限非接觸式支付」。我煩躁地拿出我的卡，輕觸了一下，可儘管我的戶頭裡明明有錢，那台 Payter 卻發出了抗議的嘟嘟聲：「卡片無效」。我看了看卡上註明的有效期限，它肯定是有效的。

經濟學教科書將自由市場想像成，是個能讓有理性的個體，在彼此都滿意的情況下，進行貨幣交換的市場。但此刻我這個想要補充糖水的理性個體，面對一台擺滿飲料等著出售的自動販賣機，卻束手無策買不到我想要的東西。雖然這裡有個「市場」，但這台機器卻被程

式設計為遵守一個簡單的合約：「如果你付錢給我的老闆，我就給你一罐可樂。」我確實有錢可以進行交易，卻被阻止參與自由貿易，所以這算是市場失靈。

舊式的自動販賣機有個放硬幣的小槽，讓任何人得以把他們的錢變成想要的東西，哪怕他是個沒有銀行帳戶的流浪漢。但這台荷蘭自動販賣機實際上是兩台機器：雖然它的主體屬於賣家，但要從它那裡拿到可樂，我必須先透過機器面板上為他們工作的Payter讀卡器，向一個複雜的支付系統——包括威士卡和一堆銀行——的守門人發出請求，要是守門人不想跟我交易，我就無法跟賣家做生意。支付守門人竟可以破壞資本主義的核心儀式——用金錢換取商品的轉移。

Payter設備也不允許直接投訴，它渾身散發出機器的六親不認，只對遠方的老闆負責。這使得買方和賣方之間的市場交易，被一個不負責任、不稱職的冷漠貨幣傳遞者給搞砸了。用我的《羅密歐與茱麗葉》例子來說，這就像勞倫斯修士並未出現在結婚儀式上。

想像另一種情況：勞倫斯修士在儀式進行的過程中暈倒了，這就像系統發生故障的情況：二〇一八年威士卡的歐洲系統故障十小時——原因是主要資料中心發生故障——造成五百二十萬筆數位支付被無辜擋下，讓那些依賴銀行卡支付的人陷入困境，只得到處尋找自動提款機（但因為越來越多自動提款機被關閉，所以越來越難找到，這點我們將會在後面詳述）。[1] 停電也會發生同樣的狀況。

還有另一種情況，勞倫斯修士在途中遭到襲擊。數位支付讓人們面臨來自遠方駭客的個人攻擊（他們使用 Dridex 之類的惡意軟體，透過微軟的 Word 文件滲透到電腦中並竊取被害者的銀行資訊），以及對中央系統進行的全面性網路攻擊，造成大規模的資料外洩。二〇一六年二月，駭客利用 SWIFT 全球支付網，從孟加拉央行在美國聯準會的帳戶中領走近十億美元，美國聯準會可是世界上最安全的金融機構之一。[2] 大家不妨想像一下，這麼厲害的一幫人可以對一個普通帳戶做些什麼。

當年經濟學家在談論由供應（賣方）和需求（買方）驅動的市場時，並沒有提到支付守門員這個角色，這意味著經濟學書中的主角用的是現金。**現金是一種由國家發行的貨幣形式，然後在人與人之間有機地慢慢傳開來並催化了市場。但是新的數位「貨幣傳遞者」家族，是由追求利潤的私人組成的，要使用他們的服務，賣方和買方必須花錢向貨幣傳遞者購買，而貨幣傳遞者則看在錢的份上出售這些服務。**這在經濟方程式中產生了一個奇怪的循環，因為除了原本的供需，我們還必須再解決供需的供需。

要是貨幣傳遞者能在我們的支付中集體站穩腳跟，那麼市場系統中的每一次互動，它們就能分到一杯羹；貨幣傳遞者硬要插上一腳的新時代，將是數世紀以來市場系統中最關鍵的變化之一。該監護（chaperone）支付的能力，不僅鞏固了銀行業的整體權力，還一口氣促成了三件事。一是監控交易：貨幣傳遞者可以監控你的交易，收集你日常生活的敏感性資料。二是審查交易：阻擋他們不喜歡的交易，而且因為你無法直接持有錢，他們還可以凍結及徵用它。三是大規模自動化擴張了企業的權力：遠方的數位企業需要遠端的數位貨幣。

由銀行業支撐的數位貨幣，正為美國主導的監控資本主義（surveillance capitalism，中國的情況略有不同，中國同樣希望中國的數位技術巨頭外向擴張，但國家的參與度會比美國高些）的下個階段奠定基礎。但數位支付業絕不凸顯該發展的危險性；相反地，它們為了插足面對面商業（face-to-face commerce），只會盡力展示數位支付表面上的光滑「感」或便利「感」，避免人們注意到支撐數位支付的較深層結構。

數位支付表面上的優勢

這種轉移注意力策略顯然奏效了，若你詢問某人對現金和數位支付的看法，他們很快就會觸及這些表面經驗，說出哪個的速度更快、更有熟悉感、更好用、更安全或是更有文化吸引力。不過，他們也提到對數位支付的一些擔憂，例如：他們覺得用卡會消費更多，因為它看起來「沒那麼真實」。

但即便只談這個表面經驗，對於現金和數位支付究竟哪一個更好用，大家的意見仍舊是眾說紛紜。對於付錢給不在眼前的人——比如說線上交易——數位支付當然是最方便的，但為什麼硬要在面對面的街頭交易中插進一個資料中心呢？數百年來，人們一直都覺得使用現金很方便，鬼扯「現金很難用」著實可笑。

但是**數位支付的推廣者很可能主張，要找到自動提款機領錢，或是攜帶現金很不方便**。數位支付公司在世界各地推出的無數廣告都是這樣說的，他們一再強調間接持有數位貨幣，比直接持有現金更安全（只要我們忽略網路犯罪和銀行倒閉這些「小危險」）。二〇二〇年，這些人更利用新冠疫情的大流行，大肆傳播現金是疾病媒介的觀點；但其實世界衛生組織，以及德國的健康研究機構羅伯特·科赫研究所（Robert Koch Institute），皆提出相反的證據。央行的進一步研究也顯示，與數位支付相關的密碼輸入鍵盤其實風險更高。[3]

但在新冠疫情爆發之前，「優於現金聯盟」（Better Than Cash Alliance）就已經提出一堆抹黑現金的論點。這是一個由政府、企業和國際組織共同組成、總部設在紐約的全球合作夥伴關係，它的成立宗旨是加速數位支付在較貧困國家的應用。該聯盟提出了一些很有說服力的觀點：例如在偏遠地區可能很難設立自動提款機和銀行分支機構，所以把錢存放在遠方的銀行資料中心，讓人們用手機來控制它，會更方便些。他們還說數位支付對商家更有效率，因為可以省下處理現金的各種成本；該聯盟還提出為窮人設立銀行帳戶的概念，把他們的實體貨幣轉換成銀行的數位貨幣，可使他們持有的貨幣形式更多樣化以減少風險，還美其名說這是「為無銀行帳戶者提供銀行服務」。

該聯盟所講述的故事，與我們被告知的某個故事，頗有異曲同工之妙：從現金轉向數位支付系統是「自然而然的進步」——是一種由下而上的有機演化，是顧客改變偏好的結果。但真正的趨勢是什麼？

二〇一九年，我受邀參加一場聚會，與會者皆是研究現金使用情況的各國央行研究人員。他們逐一介紹自己所在地區的趨勢，德國聯邦銀行的代表率先發言：「人們對歐元紙幣的需求，出現了令人印象深刻的增長。」匈牙利央行的代表接著指出：「自二〇〇八年以來，現金需求一直在穩步增長。」瑞士代表緊隨其後：「對現金的需求不斷增加。」日本代表也說：「現金使用仍然強勁。」加拿大代表指出：「現金使用沒有下降。」美國聯準會的代表也說：「現金持續成長。」

事實上，只有兩個國家的現金需求出現絕對下降，那就是挪威和瑞典，這一點在央行圈裡是眾所周知的事。例如舊金山聯邦準備銀行曾在二〇一七年十一月發表了一篇題為：「關於現金終結的報導被過度誇大了」（Reports on the End of Cash are Greatly Exaggerated）的文章。[4]

但關於現金使用情況的統計數據卻是騙人的，因為現金的用途不止一種。但研究人員卻只把它區分成交易用途——將現金用於日常交易，以及囤積用途——把私房錢藏在床墊底下。這番神操作便產生了一個弔詭的情況：整體而言現金的使用量是成長的，但相對而言，幾乎所有國家用現金交易的情況都在減少，有時甚至是急劇下降。雖然人們依舊需要現金，但通常是因為他們不想把錢放在銀行裡。而新冠疫情恰好展現出現金的雙重用途：央行的紀錄顯示，當社會出現危機時，人們從自動提款機提取現金的情況會大增，因為大家害怕銀行會崩潰，但與此同時用現金交易的情況則進一步減少。[5]

反對現金的聖戰士，試圖把囤積現金的人說成是罪犯，但是央行研究人員的調查顯示，囤積現金者有可能只是不相信銀行的人，包括那些不希望他的財富在銀行發生危機時被鎖在銀行裡拿不出來的人。[6] 聯準會也看到颶風來臨前，現金需求會突然大增，因為大家擔心停電時無法使用數位貨幣，所以要預先備妥可以離線使用的現金。[7] 就像俗話說的：「**現金不會故障**。」它不像電力或通信系統偶爾會故障，就連銀行系統也可能故障。

《無現金宣言》對現金開戰

我的祖父母並非罪犯，但他們很愛使用現金，而且從未抱怨過它不方便。在許多較貧窮的國家，現金仍然在所有方面居主導地位，包括日常交易。即便是美國，在新冠疫情爆發之前，十美元以下的交易有五成以上是用現金進行的，且現金占總支付量的三成。[8]許多人對現金已死的說法嗤之以鼻，但為什麼我們會看到這麼多關於「現金就快死了」的媒體報導？

我知道的確有些機構非常希望看到現金死掉，最容易令人產生聯想的莫過於「優於現金聯盟」，它看起來就像是圖利數位支付業的一個馬前卒，雖然它是正式在聯合國資本發展基金（UN Capital Development Fund）下運作，卻接受花旗集團、萬事達卡和威士卡等企業的資助。該聯盟在貧困國家推廣數位銀行支付，同時不鼓勵使用國家發行的實體現金，該目標竟與威士卡和萬事達卡「不謀而合」，況且這兩家公司都擁有實現該目標的技術。當我致電聯盟的一位董事請教此事時，他卻只是輕描淡寫地想要淡化它，還把他的組織說成是一個致力於金融包容性（financial inclusion，或譯普惠金融）的小型研究機構，但擺在眼前的事實卻是：一些規模非常大的企業，發現這個「小社運機構」的使命很有用，所以他們很樂於跟它合作結盟。

這樣的夥伴關係並非首見，例如企業公關專家傑若尼莫・艾米力（Geronimo Emili）創辦的「無現金方式」（Cashless Way），曾在二〇一一**年創建「無現金日」（No Cash Day®）組織，目的就是把現金塑造成很容易壞掉、不安全、不衛生且昂貴的產品**。不過它右上角的商標符號卻「露餡了」，顯示它並非是個草根倡議，再仔細看看它的合作夥伴名單就能證實這一點：它們包括一群銀行、支付公司，甚至是政府機構，如波蘭的財政部和歐洲議會（曾在二〇一六年贊助它）。艾米力除了創建「對現金開戰」（WarOnCash.org）網站，還製作了一份《無現金宣言》，並與Money 20/20（全球規模最大的金融技術大會之一）合作，大肆宣揚該宣言。

還有「搭車做慈善」（The Penny for London）也是另一項由產業主導的活動。該活動成立於二〇一四年，當人們搭乘倫敦的地鐵、公車及火車時，若使用非接觸式的交通卡支付時，會自動向貧困兒童捐贈一便士。主持該項活動的保莉特・羅威（Paulette Rowe），當時是巴克萊的董事長，該公司負責倫敦交通局的非接觸式支付基礎設施，她後來還成為臉書全球支付部門的負責人。「搭車做慈善」的董事名單，還包括巴克萊銀行前執行長巴伯・戴蒙（Bob Diamond），以及對沖基金大亨史丹利・芬克爵士（Lord Stanley Fink）。而且該活動由當時的倫敦市長波里斯・強森的市長基金會擔任主辦，活動參與者包括來自桑坦德銀行

（Santander Bank）、高盛集團和鵬睿金融集團（Promontory Financial Group）的受託人。一項利他的公益活動，居然是由一群生活優渥愜意的金融內部人士發起和推動，而且他們的慈善工作卻恰好是促動數位支付。

前面所舉的例子只是冰山的一角，想要遊說和影響政府建造基礎設施，來對現金發動祕密冷戰的團體不勝枚舉。祕密的冷戰聽起來像是由藏鏡人主持的密室會議，商量要進行一些陰謀，但這幫人對現金發動的戰爭卻是明目張膽的陽謀。不過我們姑且還是先把它想像成是一個「陰謀」，那麼「陰謀家們」究竟是哪些人？他們又會得到什麼好處呢？

陰謀家一號：銀行業

不能使用現金將使人們必須完全依賴銀行業進行支付，整體而言這對銀行業的好處多多。深入銀行業的內部世界——閱讀行業雜誌或參加銀行業會議——你會發現他們普遍不承認現金的存在。例如二〇一九年六月，美國銀行的執行長布萊恩．莫尼漢（Brian Moynihan）曾宣稱：「我們想要一個無現金的社會。」[9] 還指出轉向數位交易能讓他的公司獲得「最多的好處」。

雖然銀行為了推進共同陣線而組成同業公會，但他們更關心的是如何提高自家的獲利，為達該目標通常需要削減成本和提高收入。**對銀行來說，現金業務和自動提款機就是一種令人火大的成本，只為了能讓人們「把錢從銀行裡取出來」，根本無利可圖**。要是客戶慢慢忘了他們有這個權利，或是發現自己慢慢被剝奪了這種選擇，那事情就好辦了。所以銀行想方設法阻止人們使用現金，還越來越覺得有權為此懲罰人們。[10]

況且銀行有鼓勵民眾多多使用數位支付的動機，因為對一般人提供服務的高街銀行（high-street banks），其兩大主要收入來源是利息和費用，簽帳卡能讓他們賺取手續費收入，信用卡則同時能賺取利息和費用，所以銀行的數位支付部門是創造正收入的金雞母。銀行的年報可以證實我所言不虛，他們在年報中大肆吹噓如何削減成本較高的實體分行和自動提款機，同時大力促進數位支付部門的發展。把客戶轉移到數位管道，銀行不僅可以獲得更多的利潤，還可以透過演算法和客服機器人進行遠端處理，來建立客戶行為的資料。然後銀行可以利用這些資料建立客戶檔案，來幫忙預測帳戶持有人的行為，並向他們交叉銷售產品。

陰謀家二號：支付公司

對威士卡和萬事達卡這樣的公司來說，情況很簡單。他們透過促成銀行帳戶間的資金轉移來賺取費用，所以會把現金視為要消除的競爭對手。他們正虎視眈眈那些大量使用現金的貧窮經濟體，並打著「金融包容性」的旗號，大肆宣揚人道主義理想。相較於銀行偏好用外交辭令來表達其反現金的立場，威士卡公司的年報則明目張膽地提出向現金開戰的言論。他們大言不慚地表示要「解救」使用現金的人們，就像當年宣稱要解放異教徒的自以為是的十字軍戰士。

他們在這場聖戰中有兩條主要戰線，以及兩種主要戰術。他們控制的戰線是電子商務，這是數位支付的自然家園。支付公司與電商結盟，促使人們離開高街；第二條戰線則困難得多，是街道上的商業。現金在面對面交易的情況下是最強大的，所以支付公司利用大量的應用程式、各種聯名卡和「銷售點」（point-of-sale, POS）設備，直接在現金的主場上開戰。

它的第一種戰術是頌揚數位支付的優點，並請人代言推廣。例如威士卡在印度推出「在印度不用現金的男人」（cashless man of India）宣傳活動，另一個活動高舉的旗幟則是「善就是不用現金」（Kindness is Cashless）。[11] 第二種戰術是把現金妖魔化。例如威士卡公司於二〇一六年在英國推出「不用現金我驕傲」（Cashfree and Proud）的行銷活動，該公司在背景中指出：「該活動是威士卡在英國長期戰略的最新步驟，亦即在二〇二〇年前讓現金變得『奇特』。」[12]它在許多方面獲得成功，出現在倫敦各地的看板上、廣播電台和電視中，到二〇一九年這個城市的心理平衡似乎已經偏向數位支付。拒收現金的文青商店如雨後春筍般湧現，而威士卡公司提供的獎勵措施也發揮一些作用（例如該公司在美國推出挑戰賽，向「不收現金」（go cashless）的小型時尚公司發放一萬美元的獎金）。[13]

到了二〇二〇年，把現金妖魔化的行動又往前邁進一大步，大型零售商受到支付公司的啟發，把現金跟新冠疫情聯繫起來。例如大型體育用品零售商迪卡儂（Decathlon）在其倫敦賣場的入口處放置了大型標誌，上面寫著：「為了保護您的利益，我們只接受銀行卡支付。」但英格蘭銀行發布的一份科學報告明白指出，刷卡機、手推車的把手、開放式貨架上的貨品，以及自助收銀台的螢幕——這些東西迪卡儂都有——傳播病毒的風險遠大於現金。

在本書出版前，現金在倫敦確實顯得奇特了，但在五十年前，現金可是被視為完全合法的。倒是威士卡當年還只是一家年輕的公司（且名字也不同），但這麼些年下來，它跟其他公司已經成功讓人們對現金產生了一定程度的道德上恐慌。該行業不斷拉抬銀行卡支付的地位，把它捧成比現金更安全、更乾淨且地位更高的東西，致使現金慢慢跟犯罪、疾病和低級扯上關係。**支付公司甚至散布現金不環保的觀點，卻對數位支付帶動電子商務，造成物流大增並消耗大量能源的情況隻字不提。**[14]

陰謀家三號：金融科技業

金融科技業專門從事更廣義的金融服務之自動化（例如貸款程序的自動審核），但它們幾乎全都仰賴銀行和支付公司提供基礎設施。所以他們之間有個天然的聯盟，因為要讓金融業務全面自動化，你必須先讓支付系統自動化。簡單地說，**支付若無法數位化，還奢談什麼數位金融，所以現金便成了金融科技開發者的眼中釘，是阻礙金融自動化的罪魁禍首**。上回我造訪 Level 39——倫敦最大的金融科技育成中心——那裡的酒吧就是拒收現金的。當我詢問其理由時，他們顯得很震驚：金融技術跟現金可是誓不兩立的，所以這裡當然不收現金！

反對現金的科技公司當然不止他們一家——亞馬遜也曾在二〇一八年派人遊說，反對費城等多個城市要求商店收現金的立法。[15] 現金與自動化是不相容的，而亞馬遜正在開創一個世上前所未見的無人自動化系統，我們稍後會再回過頭來討論這個重要主題。

陰謀家四號：國家和中央銀行

在反國家的自由派人士眼裡，**反現金運動是由想要監視交易以獲得更多控制權的國家策劃的**。每一筆數位銀行付款都被記錄在資料庫中，留下清晰的資料足跡。想要取得這些資料的國家機構可能包括：監控逃漏稅情況的稅務機關、觀察洗錢者動態的公安部門，以及支持恐怖主義的金融家或政治異議人士（民主運動者、少數民族的維權團體、環保人士……）。還有中央銀行，想要全面監控整個國家的經濟活動，並對貨幣政策取得更大的控制。

自由派人士的懷疑並非空穴來風，因為國家公開反對現金的行動堪稱是鐵證如山。十二個歐盟成員國以防堵恐怖分子獲得資金和洗錢為由，實施了「現金門檻」（cash thresholds），超過一定數額便禁止使用現金（例如葡萄牙的上限為一千歐元）。[16] 其他設有現金門檻的國家包括烏拉圭、墨西哥和牙買加，印度和俄羅斯也提出現金門檻。這些現金門檻還會隨著時間的推移而逐步調降使用現金的上限，讓人們逐漸少用現金購物。例如希臘剛開始設定的現金門檻為一千五百歐元，後來降至五百歐元，最近又提議進一步降至三百歐元。[17]

值得一提的是，德國極力抵制現金門檻。這件事很有趣，因為反對現金的學者，把人們對現金的需求，抹黑成是由黑社會犯罪和貪汙腐敗驅動的；但德國在二〇二〇年的腐敗感知指數（Corruption Perceptions Index）調查的一百八十個國家中排名第九，代表它被認為是高度值得信賴的。[18] 同樣是使用現金，在義大利和希臘就會跟逃漏稅畫上等號，但是想持有現金的德國人，則會被說成是具有隱私意識，或是喜歡藏私房錢。

雖然目前還沒有哪個國家敢透過法律明令禁止使用現金，但許多國家已經制定了國家戰略來擺脫現金。法國有個全國性的「無現金支付戰略」，而背負沉重還債壓力的希臘政府，也放出重話要反對現金，以根除小額逃稅。其他公開表示反對現金的政府還包括奈及利亞和匈牙利。

除了放話反對現金，這些國家還大力讚揚數位支付業，並鼓勵大眾採用數位銀行。不過各國的支持形式並不相同，包括國家資助數位創新中心、透過數位支付平台發放社會福利津貼，以及政府機關提供的服務拒收現金。[19]

瑞典甚至使出「去貨幣化」（demonetisations）的手段——讓舊鈔失效，迫使人們換掉它們，造成現金的不便性和不確定性。不過最戲劇性的「去貨幣化」手段，要算是印度在二〇一六年採取的行動，當時莫迪政府在一夜之間將某些紙幣定為非法，並逼迫人們在很短的時間內交回舊紙鈔。此舉對現金系統產生了重大衝擊，並且嚴重干擾依賴現金生活的窮人，它同時還發出一個強而有力的負面訊息——官方將現金視為貪汙腐敗的「黑錢」。莫迪政府利用愛國媒體來拉抬反現金的情緒，還把它編造成一個令人嚮往的數位現代化故事：大肆吹捧無現金的未來是一片光明、富有效率且非常方便的，而且無論人們是否願意，這樣的未來都會到來。

此舉當然為印度的數位支付業帶來巨大的推動力，而該行業也以刊登讚美莫迪的頭版廣告做為回報。印度數位支付巨頭Paytm在《印度時報》和《印度斯坦時報》的頭版刊登了全版廣告：「Paytm恭賀偉大的莫迪總理做出印度金融史上最大膽的決定！加入這場革命吧！」[20]

不僅印度本國企業向莫迪靠攏，就連威士卡公司也在二〇一七年的年報中指出：「在這一年裡，我們與印度政府密切合作，大力支援其去貨幣化的努力。」該過程讓威士卡在印度的商家接受度成長一倍。

印度政府還大力推動全球最大的生物識別計畫——Aadhaar（印度語『基礎』之意）——這對印度的金融現代化是合理的作為：數位支付帳戶需要驗證使用者的身分，文盲可以靠指紋辨識和虹膜掃描完成身分驗證。一開始印度政府宣稱是否要加入Aadhaar是自願的，但隨著時間的推移，它卻成為獲得政府基本服務的必要條件，並引發印度現代史上送交最高法院審理的最大宗隱私爭議。

印度政府推動經濟發展的計畫雖然合法，但不可否認的是，這些計畫同時促進了數位金融產業的商業利益。但印度政府的作為並非特例，政府與金融機構結盟的情況，在全球各國比比皆是，有些甚至還與蓋茲基金會之類的主要國際發展機構結合。蓋茲基金會還跟美國政府的發展機構國際開發總署（USAID）一起資助「優於現金聯盟」呢。

各位只要稍加搜尋，很容易就會發現我前面提到的各類「陰謀家」的反現金立場。他們推出的各項舉措，從反現金的宣傳廣告到支持數位的政策建議，一再顯示擺脫現金明明是一種由上而下的行動，而非一種由下而上的現象。

反現金計畫，讓金融犯罪有增無減

「優於現金聯盟」邀請比爾．蓋茲在決策者代表團面前大力宣傳數位支付行業，並為一些名聲不佳的「民主國家」提供冠冕堂皇的掩護，來推動他們的反現金計畫（據說馬來西亞已經在探索去貨幣化的可行性）。[21] 隨著事態的發展，我不禁想起了伊索講述的一則關於馬與鹿的古希臘寓言：

馬與鹿發生爭執，馬便去請獵人幫忙殺死鹿，獵人同意合作，但表示他必須先在馬背上套上馬鞍，在馬嘴裡套上馬銜，以協調攻擊行動。馬同意了，他們合力殺了鹿，然後獵人兩眼發光地說道：我恐怕得把這個馬鞍留在你身上了。

為了打擊想像中的敵人而與強大的一方合作，有可能使你離不開你的新「夥伴」，並退居到從屬地位。某些國家為了對付逃漏稅，或是打擊犯罪交易，或是應付新冠疫情之類的禍害，於是不分青紅皂白地推廣數位支付業，下場就跟寓言故事裡的馬一樣。

不過即將到來的無現金狀態，跟原本的故事之間有個關鍵的差別：在伊索寓言中，獵人跟馬合作殺死鹿，但**數位支付聯盟並沒有殺死犯罪、貪汙和逃漏稅**，**反倒是網路金融犯罪正在蓬勃發展**。而且那些向企業提供服務以促進大規模離岸避稅的銀行，正是那幫支撐數位支付基礎設施的銀行。

儘管如此，民主國家的地方跟國家政府，並非可以一意孤行的實體。它們雖然可能會監控人民，有支持私營企業的傾向，但是它們也需回應公眾的要求，並透過消費者保護法、競爭法等法律，以及保護人權、保護隱私與包容等憲法原則來照顧人民。例如美國某些市政府拒絕獨厚產業，而會基於包容原則，要求店家也要收現金，以免沒有銀行帳戶的人被排除在外。*某些公共機構（特別是較小型的地方機構）也格外關注公眾的意見，不過這些機構往往會因彼此的授權衝突而產生競爭。例如我曾遇過一位以色列央行官員，對於稅務部門鼓勵民眾不要使用現金表示憂心，並指出以色列央行裡有許多人認為，那是不負責任的公共資訊傳遞。

在上世紀八〇年代，認為政客只會自肥不會為任何人服務的想法蔚為風潮，但以我個人的經驗看來，許多公務員仍然更傾向於為大眾（而非數位支付公司）服務。

例如某次造訪肯亞時，我見到了來自東非四國的央行副總裁，雖然東非各國的數位支付正在蓬勃發展，但央行官員卻很重視保護隱私與消費者保護問題。德國聯邦銀行也大力支持現金，我曾與其員工私下聊過，他們非常嚴正地表示，他們負有保護現金的公共責任。[22]

但還是有各種內部人士敦促央行背棄現金。現金能與我們一起「離線」漫遊世界，任何人不能隨便按個按鈕就讓我手中的紙幣解體，但他們卻可以這樣對待數位貨幣；因為數位

* 這些城市包括費城、舊金山和紐約。新澤西州和麻塞諸塞州也通過了通行全州的法案，禁止商店不收現金。

貨幣被記錄在一座資料中心裡，而這個資料中心是由一個可以更改其紀錄的金融機構所控制。但有一些總體經濟學家卻對這種特性相當興奮，因為它為「負利率」提供了可能性——這讓銀行得以蠶食鯨吞我們的數位存款；這些總體經濟學家認為，在經濟衰退期間實施「負利率」，說不定能鼓勵人們消費（而非囤積資金）。哈佛大學的肯尼斯．羅格夫（**Kenneth Rogoff**）教授與國際貨幣基金的研究人員，一直站在攻擊現金的最前線，認為它阻礙了這種隱藏的貨幣政策工具。[23]

許多央行官員則正式表態，說自己對現金抱持「中立」的立場，不會公開支持也不會打壓。但問題是，在一個不平等的競爭環境中保持中立，其實形同支持較強大的那一方。請各位想像一下：哥哥欺負妹妹，父母卻說要保持「中立」，不支持也不阻擋任何一方，但這種態度實際上等於是站在哥哥這一邊。

很少有機構敢挺身為現金辯護。雖然沒有風險資本家從中獲利，但卻有很多風險資本家資助一些私人支付公司，而這些公司透過在媒體上大肆宣傳現金的負面報導，而獲得很大的商業利益。現金明明是中央銀行發行的，但央行似乎不願意以官方或統一的方式推廣它，以免被抨擊說它偏袒現金。而央行的「中立」便使得數位支付行業——由它們的銀行成員經營——占了上風。仗義直言的觀察家指出，央行的中立其實是以一種隱蔽的方式慢慢擺脫現金系統，因為他們的不作為本身就是一種作為。當局不阻止銀行裁撤自動提款機，而且經常把它說成是私營部門的事，而非公眾事務。許多國家的央行抱持著袖手旁觀的立場，放任數位支付的獵犬撕咬現金系統。

儘管商業機構以聖戰士之姿對現金開戰，但國家並非一味地支持它們。由於國安顧問日益擔憂網路攻擊、支付基礎設施故障，甚至是對數位支付系統的恐攻，皆有可能導致經濟停滯，致使國家不再那麼放心地與數位支付業結盟。其次是金融穩定方面的問題，要是在無現金的情況下發生銀行危機該怎麼辦——如果沒有自動提款機，人們將如何退出銀行系統？在多年來任令現金在經濟體系中飽受踐踏之後，瑞典和荷蘭央行現在終於對現金的消失表示保留態度；[24] 瑞典當局甚至在二〇一八年發布了一本名為《當危機或戰爭來臨》的小冊子，裡頭建議公民或許應在手邊保留一些現金以因應緊急事件，例如與俄羅斯攤牌。[25]

可惜的是，就像伊索寓言裡的馬一樣，國家當局與數位支付業的聯盟，已經走得太遠無法回頭了。我們需要深入貨幣體系的核心，才能搞懂其中的政治。弄清楚現金的本質是什麼？它與數位貨幣有何不同？而且最重要的是，貨幣是什麼，它是如何運作的？

第 **3** 章

我們活在共生的「雙貨幣體系」

我的骨科醫生約翰發現，在每天上下班的通勤火車上，他周圍的倫敦人個個都姿勢不良，他們渾然不知低頭看手機，會對頸椎造成長期的傷害。他很想提醒他們，但大家的壓力已經夠多了，總要等到痛苦難耐時，他們才會上他的診所就醫。

我也是為了這個原因坐在他的診間。我長時間以糟糕的姿勢蜷縮在電腦前，試圖提醒大家留意金融機構的危險性——這是他們忙到無暇顧及的要務。我們光是應付眼前的繁忙生活，就已經疲於奔命了，很少會意識到損害正在慢慢累積——無論是我們的脊椎，還是我們的自由。

結束治療後，約翰拿出一個刷卡機並問我：「你要付現，還是刷卡？」他不知道這個問題對我造成多大的壓力。

「刷卡支付」的說法很怪，因為它真正的含意是，我們將透過數位銀行匯款來付帳，所以出示一張卡片只是啟動了付款程序，詢問：「你要付現還是刷卡」，就像問人：「你要騎自行車，還是用汽車鑰匙旅行？」在荷蘭人們會說：「用密碼支付」，就像是說「用駕照旅行」。從表面上看，我們是用一張卡片（或是手機支付），讓數位貨幣在空中飛。但往深處探究，我們會發現一個錯綜複雜的跨國支付電路，它是由你看不到他們但對方能看到你的一群機構組成的。

那麼現金支付和數位銀行匯款之間有什麼區別？現金是在當下當場使用國家發行的貨幣付帳，而後者則是稍後在別處發生，而且是用銀行發行的貨幣支付，這是一種截然不同的貨幣形式。該差別反映了一個事實：**我們生活在一個共生的（symbiotic）雙貨幣體系下，由兩個獨立的系統融合在一起**。當約翰問我「付現還是刷卡」時，他其實是在問我，我想使用由國家管理的主要核心系統，還是由銀行業管理的二級系統（還有一個由 PayPal 等公司管理的三級系統）。這些一級和二級系統是以一種不可分割的綜合體在運作的，但要搞懂它們是如何互鎖（interlock）的，我們必須先把它們分開來。本章將討論主要的核心系統，其餘部分則留待後續的章節說明。

轉換成熟的貨幣思維

據說阿拉姆語（Aramaic）*有句咒語是這麼說的：「Abracadabra」，意思是「說話即

* 又稱亞蘭語，是閃米特語族（閃族）的一種語言，與希伯來語和阿拉伯語同屬一個語族。

能成事」。可見說話不僅能描述事物、索要東西或命令人們做事，還是創造事物的一種手段，而最明顯的「說到做到」例子就是承諾了。承諾是透過說話創造出來的一個「東西」，你給某人一個承諾，而對方收下了，該行為有可能產生強大的效用，甚至能誘使對方回報一些東西給你。

請注意承諾是雙向的。承諾人可以透過口頭或是書面做出承諾，然後交給被承諾人。這個觀念是我們掌握現代貨幣體系的重要關鍵。我們從小建立的貨幣觀念是單向的，以為它是漂浮在世界中、像商品一樣自成一體的物件。**現在，我們必須轉換為成熟的貨幣思維，把貨幣看作是雙向的：一邊是貨幣發行者，另一邊是貨幣使用者——我們**。

在我們的社會中，主要的貨幣發行者是國家，它透過財政部和中央銀行發行貨幣（但歐元區是一大例外，他們是由一個『元國家』的中央銀行發行貨幣）。許多國家的中央銀行自稱是「獨立於」政府，確實有許多國家的法律賦予央行一定程度的豁免權，讓它以準自治機構（quasiautonomous）行事。但歸根究底，央行的權力是由政府授予的，並在政府和銀行業之間占據著重要地位：它既是「政府的銀行」，也是「銀行的銀行」（商業銀行聚集之地），因此它的功能就像會員俱樂部，在國家和銀行業之間進行調解。

中央銀行充當國家的代理人，並共同發行法定貨幣，「依法」發行的意思就是透過法令來發行貨幣。法幣是寫出來的，有一些寫在紙和金屬上，但大部分是寫在電腦上。

對於錢可以像戲法那樣簡單變出來的概念，令許多使用者產生某種程度的道德恐懼——或至少是感到困惑（當你還停留在單向的貨幣思維時）。我們對此情況感覺陌生，因為我們的親身經歷是工作才能掙到錢，況且我們整個文化都是圍繞著這個概念而建立的。

但是單從使用者的角度來思考金錢，是無法徹底搞懂它的，請各位務必試著從貨幣發行者的角度來思考。此事說來簡單，但卻是違反直覺的：你必須想像透過承諾來支付是怎麼一回事，寫下你的承諾並把它們交給對方以換取實物。想像它們從你身上散發出來，在你身外流通，最終回到你身上。貨幣使用者習慣把貨幣視為資產，是他們想要抓住並持有的東西，但貨幣發行者卻將它視為負債，是他們對外發行出去、因而需承擔義務的東西。

就像承諾在承諾人交予他人之前並不存在一樣，貨幣只有在離開貨幣發行者的時候才會成為貨幣。當貨幣回到發行者那裡時，它就會被銷毀（想像有人把你給他的承諾拿回來時，會發生什麼情況）。但如果那「承諾」是國家發行的法定貨幣，情況會是怎樣？

山中巨人發行的解毒券

想像在某個古老的幻想國度裡，有座大山的山腳下聚集了好多個小社區，村民在不同的山谷裡耕作。他們是自給自足過著節儉生活的農民，從未踏出自己的山谷。然而有一年他們被一個可怕的巨人威脅，他從高高的山寨走下山來，對山谷裡的每個人下了一個強大的咒語。巨人要求每個村民每年都要喝一口山寨的「神水」，如果不喝就會變成石頭。村民的生活原本平靜無波，但在得知此事後，他們的腦海裡便一直縈繞著生死交關的焦慮，並把山寨的神水視為一種解藥。

不過他們一年只須服用解藥一次，於是巨人想出一個妙計，他決定發行票券，允許人們進山寨飲用泉水，但條件是他們必須用農產品和各種服務向他進貢。村民們爭相取得這些票券，因為這能讓他們在未來獲得解藥，由於村民努力想要取得巨人的票券，巨人便積攢下羊群和美酒。

當村民取得這些票券後，他們發現這些票券不一定要用於巨人的山寨，而是可以用來互相交換物品。且因為巨人的力量遍布整座山谷，個別社區都有取得票券的共同需求，所以票券很容易在不同的村莊之間移動。隨著時間的推移，他們發現村莊之間的界限慢慢消失了，以前圍繞著大山的各個自治社區，自然而然地演變成一個規模更大且相互依賴的網絡。他們的貿易開始蓬勃發展，並日益遠離原先的生存方式，變得越來越依賴術業有專攻的陌生人。

經過幾代人的努力，巨人早已被村民們遺忘，他現在就只是山裡一個愛抱怨的老人。對村民們來說，現今規模不斷擴大的經濟體系更為重要，因為這個強大的網絡，讓他們得以嶄新的方式進行貿易和專業化生產。現在票券有了兩種含意：一是「取得巨人神水的票」，另一種則是「讓我能從山谷對面的陌生人那裡獲得東西的物件」。曾經只是從巨人那裡得到一個特定東西的承諾，現在已經演變成能自由進出一個包含成千上萬人的經濟網絡的通證（token）。

請注意這個情況其實對巨人更有利。他原本必須突襲村莊來偷竊村民的牲畜和馬鈴薯，但這樣做會嚇得村民逃跑，並擾亂他們的耕作，反倒對依賴其產品的巨人形成反效果。還不如用一個模糊的未來威脅來嚇他們，給他們一些時間來因應那威脅，並為他們提供一個和平解決的方法，才是更高明的作法。雖然村民必須送東西給巨人，但解毒券意外催化了山區的經濟規模擴大，促進了村民的生產，這意味著巨人最終可能會得到更多的東西。你可以說這是個雙贏的局面，因為它未來很可能導致山谷中出現一個實力強大的資本家階級，他們將靠著巨人發行的票券致富（但之後他們可能會開始抱怨巨人試圖偷走他們的票券），並把這些票券當做一個金融體系的基礎。

貨幣帶有政治目的，催生強大市場

這雖是個幻想的寓言，但它要傳達的觀念是：貨幣單位就像（從上）對外發行的「票券」，以及市場是由反應形成的，因為這些票券後來可以在之前各自獨立且互不往來的社區之間轉讓。這個故事直接打臉主流經濟學的說法，主流經濟學假設市場是自然存在的，然後根據該假設來解釋貨幣的出現（經濟學家一直認為貨幣是自發地出現來取代以物易物，但這種粗糙的理論已經一再被人類學家駁斥了）。按照經濟學的講法，貨幣是市場的產物，而非對調過來。

雖然不同貨幣體系有各自的複雜歷史，但我們不妨把貨幣視為最初是帶著政治目的，之後卻催生了強大的市場。我所說的寓言故事，其實可以在資本主義出現前的社會中獲得印證，因為這些社會在被殖民之前並未使用貨幣。從宗主國派來的殖民官員，就像突然下山的巨人，並下令被殖民者必須在一年中的固定時間，把宗主國發行的鈔券交給稅務官員，否則將面臨懲罰。被殖民者怎樣才能獲得這些鈔券呢？從宗主國來的大農園的主人（plantation owners）擁有這些東西，被殖民者只要向他們提供勞動力，就可以獲得履行納稅義務所需的鈔券。

就像巨人不想要自己發行的票券，宗主國政府也不想要自己發行的鈔券；他們只是想讓大農園的主人有勞動力可以驅使，但不要透過直接脅迫，而是透過要求他們收集鈔券間接達到目的。例如在我的祖國南非，殖民當局曾經把這種脅迫機制稱為「小屋稅」（hut tax），這就是迫使部落的自耕農，到白人資本家擁有的礦場裡工作的主要方式。

這種作法的淨效果是，原本自給自足的人們，被迫向殖民勢力提供他們的勞動力，離開自己的傳統經濟，並被納入資本主義的流動交易網絡。這些貨幣系統把小社區融入一個彼此互不相識的較大網絡裡，系統就是這樣啟動的，之後它就可以靠自己活下去了。當小社區融入那個擁有各種專門技術的網絡並開始交易後，他們的生產就會擴大，國家透過這些手段獲得的資源，會遠多於一個只懂得掠奪自給自足農民的軍閥。

在那些曾經被殖民過的社會中，仍有一些長者記得當初貨幣是怎麼到來的，但是先進工業國家的大多數人，從未直接經歷過這種情況。以歐洲為例，人們腦海中早已深植貨幣存在的影像（例如羅馬皇帝對被征服的高盧部落徵稅）。所以我們在使用國家發行的貨幣時，多半不會想到這一點——就連政治人物通常也不理解此事——但其實貨幣機制的磁芯（magnetic core），有一部分是政治權力構成的。

不過由貨幣體系釋放出來的流動交易網絡，會回饋國家。現代國家已經被他們自己的人民安撫了——就像山中的巨人變得日益依賴曾被他下咒的人民，並在日益強大的公民基礎上，被迫做出民主的讓步，直到他成為一個象徵性的元首（有點像現代受憲法保障的君主）。但我們所有人打從一出生，便背負著定期向國家返還它所發行的票券之義務，如果不乖乖照做可能會導致嚴重的後果（例如因逃稅而入獄或資產被沒收）。這就是為什麼最好別把國家發行的紙鈔上鐫印的模糊文字當真，而應直接將它理解為一張借據，只是描述承諾的一種更技術性的方式。

但就像巨人並非免費發放他的票券，國家也不是平白無故發行這些借據的，而是為了換取商品和服務，比如修路服務和農產品（或是古代的服兵役，士兵們拿到軍餉後，把錢花在酒吧和妓院，而錢就從那些地方進入更廣泛的流通）。在現代社會中，國家透過中央銀行，把錢匯進取得政府合約的大企業之銀行帳戶，他們再從那裡支薪水給工人，貨幣就是這樣向外傳送出去的。

國家不僅是貨幣發行者，也是貨幣破壞者

當國家產生支出時，就會把錢推送出去，但有時候政府的支出會同時把錢拉進來：國家向自己要錢的方式有很多種（例如徵稅、罰款、收費，以及『借』回來）。**成熟的貨幣思維的下一步，就是要看到國家不僅是貨幣發行者，也是貨幣破壞者**。這就像山中的巨人會把票券送出去，但也會把它們收回來；這個動態的過程會隨著時間的推移，從大山周圍的社區以同心圓的方式向外擴張。古代的國家就像被數十萬人民簇擁的小巨人，不過現今的貨幣體系，隨隨便便就能聚集幾億人。

七千年前，一個住在開闊的野地上、靠狩獵採集維生的人，他的生活經驗肯定跟我們大不相同，他早上醒來時不會一張眼就看到高度開發的景觀，而且他的想像力全都被用於如何生存下去。相反地，生活在現代的我們，在狹小的居住空間中醒來，一張眼就開始掃描周遭的環境，尋找交易的機會，否則很難活下去。這種情況不禁讓人聯想到我在第1章中提出的神經系統之比喻，我們跟貨幣系統綁在一起業已數百年，並透過這個系統，發展出規模更大且相互依賴的人際網絡，少了它我們根本無法運作。

當這些網絡發展到一定的規模，人們就會逐漸淡忘他們當初是如何跟貨幣系統綁在一起

的。從孩童的角度來看，錢是個神祕的物體，具有從其他人那裡獲得物品的奇怪能力；從這個角度來看，政府想要錢看起來就跟店家想要錢是差不多的。但這其實是一個錯誤的看法，認為國家想要你的錢，乃是一種心理障礙，就像一隻松鼠認為橡樹想要它自己的橡實一樣。其實國家真正想要的是你拿它的錢，而且除了維持貨幣供應量的技術原因之外，國家並沒有多大興趣想要取回它。

對許多人來說，這個說法就跟他首次得知「太陽並未真的升起，而是在地球轉動時懸浮著」一樣的奇怪。就像我們會把日出誤以為是太陽升起，我們也很容易誤以為我們必須把錢交給國家，這樣它才能「花錢」。但事實恰恰相反，國家之所以要「把錢花出去」，然後再把它從流通中召回，是為了能在別處重新發行貨幣（或是為了讓貨幣的力量繼續留在流通中）。約束國家不能隨心所欲地過度發行貨幣的主要考量是，不能因此破壞了它所依賴的網絡。「貨幣政策」的暗黑藝術就是要讓這個網絡足夠緊繃，好讓身處其中的人們感到安全，但又要有足夠的靈活性，讓它可以擴張和變幻。

貨幣發行不是真的「印鈔」

媒體經常把國家貨幣的發行說成是「印鈔」，但許多國家的貨幣發行，一開始其實是數位的，而且並非對我們發行。換句話說，當國家花錢時，並不是讓它的代表走到街上用現金購買商品；相反地，他們是以間接和數位的方式進行的：請各位想像你是受雇於中央政府的承包商，負責興建一家醫院。但政府不會直接付錢給你，而是付給你的銀行，它會向你的銀行在中央銀行的帳戶發行數位的貨幣單位，然後由你的銀行將它記入你的帳戶（這個過程我們將在下一章討論）。

用貨幣政策的行話來說，這些發給你的銀行並由其持有的數位貨幣單位被稱為「準備金」（reserves）；它們是在央行的一個封閉系統中流通，類似於一個只有大型商業銀行和政府才能進入的私人俱樂部。但這些準備金可以「實體化」變成實體現金。當銀行提出要求時，中央銀行可以刪除寫在電腦上的承諾（準備金），然後將它重新寫在紙鈔（現金）上。

實體現金是一張國家借據的實體化版本，而數位準備金則是央行資料中心裡完全相同的東西之「非實體化」版本。因此銀行可以將數位準備金換成現金，反之亦然——銀行把現金交還給中央銀行，並重新記入電腦裡。對於我們這些普通的貨幣使用者來說，最難理解的事情之一就是，當銀行把這些現金交還給中央銀行時，它們就不再是貨幣了。放在央行裡的一箱美元鈔票只是潛在的貨幣，等著被發行而激活（與此程序相呼應的是數位準備金被『實體化』而毀滅）。紙張本身並不具有貨幣的力量，它只是一個可以記錄國家承諾的基質（substrate）。要等這些錢流通到市面上之後，它所表彰的法律和權力結構，才會賦予它貨幣的力量，並在更廣泛的網絡中產生效應，這點我們留待稍後再探討。

一張紙鈔離鄉背井的冒險

不過貨幣的物理基質仍須製造出來，而政府經常把這項任務外包給私人企業執行。二〇一七年，我參加了在吉隆坡舉行的貨幣大會——一些神祕的公司齊聚一堂的論壇。我發現自己被安排與英國皇家鑄幣廠的代表團同桌享用晚宴，英國的硬幣便是由他們鑄造的。皇家鑄幣廠是一家商業公司，所以除了效忠英國王室，還為其他五十多個國家提供鑄幣服務，但它只負責製造硬幣，發行仍交由各國自行處理。

不過皇家鑄幣廠參加貨幣大會並不尋常，因為該活動的主要目的是組織一個全球論壇，好讓印製紙鈔的公司能向央行官員推銷他們的服務。許多國家的紙鈔是由央行發行、硬幣則歸財政部發行，對於其中的差別，學術界有不同的見解——不過更大的爭論在於央行究竟能有多「獨立」。當央行想要印製紙鈔時，會委託各個專家（紙張、安全性能和油墨由不同的公司負責），財政部則是與鑄幣廠簽約。

不管這些幕後的細微差別，對我們而言，硬幣和紙鈔皆是可以互相交換的國家貨幣，且都具有法定貨幣地位，被法律保證可以用來消除納稅義務和債務，而且都以難以偽造來激發人們的信心。至於偽鈔假幣則是非法的，它們企圖模仿現有貨幣網絡中流通的貨幣之外觀來搭便車，所以被國家視為寄生蟲。不過，歷史上曾經出現偽鈔假幣被當成政治武器的案例：在美國獨立革命期間，英軍故意偽造美軍發行的大陸幣，讓使用者產生疑慮，從而破壞其交易網絡。[1] 當代則有印度政客指責巴基斯坦的祕密機構讓假幣流進印度，以進行「經濟戰」。[2]

紙鈔的設計必須複雜到難以複製，但又不能把使用者搞糊塗。一張紙鈔就像一個印在窄小畫布上且高度安全的藝術品。紙鈔設計師可以把調色板的特點發揮得淋漓盡致，並利用凹版雕刻來製作人物肖像，甚至使用只在熱帶鳥類身上發現的彩虹色效果的先進油墨，以及傾斜時會閃爍的防偽箔片。目的是製作出兼具複雜與優雅的俳句（haiku）式視覺效果：每個元素都必須在成本效益內發揮最大的技術可能性，從設計的角度來看，許多紙鈔真的是無比精美的作品。

但紙鈔的印製與發行是兩回事。印製紙鈔是在生產「潛在的承諾」，它們會被送到中央銀行儲存，準備發行出去。試圖從中央銀行偷竊鈔票，就像試圖偷竊一個尚未說出口的承諾，這就是網飛在二〇一七年推出的電視影集《紙房子》（*Money Heist*）中的劇情，該劇描述一群罪犯占領西班牙政府的鑄幣廠。但其實劇名改為《強行造幣》才更貼切，因為正如我們之前已經討論過的：**鈔票在離開發行者之前根本算不上是貨幣**。

那麼現金何時才會離開央行呢？通常是商業銀行預測自家客戶，可能會從自動提款機或分行，提領多少數額的現金，並向央行訂購。但這個預測過程可能有點棘手：雖然相對來說客戶每天從自動提款機提領的現金數額大致是可以預測的，但難免會出現反常現象。例如上一章曾提過，在大風暴來襲之前，美國某些地區的現金需求量會大增，因為人們擔心停電有可能使數位支付系統無法正常運作，所以他們會預先提領一些現金備用。

負責運送現金的運鈔車公司（Cash-in-transit, CIT）會代表訂購現金的商業銀行，將大量現金從央行運送到銀行的分行和自動提款機，而這個過程便為土匪開闢了一條非法取得國家資金的傳統途徑。我在南非長大，還記得當地的電視新聞經常出現這樣的場景：手持自動步槍的匪徒，與配備武器的運鈔車保全人員發生槍戰。在高度貧困和有組織犯罪盛行的國家，運鈔業的風險很大，南非的運鈔車公司往往是由退役士兵組成，他們有些人會被雇用在戰區載運談判人員。至於其他一些國家則有別的運鈔障礙，例如地理因素：希臘的銀行必須為旅遊小島上的自動提款機補充現金，這項工作通常利用渡船運送。

銀行還需決定在他們的自動提款機中存放哪些面值的紙鈔，這個決定會影響到流通中紙鈔的整體組合。發出太多高面值的紙鈔會產生不易找零的問題，所以英國的銀行只會在倫敦富人區的自動提款機裡存放五十英鎊的大鈔。英國政府還鼓勵銀行在貧困地區提供五英鎊的紙鈔，以解決帳戶餘額低於十英鎊的人，不敢走進分行提領英鎊紙鈔的窘境。

待完成所有的背景準備工作，一張紙鈔就可以離開自動提款機，跳進某人的錢包裡。從那時起它就成了一個離鄉背井的使者，這一走搞不好就是好幾年；它甚至有可能跟著一名忘記把它花掉的觀光客逃出國境，在那人的鞋盒裡靜靜地躺了幾十年，直到他的孫子某天打開鞋盒才被發現。現金經過好幾代人的使用，許多人不僅對它的象徵意義產生了情感上的依戀，同時也愛上了它的觸感。對我們很多人來說，實物和確定性之間存在著情感聯繫，現金的觸感對視障人士格外有幫助，他們可以透過指尖來感知錢包裡有多少錢：根據不同面額紙鈔的形狀、大小和質地來判斷（不像智慧手機的螢幕，摸起來的感覺都一樣）。

雖然現金的實體性是許多人仍舊青睞它的一個重要原因，卻也使得現金很容易被磨損，而磨損的程度則取決於現金從發行到流通到被回收的頻率。如果紙鈔在外流通了很長時間才返回，磨損情況自然嚴重些，但如果它們經常回到央行，就會被重新改寫而煥然一新。例如一張紙鈔離開自動提款機後，立即在超市被用掉，沒多久零售商將其存回銀行，銀行可能把它送回央行以換取數位準備金。這讓現金回到它的起始位置：一個沒在流通的潛在承諾，等著再次被「激活」（但也可能被粉碎並被新的紙鈔取代）。

發行貨幣的權力下放

這種現金進入社會但再次退出的過程被稱為「現金循環」（cash cycle），這個過程需要商業銀行的配合，但商業銀行卻變得越來越不配合。為了了解箇中原因，我們必須先介紹一塊新拼圖。

我在本章中把國家說成是貨幣的唯一發行者，但事實並非如此；國家是貨幣的主要發行者，除此之外還有次要的貨幣發行者。

在山中巨人的寓言裡，村民最終有可能成為力量強大的資本家，並用巨人發行的票券做為金融系統的基礎，但當時我並未詳細演繹這個金融系統可以變得多麼強大。其實現在大家可以把巨人的形象拋到腦後了，因為在現實中，「國家巨人」不但早已被超越，而且還把它對貨幣體系的權力，下放給了一群專橫的資本家企業。**現今的貨幣體系有個雙軌並行且共生的結構，這是因為國家把一大部分的貨幣供應交給商業銀行發行**。但我所說的「商業銀行發行貨幣」，指的並不是他們把國幣放進自動提款機裡，而是指銀行向我們發行他們自己的數位貨幣。而這個二級系統的崛起，就是銀行以「無現金社會」的名義大力推動的。

第 4 章

錢存在銀行，淪為數位籌碼

我在羅馬尼亞一所修道院的許願井裡看到一個奇景：居然有人用塑膠鈔票許願。以前的人會投下一枚硬幣許願，是因為硬幣有個很好的副作用，就是能給水注入銅或銀的殺菌成分，以減少經水傳播的疾病，從而加強了許願井的神聖性。

把塑膠鈔票扔進許願井是新的作法，它始於一九九九年，當時羅馬尼亞的中央銀行開始發行塑膠鈔票；與硬幣不同的是，塑膠鈔票會浮在水面，而且不會給水注入神聖的微量元素。塑膠鈔票似乎不會磨損，不像紙鈔每被轉手一次——被人花掉，或是被隨便塞進錢包裡——就會有機地老化，甚至「不幸」流浪到別的國家。英國作家作家湯瑪斯·布里吉（Thomas Bridges）曾在一七七〇年出版了一本小說，名為《一張紙幣的冒險》（*The Adventures of a Banknote*），透過一張有知覺的紙幣，生動地講述了它在每次被轉手之後，跟著新主人在喬治時代的英國各地生活的經歷。

布里吉寫作該書的時候，市場資本主義正在英國如火如荼地進行，但許多人終其一生都未曾直接使用過商業銀行。因為當時私人銀行的客戶非富即貴，銀行為這些富裕的商人和貴族，提供各種清償債務和相互付款的手段，而較貧窮的工人就只能依靠各種硬幣和紙幣。這種情況直到二十世紀初仍然存在，儘管那時銀行業已經變得更加標準化。時至今日仍有許多人沒有銀行帳戶或不常使用銀行帳戶，以羅馬尼亞為例，雖然高達八六%的人口有銀行帳戶，但只有六七%的人使用這些帳戶進行支付，而且是不定期的。[1] 雖然大型機構——雇主——會透過銀行帳戶支付工資，但工人總是提領現金使用。

雖然銀行的普及仍是重富輕貧，但隨著時間的推移，銀行慢慢開始鎖定沒那麼富裕的客戶，並針對一般大眾推出所謂的零售業務（retail banking），大力宣傳銀行帳戶是個「存放現金」的好地方。

二十世紀初，銀行帳戶就是實體帳簿上的一個分錄（entry），但隨著電腦的出現，銀行已把這些紙質帳本轉換成電腦資料庫。為了在資料庫中獲得一個小位置，我必須提供我的身分證明，然後銀行在系統中給我一個位址，而銀行帳號則是它的唯一識別碼（unique identifier）。然後銀行便把我和這個帳戶綁在一起，再給我一些手段，例如個人識別碼（PIN code），來證明我和這個帳戶的關係。

這個帳戶顯然就是我之後「存入現金」的地方，而且顯然也是我的「銀行存款」被儲存的地方。然而這裡面其實暗藏著話術和欺騙。

銀行更像賭場，而非衣帽間

很多人喜歡把銀行存款想成是「我放在銀行裡的錢」，所以會脫口而出「我的帳戶裡有錢」或是「我要去領錢」之類的說法。這種說法帶有妥善保管的意味，彷彿銀行是幫我們保管金錢的保管人。這就像是把銀行想像成衣帽間：當你進入一個活動會場時，你把大衣交給衣帽間的一名員工，他則給你一張紙條做為憑證，讓你在離開時有權取回你的大衣。

以為「你的錢存在銀行裡」，是假設銀行以類似於衣帽間的方式運作，去銀行開戶就像得到一個小空間，銀行幫你把錢存放在那裡並妥善保管，就像把一件大衣存放在它專屬的衣架上。此外，在這種想像中只存在一種貨幣形式——國家發行的貨幣。不論錢在或不在銀行裡，銀行都被視為單純的中間人，負責保管錢、移動錢，或是把錢借出去。

但其實世上並不存在「我在銀行裡的錢」這回事，我的銀行帳戶裡也未「存放」國家貨幣。銀行帳戶的唯一功能，是記錄一種完全不同的貨幣形式，稱為「銀行貨幣」。

理解此概念最快的方法是拋開衣帽間的比喻，改用賭場的比喻。請各位想像你走進一家賭場，去櫃台用現金換取可以在賭場內使用的籌碼。當你在賭場裡的時候，賭場並不是在保管「你的錢」，而是已經取得它的所有權，而你擁有的是賭場發給你的籌碼。因此在這個賭場裡有兩種形式的錢：一種是國家發行的貨幣，另一種則是賭場發的籌碼，如果你把它們拿回櫃台，就可以兌換成國家的錢（前提是你沒把籌碼輸光）。賭徒擁有籌碼，賭場擁有國家發行的錢，雖然這兩種形式的錢之間存在一種共生關係，但它們依然是各自獨立的。

一般賭場的籌碼是實體的，但請各位想像一下，有家賭場發行的是數位籌碼。當你把現金交給他們時，他們不是發放實體籌碼，而是在他們的電腦中為你開立一個帳戶，並把數位單位記入該帳戶，讓你可以在各種賭桌上使用。你現在所擁有的只是他們資料庫中的一個位址，以及相應的信用額度。

這個比喻是理解現代銀行業務一個很好的切入點。我們在銀行帳戶中看到的單位，其實只是銀行發放的「數位籌碼」，它跟我在賭場用現金換籌碼的方式基本上是一樣的。賭場的籌碼是一張欠條，可以在你想要結清時兌換成現金（如果賭場拒絕，你可以把他們告上法院）。同樣地，我們的銀行帳戶中的數位籌碼，是以數位形式寫的欠條，承諾在未來支付我們一筆國家發行的錢，然後這些數位欠條籌碼便可以傳給其他人。

因此當我剛開戶時看到的「〇」，只是意味著「銀行尚未發給你任何數位籌碼」。如果我存入一百英鎊的現金，銀行就會取得它的所有權，這意味著銀行的國家貨幣存量增加了，但它隨後會發給我一百個數位籌碼，在我的帳戶中顯示為「一〇〇」。這些籌碼是能獲得國家貨幣的承諾，所以對我而言它們是我現在擁有的東西，但銀行卻把它們視為必須履行的義務。銀行（從我這兒）取得了國家發行的貨幣，而我則獲得了銀行發行的數位籌碼。

去自動提款機領錢就相當於試圖「走出賭場」：銀行把國家發行的現金交給我，同時收回它發行的數位籌碼，從而使他們之前對我的承諾失效。此事正好可以進一步說明我在上一章提到的過程，亦即銀行必須預測有多少數位籌碼要退出，並把其持有的部分數位準備金「具體化」為現金，這就是國家現金循環的反面。

在真正的賭場裡，你很容易就能區分賭場發行的籌碼和國家發行的貨幣，但在銀行業的世界裡，我們很難區分銀行發行的數位籌碼和國家發行的貨幣。因為在日常的口語對話中，兩者都被籠統地稱為「錢」，但兩者的專業術語就不一樣：國家貨幣被稱為「基礎貨幣」（base money）*，而銀行發行的籌碼則被稱為「銀行貨幣」、「書本貨幣（支票本）」或廣義貨幣。

但最令人困惑的術語可能要算是銀行存款（bank deposits）一詞了，其令人困惑之處在於英語的一個慣例：動詞「deposit」（存入）會產生一個一模一樣的名詞。例如一場大洪水可能挾帶大量的泥沙「淤積」（deposit，這時候是動詞）在一條河裡，然後我們會說那條河裡有大量的「淤積泥沙」（sand deposit，這時候是名詞）。該文法慣例會對銀行業造成混亂，我們用動詞「deposit」來指「存入」的行為（我存入了現金），然後我們經常誤把名詞的「存款」當成是「被存入的東西」（我在銀行裡有存款）。但其實「銀行存款」一詞指的是「發出去的承諾」，而非「被存入的東西」。懂技術的讀者可以瀏覽銀行的資產負債表來確認這一點，「客戶存款」一定是出現在負債這一側（銀行承諾給人們的東西被記錄在這裡）。至於不諳技術的讀者，只要記住「銀行存款」其實是銀行發行的數位籌碼即可。

憑空創造出來的籌碼

銀行擁有一項賭場望塵莫及的超能力。在二十一點賭桌上流通的每一枚賭場籌碼，都是由賭場持有的美元「擔保」的。相反地，**銀行能夠發行的籌碼數量，遠遠超過其持有的國家貨幣**。換句話說，銀行可以發出比他們擁有的國家貨幣準備金超出甚多的承諾（他們可以先發行這些承諾，之後再補上準備金）。這就是所謂的「部分準備金制度」（fractional reserve

* 又稱「狹義貨幣、高能貨幣或流通中現金」。

banking），但其實更精確的說法是「銀行貨幣的信用創造」。對許多人來說，這是一個令人費解的話題，或許因此而被廣泛地誤解了。但懇請各位試著去理解它，因為這有助於我們對未來金融政治的理解，並可避免對銀行業做出歇斯底里的譴責。

造成誤解的根源在於，許多教科書仍誤把銀行比喻為「衣帽間」，在這種情況下，存款不會被正確理解為銀行發出的承諾，而會被視為是被存入的國家資金。請注意在這個框架內，只存在一種形式的貨幣（就像一個只有現金流通但沒有籌碼的賭場）。在這個範式裡，銀行被視為中間人，負責儲存或移動國家的貨幣，並把他們從儲戶那裡吸收來的國家貨幣出借給貸款人。這種「單一貨幣形式」的想法，會導致常見的誤解，例如「銀行拿了你的錢，並把它借給別人，這表示你的錢實際上不在那裡！」這種說法有點像是「一百件大衣被存入了衣帽間，但職員只保留了其中十件，其餘的都被借出去了！」

我非常不喜歡衣帽間的比喻，因為它極具誤導性，但我還是得簡單地用它來澄清事實。如果衣帽間真的像銀行，那麼當我把我的大衣存放進去，衣帽間就會取得大衣的所有權並把它拿走，同時給我一個以數位方式記錄的承諾籌碼，說我可以隨時來取回一件類似的大衣。現在我擁有一個承諾籌碼，而它擁有一件大衣。接著請想像一下，現在又有人走到櫃台前，他們沒有大衣，卻要求衣帽間發給他們三件大衣的承諾籌碼。店員評估後表示：「好的，但前提是你們必須簽署這份協議，然後在一個月內給我帶來四件大衣。」雙方簽署了該份協議，衣帽間得到了未來能拿到四件大衣的承諾，而對方則獲得了三個當下的承諾籌碼，這些承諾籌碼跟我的承諾籌碼，都被記錄在同一個數位系統中。

這就是銀行「借貸」的運作方式。請注意，衣帽間並沒有把大衣借給那些人，而是向他們發出新的承諾籌碼，這跟他們發給我的是一樣的東西。這裡有兩類東西：大衣和承諾籌碼，我和另一批人之間的主要區別在於，我是存入大衣而獲得承諾籌碼，他們則是承諾之後會存入大衣而獲得承諾籌碼。

其結果是這兩類人出現了分歧：衣帽間發放的承諾籌碼之數量，大大超過了它實際擁有的大衣之數量。我這個「存款人」擁有一個承諾籌碼，而「借款人」則擁有三個，衣帽間實際上擁有一件大衣（從我這裡拿的），加上未來會有四件大衣（從借款人那裡拿的）的一個承諾。如果你把這些數字加一加，你會發現銀行欠的件數等於四，而他們未來在理論上可能擁有的件數等於五。只要衣帽間能夠適當管理籌碼的兌換過程（人們想要拿回真的大衣），以及確保那些人未來真的會交回四件大衣，那麼衣帽間最終會多出整整一件大衣，而且不欠任何人任何東西。

因此可見，銀行並不像大家所想的那樣，「把國家的錢借給想要貸款的人」。我們回到更準確的賭場比喻，銀行只是發出數位籌碼給要求貸款的人，並從他們那裡獲得貸款協議作為回報。用專業的術語來說明就是：銀行擴張他們發行的短期借據，當做取得未來之長期貸款協議的基金，因為後者的價值會高於前者。只要銀行能夠妥善管理贖回過程和相關風險，就能形成一個「壓力梯度」，把國家資金吸引到銀行裡，讓銀行能夠為其股東創造利潤。而身為儲戶的你所扮演的角色，並不是「存錢讓銀行拿去放貸」，而是增加他們發行籌碼的準備金。

這就是「銀行貨幣的信用創造」：銀行發行籌碼以獲得貸款協議的行為，擴大了貨幣供應。在英國，超過九成的貨幣供應量皆採取這種發行籌碼的形式，而且整個數位貨幣系統，也是透過數位籌碼的重新分配在運作的。所有跟數位貨幣有關的政治，從監控到排除，全都是因為現在銀行籌碼對我們的生活至關重要；這意味著各種形式的金融機構，都會在我們彼此的日常交易中插上一腳。且讓我們回到我的骨科醫生約翰身上，快速瀏覽一下這些不同的參與者。

籌碼交叉流動，又不打擾央行

還記得約翰問我：「要付現，還是刷卡？」我們現在可以解讀他的請求了，他的意思是：「你要用國家發行的實體貨幣付帳，還是用銀行的數位籌碼支付？」相較於付現的簡單明快，轉移銀行籌碼的過程要複雜些，這是因為它們要被轉讓到記錄在資料中心的帳戶上，除非我可以挖出資料中心並運輸它，否則這些錢永遠不會移動。但是我的銀行可以編輯我在該資料中心的帳戶，把籌碼重新轉讓給約翰，數位貨幣的「移動」其實只是編輯承諾罷了。

如果約翰和我使用的是同一家銀行，那就像我倆是在同一個虛擬賭場裡，銀行只須收回我的籌碼，並重新轉讓給約翰即可。但如果我倆的銀行不同，那就像他是在另一間虛擬賭場，這時候事情就會變得比較棘手。

我們不妨想成每家銀行都有自己的次級貨幣——英國巴克萊銀行的客戶拿到的是巴克萊銀行發行的籌碼，而駿懋銀行的客戶拿到的是駿懋銀行發行的籌碼。駿懋銀行的私人領地裡約莫有兩千萬個英國帳戶，領地內的籌碼持有者之間，有著大量的籌碼流動；但如果某個客戶想要付籌碼給巴克萊銀行的客戶，這便牽涉到兩個領地了。因為數位籌碼是由一個特定的發行者，歸戶到一個特定的帳戶內，它們不能被「拉出」這個環境，然後被「扔進」另一個環境中——歸戶到駿懋客戶的駿懋籌碼，不能從駿懋的資料中心爬出來，跑到兩百公里外的巴克萊資料中心，然後偷偷溜進去，把自己歸戶到某個巴克萊客戶的帳戶裡，這就是所謂的「不漏」（non-seepage）原則。

如果我是駿懋銀行的客戶，而約翰是巴克萊銀行的客戶，駿懋銀行必須從我這裡收回籌碼，同時指示巴克萊銀行向約翰發放新的籌碼。不過這會讓巴克萊銀行承擔責任，所以駿懋銀行必須透過中央銀行，向巴克萊銀行轉移數位的國家準備金來補償巴克萊銀行。此舉把我們帶到貨幣的重心——中央銀行的資料中心。就像我們可以在互相轉讓銀行籌碼，銀行也可以互相轉讓它們在央行的準備金（這個過程稱為『結算』）。

你可以把中央銀行想像成在眾多商業銀行「公爵」之間進行裁決的國王，要是公爵們能自行解決他們之間的分歧，國王就不希望受到打擾。每分鐘都有數以千計的跨行客戶要求進行數位籌碼交易，要是每次這種尋常的客戶互動，公爵們都要在央行法庭上召開會議，未免太小題大做了。駿懋可能有成千上萬的客戶要求轉帳給成千上萬的巴克萊客戶，而巴克萊也可能有成千上萬的客戶要求付款給成千上萬的駿懋客戶。因此他們不會單獨結算每一筆交易，而是授權交易，將它們整理成同捆包之後，再疊加之後互相抵消掉。如果「駿懋對巴克萊」的同捆包是一億英鎊，而「巴克萊對駿懋」的同捆包是九千九百萬英鎊，那麼只要一個公爵把央行的一百萬英鎊國家貨幣轉讓給另一位公爵即可。

央行喜歡這種「耳根清淨」，由商業銀行自行進行大量的交叉支付，讓央行不被打擾。央行樂得冷眼旁觀默不作聲，只收到一些零星的資訊，例如：「從滙豐銀行的準備金帳戶轉讓四百萬英鎊到巴克萊銀行的準備金帳戶。」所有的交易在心理上都被定著在中央銀行這個層面，且拜資金的交叉流動（cross-flow）之賜，實際上的國家資金轉移並不多。

數位籌碼如何「跨境流動」？

就像銀行子系統不能在國內互漏，國家數位貨幣系統也不能在國際上互漏。* 數位英鎊的定義是「記錄在與英格蘭銀行相連的一家英國銀行之實體資料中心裡的一個承諾籌碼」。它無法從那個環境中硬被拉出去，然後漂洋過海被扔進另一個環境裡——數位英鎊不可能在吉隆坡的路上滲漏出來，與數位馬幣混在一起，它們並非空間中的浮動單位。

* 歐元區的國家是例外，因為他們的國家系統隸屬於一個共同的中央銀行。

那麼數位貨幣是如何「跨境流動」的呢？報紙頭條可能會宣稱「美國公司向中國注入數十億美元」，但這些「流動」其實只是資料庫的會計操作。雖然銀行公爵們可以透過本國的央行國王來解決地方性的分歧，但沒有全球性的「皇帝」來解決國際問題，所以各國的銀行被迫建立跨區（straddles）來進入一個外國系統，方法是相互開設跨司法管轄的特殊「通匯帳戶」（correspondent accounts）。

各位可以想像是許多虛擬的多爪抓鉤（grappling hooks）把各國系統繫連在一起。例如美國銀行可能會在中國工商銀行開立一個帳戶，反之亦然，以便在各自的國家系統之間提供一個雙向的聯繫。隨著時間的推移，這些雙向聯繫已經發展成一個密集的關係網絡，能透過它來解決國際轉帳。

如果我想轉帳給肯亞銀行的某個人，要麼我跟對方的銀行彼此之間有直接的帳戶，不然就需要透過與雙方都設有帳戶的另一家銀行。這個轉帳過程會啟動一個跨境骨牌鏈——英鎊籌碼離開我的帳戶，轉而被記入肯亞銀行的英國帳戶，然後由肯亞銀行向數千公里外的受款人發放肯亞先令籌碼。最終的結果是：我的英鎊帳戶餘額減少了，肯亞銀行的英鎊帳戶增加了，收款人的先令帳戶增加了。

這些錢並非從英國「跳」到肯亞。相反地，國際支付系統牽涉到外國銀行在地主國積累當地的銀行籌碼。如果有個肯亞人想要付款給一個英國人，前述過程便會倒過來進行：肯亞銀行取出自家的先令籌碼，放棄它先前持有的英國英鎊籌碼，並把它們轉移到英國收款人的銀行帳戶。

為了協調這個轉帳過程，銀行必須進行溝通，但因全球有成千上萬家銀行，溝通過程可能會變得很複雜。這時就得靠「環球銀行金融電信協會」（SWIFT）來發揮作用，該協會自稱是「安全的金融傳訊服務之全球供應商」，看到「傳訊」一詞，很容易讓人誤以為它是WhatsApp之類的通訊軟體，但SWIFT雖然是一個私人通信樞紐，卻不是用來聊天的。數位貨幣系統中只會移動訊息，而每一則SWIFT通訊都是啟動帳戶編輯的法律命令。銀行可利用它的銀行識別代碼（Bank Identification Codes, BIC）系統，透過SWIFT的資料中心，以標準化格式完成跨境轉帳工作。

雖然銀行可以透過不同的傳訊網路發送這些命令，但目前全球已有大約一萬一千家銀行使用SWIFT系統，要說服他們轉換系統是很困難的（比說服你所有的朋友一起轉換到另一個傳訊平台要難得多）。對此伊朗頗有切膚之痛：一旦被排除在這個網路之外，你的跨境支付就完蛋啦，這同時意味著**SWIFT已成為極具影響力的地緣政治工具**。

發卡中心和銀行溝通的機制

任何一筆數位支付的目的，都是要讓兩家銀行編輯相關帳戶，來產生錢從一個帳戶跳進另一個帳戶的錯覺。但要啟動數位支付，我們必須向銀行提出要求，畢竟我總不可能站在銀行的資料中心外頭，大喊我要轉帳。我必須把這個請求翻譯成數位代碼，然後從遠處發送給銀行的資料中心。銀行提供了數量有限的「傳輸站」，直接或間接地完成該任務。典型的直接管道是分行，我在那裡把我的需求告訴銀行櫃員，再由他們把我的請求輸入電腦，我也可以打電話或用郵寄的方式，把我的要求告知他們。但這些溝通方式都已經被銀行的網頁所取代，讓我可以直接向銀行的資料中心發送數位資訊。

對於支付房租這種可預測的大額支付，網銀算是很好用，但街頭的小額交易就另當別論。想像你來到一家麵包店的櫃台前，拿出你的筆電，詢問 Wi-Fi 代碼和該店的銀行資訊，然後啟動轉帳、等著登入帳戶，並確認付款，身後早已排著一群憤怒的顧客。這就是間接管道存在的原因：例如支票就是交給賣家的書面命令，允許他們稍後從你的銀行取款。但現在我們使用的主要間接管道卻是卡片。

威士卡和萬事達卡之類的卡片網絡是開創性的，因為他們創建了一個系統，讓大家得以在人工轉帳不方便或不安全的情況下，例如當你在商店購物時（或是在網路電商購物），能夠間接向你的銀行傳送訊息。該系統不是要求逛街的買家使用自己的傳輸站，而是讓定點經營的商家建立傳輸站。

支付卡計畫（card schemes）就像合作社，要為協調者（如威士卡公司）及其成員（發卡銀行）創造利潤。成員銀行發卡給像我這樣的買家，並為商家（例如我的骨科醫生約翰）設立傳輸站，讓我能透過由威士卡維護管理的網絡發出支付請求。這些傳輸站包括讓你把支付卡插入的實體銷售點（POS）終端機，以及安裝在網站上的數位「支付閘道」；當你在電商購物時，你的付款請求會通過支付閘道發送出去（請把它想成數位版的POS終端機）。

一張現代的銀行卡就像一台超小電腦，我可以把它放進我的錢包裡。它的工作是透過POS終端機喊出數位訊息，把我的詳細資料透過約翰的支付處理器發送到威士網（VisaNet），也就是威士卡的巨大資料中心系統。同一秒內差不多會有五千個支付請求傳來（包括我的請求），這些請求是由來自大約一萬五千家銀行和支付處理商的客戶發出的。威士卡的資料中心每秒可同時處理三萬筆交易請求，但它不會透露其主要資料中心的位置，只會含糊說它就位在「東海岸沿岸某處」。[2] 由於該設施極具戰略重要性，所以它的緊急發電設備可以持續供電九天，而且還有其他重大的安全要求。據《網路計算》（*Network Computing*）雜誌報導：

> 進入建築群的道路上設有能快速升起的液壓樁，以及時阻擋時速約八十公里（因為廠區道路彎曲，無法以更高的速度安全行駛）的車輛繼續前進。訪客必須通過一個安全門，由來回巡邏的安全小組進行檢查，還得通過生物識別掃描之後才准予進入。

這個戒備森嚴的資料堡壘，會把訊息傳給我的銀行：「布萊特想付錢給一個骨科醫生，他戶頭裡有籌碼嗎？」我的銀行進行檢查，然後循同一條路線把付款授權轉發回去。約翰的終端機發出嗶嗶聲並顯示一條訊息：「授權支付」。我走出診所，兩家銀行則啟動一個結算程序。

數位支付的基本原則很簡單：發卡銀行、銀行間的傳訊平台，以及我們的傳訊設備。由此不難看出所謂的支付「創新」：通常需要在同一系統再加上一層，或創造一種新的方式，繞過支付卡網絡直接向銀行發送訊息，或是增強那些支付卡網絡。例如ApplePay和GooglePay，只是用新的方法向相同的舊系統發送訊息，就把我的手機變成支付卡（副作用則是谷歌現在能得到我的支付行動的數據流）。

現金和數位籌碼的界限難以劃分

「錢是什麼？」這個問題，就跟問「藝術是什麼？」或「生命的意義是什麼？」之類的問題一樣——即便經過冗長的辯論，仍無法做出明確的結論。所以我打算省略討論，直接敘述貨幣體系的現況：貨幣是由國家和銀行借據組成之複合系統，並由設置在政治體系中的法律系統激活；激活後的貨幣可充當通行令牌，進入相互依存之巨大人際網絡裡的經濟網路。貨幣一旦被激活後，它的力量就可因為網絡效應的加持而更加鞏固，因為那網絡裡有數百萬相互依存的人，而貨幣制度能塑造與加強那份相互依存。

雖然國家和銀行是核心機構，但其他許多「非銀行」系統，例如：PayPal、Venmo、WeChat、M-Pesa 和 Paytm……可以把自己當成附加組件（add-ons）插入銀行。如果說銀行收下你的國家貨幣，並向你發放數位銀行籌碼作為回報，那麼像 PayPal 這樣的機構，則是收下你的銀行籌碼，並向你發放 PayPal 籌碼作為回報。因此你的 PayPal 帳戶中的數額，是由二級的銀行借據做為擔保來發行的三級公司借據。

這些系統是靠帳戶鏈接起來的：我在 PayPal 有個帳戶，而 PayPal 在商業銀行裡有個帳戶，商業銀行則在中央銀行裡有個帳戶，中央銀行則在其他中央銀行裡有帳戶（並使用國際貨幣基金和國際清算銀行等大型機構的專業服務）。此等國際領域其中的政治非同小可，例如各國央行會相互提供大規模的互惠信貸額度，以確保發生緊急情況時可以使用對方的貨幣；例如二〇一三年，歐洲央行與中國人民銀行建立了一個「換匯額度」（swap line），讓前者獲得三千五百億的人民幣額度，而中國央行則獲得四百五十億的歐元額度。[3]

有鑑於銀行產業的巨大力量，我喜歡把這些系統想像成從上方管理我們的互動。在上一章中，我提出了「山中巨人」的比喻，確實傳達出一種高高在上的力量，但現代的貨幣機構已經超越了這一點，它們更像是盤旋在每個國家上方的天空之城。它們透過 SWIFT 這樣的傳訊系統、威士卡運營的銀行卡網絡，以及 SEPA 之類的支付俱樂部，跨越國境聯繫在一起。至關重要的是，在這個跨國系統中，有一個天空之城的層級結構：一些較小的國家系統，常透過美國的銀行系統處理彼此之間的關係，而美國聯準會則處於最頂端，這就是為什麼美元被稱為全球準備貨幣。

我們把數以百萬計的支付請求送上這個結構，但我們熙攘忙碌的互動，卻跟我們國家的頂點相距甚遠，離國際的頂峰就更遠了。從地面上看，那些機構看起來既遙遠又抽象，但中央銀行試圖透過擴大或緊縮貨幣供應量，則是透過商業銀行對我們施加間接影響（這肯定是間接的，央行對整體貨幣供應量的控制是有限的，因為整體貨幣供應量主要是由商業銀行的籌碼組成的）。貨幣政策透過動員我們增加生產，或是要我們放緩速度，來改變飛過貨幣神經系統的衝動量。這引發了各大門派的貨幣經濟學家（如凱恩斯主義者或貨幣主義者）的論戰，他們爭論的是經濟體中的貨幣單位發行量，與人們生產的有價值之物的數量之間的關係。

貨幣政策的談話可能令人感到困惑，但身為一個一般的貨幣使用者也是滿令人困惑的。因為我們身處其中的經濟網絡既龐大又分散，所以很難把它們放大到足以看清維繫所有經濟網絡的貨幣系統，究竟是什麼樣的結構。對我們大多數人來說，系統中最容易看到的面向是實體的人工製品，因此當記者寫了一篇關於貨幣的文章時，往往會搭配取材自Getty Images的美鈔或英鎊硬幣的圖片來說明「貨幣」。但這些圖片並未能顯示貨幣的全貌，只展示了實體的國家貨幣——實際上的系統要大多了。

我們找不到銀行資料中心或數位籌碼的圖像，即便我們輸入「數位貨幣」的關鍵字，也不會出現這些圖像。在谷歌圖片搜索中輸入這些關鍵字，得到的是實體現金溶入數據資料，或是現金在電線中飛行，或是現金從電腦中冒出來之類的圖像。

這些流行的圖像暗示著，現金應被視為「一般貨幣」的通用符號。但是我們很難清楚劃分現金和銀行的數位籌碼之間的界限，這情況其實有著嚴重的影響。例如二〇一六年被揭露的巴拿馬文件（Panama Papers）弊案顯示：多達一千一百五十萬筆交易，記錄了離岸金融業的不正當行為。獲得無數媒體報導的官方洩密網站上，以斗大的標題寫著：「政治人物、罪犯，以及幫他們藏匿現金的流氓行業」，並配上美元鈔票在暴風中漂浮的圖片。但其實這些離岸公司透過祕密的銀行帳戶運作，使用的是銀行的數位貨幣，而非國家發行的現金。對於那些沒有看穿這個標題的人來說，巴拿馬文件把銀行轉帳隨意貼上「現金」的標籤，其實在不經意間掩蓋了銀行業和它運營的這個平行系統。這使得人們開始把現金與犯罪聯想在一起，而忽略了一個重要的事實：**大規模的金融犯罪，很多是明目張膽直接透過銀行交易進行的**。

我們對於銀行的許多公共形象，似乎也有意忽略它們發行數位籌碼的事實。我在第1章中，把金融業描述為全球資本主義的神經中樞，並指出金融業越來越期待一個無現金的社會，這樣它就可以理所當然地把它的監控延伸到整個「神經系統」。**把數位貨幣說成是數位的「類現金」，可說是正中銀行業的下懷，因為這麼一來人們會誤以為銀行發行的籌碼是升**

級版的現金，讓銀行的數位系統可以披著令人放心的實體代幣外皮，成功躲過我們的監督審查。

現金曾是國家傳播其邏輯的關鍵力量，但是對於這些出現在國家下的企業階層來說，現金已經失去作用了。現金雖是從高處發行的，可它們一旦出現在我們一般人之間，就算是「落入凡間」了。它們保持在地化，在實際接觸的人們之間移動。相比之下，銀行籌碼是無形的、遙遠的、分離的，且在機構的控制下，讓亞馬遜之類的大企業更容易與之合作。

我把這些數位籌碼系統稱為「雲端貨幣」，因為我們都依賴遠在天邊的資料中心與之互動。不過使用雲的圖像雖然管用，卻也帶著危險：因為我們會誤以為雲是脫離物質現實的漂浮實體，但雲端其實是一個隱蔽的複合體，周圍裝上通了電的鐵網，而且有武裝警衛駐守。我可以點燃火柴燒掉紙幣，犧牲掉一個國家的承諾，但我無法透過燒信用卡、電話或電腦來燒掉數位貨幣。燒毀銀行籌碼的唯一方法，是找到它的資料中心，闖入其中並進行工業規模的縱火。跟居住在戒備森嚴的資料中心裡的雲端貨幣相比，現金真的友好多了。

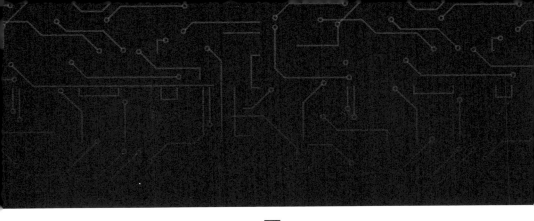

第 5 章

無現金社會的真相

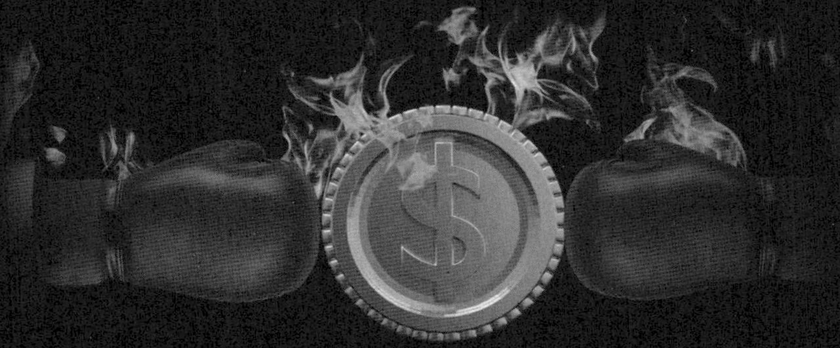

想像你在賭場的二十一點賭桌上大贏，得到一堆籌碼，於是你走向櫃台，打算把這些籌碼換成現金後離場，但工作人員卻說：「抱歉，我們不再換回這些東西了。」他們讓你進入賭場，現在卻試圖阻止你離開賭場，你會發飆嗎？

其實類似的情況也發生在銀行業，像英國的銀行正悄悄關閉分行和撤除自動提款機，而這些設施都是出入銀行系統的通道。根據英國銀行公會（British Bankers Association）和國家統計局（Office of National Statistics）的資料顯示，在二〇一二年至二〇二〇年間，英國銀行的分支機構數量減少二八％；在二〇一五年至二〇二〇年間，自動提款機的數量減少了二四％。[1] 而且銀行正利用他們成功吸收大眾進入其系統的事實，理直氣壯地關閉人們未來的退出機會。我們已看到，我們生活在一個國幣和銀行的數位籌碼並存的貨幣體系下，但是在「無現金社會」中，前者會消失，銀行籌碼變成唯一的選擇。所以「無現金社會」其實是一個委婉的說法——就像把威士忌稱為「不含啤酒的酒精」一樣避重就輕。但該說法卻深受金融業的喜愛，因為它使人們關注於還不存在的事物，而非正在崛起的東西。如果我們實話實說，**所謂的「無現金社會」，其實就是只能使用「銀行籌碼」的社會**，恐怕很難被大家接受吧。

銀行設法讓現金不再流通，把現金「非具體化」為銀行在央行的準備金，然後在他們的資料中心向我們發放籌碼，但他們理應也要進行相反的程序。當我們要求國家貨幣時，銀行必須銷毀籌碼，並將準備金具體化為現金，然後把它們放進自動提款機及送到分行裡。雖然這是銀行應該提供的公共服務，但他們已經開始把自動提款機視為過時的東西，所以他們不打算再提供該項服務了。這就像賭場把兌換籌碼當成是他們好心提供的慈善服務，而非法律規定必須履行的義務。銀行現在就是抱著這種態度，並慢慢關閉那些能夠提領現金的基礎設施。

此舉將讓人們更難取得現金，只要能讓現金看似不方便使用，就能把更多人推向銀行偏好的數位籌碼系統；而人們大量湧入數位籌碼系統的情況，正好可以用來佐證關閉更多提領現金的基礎設施乃是合理的作法。

這些基礎設施還包括銀行分行，它們不僅被逐步關閉，而且現金處理能力也遭到削減，例如瑞典的許多分行拒絕接受現金。因此如果你是一個收受現金的店家，你必須在打烊後去到更遠的地方存放現金。此舉會迫使商家往拒收現金靠攏，也會減少顧客使用現金的機會。讓現金既難以取得也無處花用，就是讓「使用現金」自行內爆的祕訣。換句話說，銀行有能力設計一個自我實現的預言，而且這個策略顯然大獲成功。

谷歌的全球趨勢資料顯示，自二〇一四年以來，「無現金」一詞的搜尋量大幅增加。[2]

不過現在「無現金」一詞，既指一個沒有現金的社會之一般現象（「無現金社會」），也指僅有數位支付的特定情況（「無現金支付」）。在邏輯學中，給兩個不同的事物起相同的名字會導致「等價交換的謬誤」（equivocation fallacy），亦即不同的涵義會相互汙染。例如法國政府將其銀行數位支付計畫稱為「無現金支付計畫」，就出現了這種情況。現金和銀行數位籌碼完全有可能共存，但因後者以「無現金支付」為名，所以提到銀行數位籌碼時，不可能不帶有現金會消失的暗示意味。

正因為銀行貨幣老是把自己偽裝成「非現金」，難怪人們很難把這個問題說清楚講明白。**老一輩人能清楚區分「銀行外的錢」（現金）和「銀行裡的錢」（銀行籌碼），但是對年輕人來說，他們從小就生活在數位主導的環境中，對於兩者的區別有可能變得模糊**。對年輕世代來說，銀行貨幣早已在心理上占上風，所以年輕世代很容易被以下的論點所左右：銀行籌碼可以徹底脫離國家貨幣系統，我們完全不需要取得現金。在這種情況下，自動提款機被看作是一種過時的老古董，而不是承諾能提領國家貨幣的一種手段。他們正在想像一個沒有「銀行外的錢」的世界。

但此舉將產生嚴重的政治、經濟和心理後果。例如從歷史上看，當某家銀行看起來有可能會倒閉時，人們會感到恐慌，並急著將它發行的籌碼換回國家貨幣，這就是所謂的「銀行擠兌」：人們會在自動提款機和分行前大排長龍，試圖「把錢領出來」。但如果沒有自動提款機或分行會怎樣？你只能登入你的帳戶，並試圖透過向另一家銀行轉帳來逃離你的銀行，或是詢問朋友是否可以暫時把錢轉到他們的帳戶。但如果是整個銀行業都陷入危機，那該怎麼辦？

迎接「新貨幣」的到來

未來的社會恐怕只有「銀行發行的錢」可用的狀況，理應被視為是一種圍場（enclosure），但主流說法卻把這種社會描述成，是由一群普通人推動的必然結果，這群人希望被圍在仁慈的數位系統中。金融未來學家則宣稱，走向數位圍場（digital enclosure）是「自然的進步」，是一枚無法阻擋的火箭，由「要求數位化」的Z世代和千禧世代（一九八一年後出生的人）所推動的。數位支付公司高度依賴這個故事，並暗示如果你不加入，你就會被拋在後頭。

例如 PayPal 便曾在二〇一六年引用這個說法，在倫敦地鐵展開其「新貨幣」宣傳活動，標榜使用者皆是前途無量的年輕中產階級。PayPal鎖定的觀眾是渴望得到該技術的興奮接受者，它的「新貨幣到了」的口號，聽起來就像有個送貨員給你送來你想要的東西。

法國理論家路易·阿爾都塞（Louis Althusser）把這個招數稱為「質問」（interpellation）：把事情說得像是對方已經認同似的一種話術。例如「網路星期一」（Cyber Monday）明明只是全美零售商協會（National Retail Federation）創造出來的廣告用語，但該協會卻發布新聞稿宣稱：「網路星期一迅速成為一年之中最盛大的網路購物節之一。」[3]說得跟真的一樣，而且還趁機搞出一堆商業口號——「網路星期一來啦」；「你準備好迎接網路星期一了嗎？」——講得好像你已經相信真有這回事，而且還要在你的腦海中勾勒出數百萬人都相信它是真的、並且急切地等待這一天到來的畫面。所有的數位支付公司——例如PayPal——都會利用類似的技巧，目的就是想投射出一種感覺，亦即「新貨幣」是一個真實的現象，且是由有自主能力的人（empowered people）所推動的。

在這種由企業資訊主導的社會中，試圖保持一種批判性的觀點是頗具挑戰性的，因為企業資訊充斥在我們的生活環境中，讓人覺得自己像是某個財大氣粗的宗教中、唯一一個唱反調的不可知論者。你找不到任何一面告示牌上面寫著：「現金是一種應當受到保護的公用事業。」因為現金並未附屬於一個會促進它的私營企業；相反地，當倫敦的上班族在地鐵的月台等車時，放眼望去盡是支付公司的廣告看板，他們自稱為「後現金時代的皈依者」（post-cash converts）。即便你原本是一個對這種虛假資訊覺得反感的人，但是看多了，你難免也會以為周圍的人都是這樣想的，而且它會反過頭來傳達一個更有敵意的資訊：**無論你加入與否，變革都會發生。如果你拒絕「新貨幣」，你就會固守在過去，與其他人不同步**。

我在第2章中提出了一些初步的理由，說明為什麼我們應該懷疑「只有銀行籌碼的社會，是由渴望它的人們由下往上推動的」這樣的說法。雖然一個巴掌的確拍不響——但是銀行及PayPal之類的準銀行，不能公然強迫人們使用他們的系統——但我們是如何被他們說服，決定讓自己被接管呢？

無現金支付不是現金系統的升級版

一八九八年，溫頓機動車公司（Winton Motor Carriage Company）推出世上第一個機動車廣告，說買了這款機動車：「可省下養馬及照顧馬匹的費用和焦慮。」（見圖5-1）

人們早期把這種機動車稱為「無『馬』車」（horseless carriage），表明它是一項擺脫過往限制的創新技術。但是這種車在歐洲卻踢到鐵板，因為那裡的人依戀他們的馬，或是買不起機動車。但熱愛汽車者卻受不了這種延宕，並認為機動車乃是不可避免的正向變化。我們不難想像那些人駕著機動車在鄉間小路上與馬車爭道，並且大喊著：「給未來讓路！」

同樣地，數位貨幣的推廣者也把現金說成是馬車，並說它之所以還能存在，全是因為一幫落伍守舊者的頑固懷舊。他們認為數位貨幣是現金的「升級版」，意思就跟「無『馬』車」一詞一樣，「無現金支付」意味著從前的一些障礙已經被甩掉了，大家為什麼還要死抓著一個劣質系統不放呢？

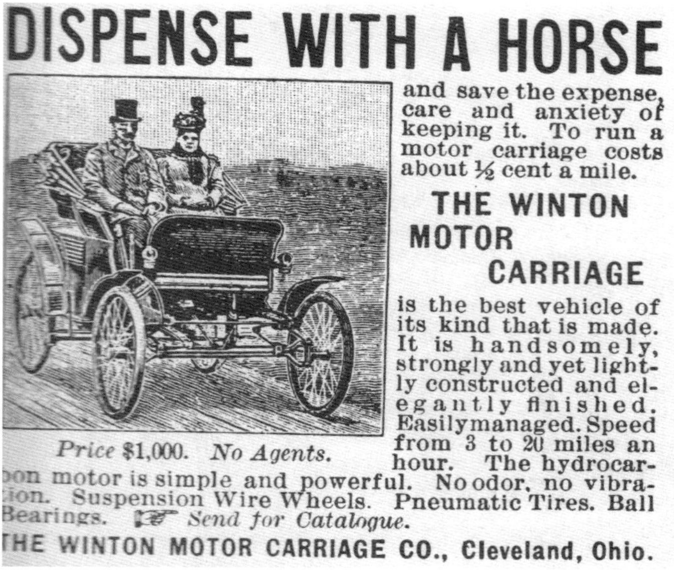

圖 5-1　溫頓機動車公司推出世上第一輛機動車廣告

但「無『馬』車」確實是馬車的升級版：兩者皆有動力源、車輪和馬車，並且使用相同的道路。但**銀行的數位籌碼轉帳，絕不是國家現金系統的升級版（就像賭場籌碼也不是現金的升級版），因為國家現金系統是銀行數位籌碼系統的基礎。事實上，數位銀行轉帳頂多是非數位銀行轉帳的升級版**。上世紀二〇年代人們用支票要求銀行啟動帳戶編輯，到了二〇二二年則是用智慧手機要求銀行進行數位轉帳，所以支票才是「馬車」。

打定主意要反對現金的黨派人士，把現金描繪成阻擋他們超車的障礙。但其實維持兩種系統並行不悖，是毫無衝突的，與現金最接近的交通工具類比要算是自行車了，而「無現金」就像是硬把原本跟汽車車道並行不悖的自行車道給關閉了。

當一個產品或服務升級時，人們確實不再需要舊版本，但是當一個產品或服務有兩個版本平行運行時，人們很可能希望同時保留兩個版本。例如電子郵件雖然摧毀了傳真機，但並沒有摧毀郵政服務，因為儘管功能重疊，但郵政仍然做著電子郵件做不到的事情。雖然我們對傳真機的死亡無動於衷，但如果試圖關閉郵政服務，就會引起一片譁然。同理，電梯確實很好用，但負責任的房地產開發商，絕不會只安裝電梯而不設置緊急逃生樓梯。保持多樣化的平行選擇，能支持復原力原則（principle of resilience），這也是市政當局力推多重模式交通系統的原因。自行車雖是汽車的老前輩，但現在卻比以往任何時候更受歡迎，因為它不但緩解了汽車造成的空氣汙染及塞車問題，而且還能促進健康與減輕城市生活的壓力。

同樣地，**非數位和非銀行系統兼而有之，才稱得上是一個多樣化且有彈性的支付系統**。但是我們的支付系統卻被推向單一模式：大量的數位支付公司，可能讓人產生多樣化的錯覺，但它們全都是建立在相同的銀行寡頭壟斷基礎之上。由於這個行業打算獨霸市場，所以他們便仿照從前的汽車遊說者的行為，對保有舊產品危言聳聽，卻對一堆汽車事故避而不談。

事實上，汽車業——從溫頓機動車公司開始——向來只宣傳汽車狹隘的、個人的和短期的好處（節省時間和費用），卻把道路規則、塞車費用和燃料標準（以及自行車道），這些攸關社會整體福祉的長期後果丟給政府去處理。數位支付也存在類似的動能：就像汽車業只選擇在開闊的鄉村道路上拍廣告，絕不讓大家看到交通堵塞造成的汙染，或是被封鎖的車禍現場，數位支付的廣告同樣不會告訴大家：「請享受我們的平台帶來的速度、便利、監控、駭客入侵，以及基礎設施的重大弱點。」

儘管越來越多人認同現金就跟「馬車」一樣應該被淘汰，但也有許多人不認同這種想法，他們出於直覺地認為，現金比較像「自行車」：它的速度雖然沒那麼快，但非常適合短途出行，且自行車不大需要維護，當其他系統塞住的時候，自行車很快就能派上用場。數位銀行帳戶能否順利運作，取決於使用者能否順利進入「系統」，且系統必須獲得良好的維護；究竟是哪種人準備對數位銀行系統給予全部的信任？就讓我們來探討這個問題吧。

支付偏好有明顯的階級分化

我十八歲的時候，曾揹著一把吉他、脖子上綁著一把口琴，在紐約的地鐵站賣藝。我的表演稱不上專業，但總會有幾個路人微笑著賞我一些硬幣，夠我買片披薩充飢了。在街頭免費為陌生人演奏音樂，對方偶爾會給些打賞做為回報。從歷史上來看，這種回報多半是現金，因為使用者可以自發性地拋出。擺攤也是小規模交易一個很好的例子，這種交易是很隨興的，既不需要也不希望有個正式的中間人夾在雙方之間。但現在這種非正式的交易文化正受到威脅，現今的街頭藝人被告知，他們必須先擁有一個非接觸式的支付設備，而且萬事達卡將在他們擺攤賣藝時收取費用。

受到威脅的非正式風氣並不僅限於擺攤，酒吧競猜（pub quiz）及家庭式撲克牌遊戲也都「被盯上」了，之前人們都會把入場費集中放到一個啤酒杯裡；而典型的波蘭婚禮上，賓客會把現金釘在新娘的禮服上，用來換得跟新娘跳支舞。再如盛行於巴基斯坦的蘇菲吟讚

（Sufi qawwali）宗教音樂會上，觀眾們會走到舞台前方，戲劇性地把現金扔給表演者。至於德國（以及許多其他國家）的小農戶，則會在路邊擺放無人看管的木製「誠實收銀箱」，讓取走農牧產品的人自行留下應付的錢幣。世界上有無數人以類似的非正式經濟在生活著，使用現金不但是其世界觀的核心，也讓他們得以避開正式機構來分一杯羹。

該現象在我於二〇一七年造訪紐約時，再度被想起。當時我發現自己身處兩種截然不同的店家之間，第一家是個家庭經營的亞洲小館，桌上的牌子寫著：「方便的話請付現金給我們這種老爸老媽開的小店，因為信用卡公司的每筆交易都會收取費用。」（見圖 5-2）它的正對面是連鎖咖啡簡餐館 Sweetgreen，其目標客群是極具健康意識的年輕專業人士，店裡提供有機沙拉和康普茶，店門口有個標誌：「本店不收現金，請下載我們的 iOS 應用程式，以獲得你需要的資訊。

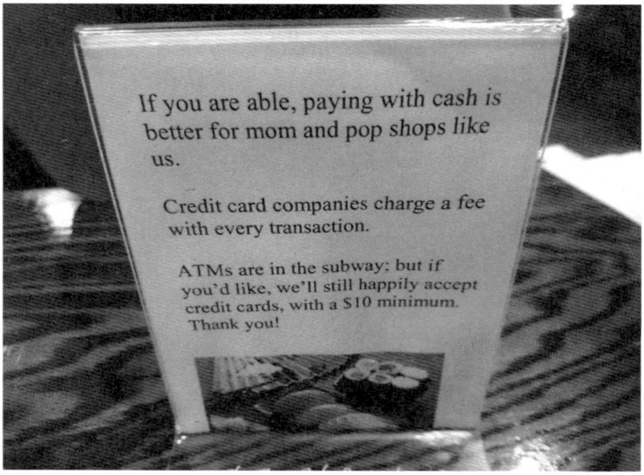

圖 5-2　亞洲小館桌上的牌子

歡迎前往 bit.ly/sgcashless 了解我們為什麼不收現金。」（見圖5-3）我點開這個連結，迎面而來的是一篇標題為「歡迎來到未來——它是無現金的」部落文。

這些場所不僅因各自的支付偏好而被分隔開來，還因一道文化障礙而被分開。第一家店的付款標示是手工自製的，提出的要求直截了當；第二家店的標示則是由某個平面設計師製作的，以一個不大高明的雙關語做為特色，而且還自帶一種假設，亦即不使用 iPhone 手機是奇怪的。在第一家店裡，我可以直接問老闆為什麼喜歡收現金；但在第二家裡，我將被引導到一個由連鎖店老闆建立的網站上，因為詢問店員的話，他們多半只會聳聳肩不置可否。前者是一家腳踏實地的小餐館，能讓任何人感到舒適放鬆，而後者則是為那些一心想往上爬的人經營的——這些專業人士隨身攜帶筆電，喜歡聚集在這裡，討論創業戰略、活動策畫或最新的時尚潮牌。

圖 5-3　連鎖咖啡簡餐館 Sweetgreen 門口的標誌

有幾項研究顯示，**在收入和教育程度較高的人群中，現金的使用率最低，但就算你不是社會科學家，也能看到支付選擇中明顯的階級分化**。[4] 在任何一家時尚的咖啡館裡，如果顧客有良好的信用評級，你很快就會發現，數位支付在那些企圖心很強且自認為見多識廣的人士中蓬勃發展。

但是關於貨幣未來的評論中，並不常提及該現象，這是因為評論往往是上流人士的專長。以肯尼斯・羅格夫（Kenneth Rogoff）為例，他是《現金的詛咒》（*The Curse of Cash*）一書的作者，曾是國際貨幣基金的首席經濟學家，現在是哈佛大學的教授。他的反現金觀點，很容易便獲得政治人物、知名學者和媒體的青睞。其他一些人，例如理查・塞勒（Richard Thaler）——他因在「輕推理論」（nudge theory）方面的卓越表現而獲頒諾貝爾經濟學獎——便公開讚揚印度莫迪政府對現金的打擊。[5] 這些人調節我們對現金的看法，但他們並不代表現金文化。

有位社會工作者曾告訴我，一個人的社會地位，可以透過他們認為員警會公平對待他們的信任程度來確定。他服務的那些社會邊緣年輕人，經常不分青紅皂白地被當局自動認為是罪犯，這意味著他們沒有理由相信當局會公平對待他們。社會經濟地位較低的人普遍抱持這樣的想法，他們多半與官方機構（包括銀行）有過不愉快的關係，這些機構被認為是由社會菁英管理且為菁英階級服務。但是知名的經濟學家，以及Sweetgreen的顧客，就很少經歷過這種對機構的不信任，這些人是否最有可能將「無現金」——高度依賴與正規金融機構的不斷互動——視為毫無問題的「進步」？

但「優於現金聯盟」並不這麼想，它的董事在其紐約的辦公室裡，把現金描述為對經濟的拖累，且是過時和危險的。他們斷言是那些生活在世界各地之非正規經濟中的人們渴望拋開現金，以便能升級到跟城市裡的專業人士一樣，過著數位連結的生活方式。

讓服務窮人變得有利可圖

像「優於現金聯盟」這樣的組織，往往把自己定位成廣義的普惠金融（financial inclusion，亦稱包容性金融）領域中的參與者。而這個領域的從業人員經常使用「無帳戶者」（unbanked）或「缺乏銀行服務者」（underbanked）之類的詞彙，來指稱那些在日常生活中不使用正規金融機構的人。對一個生活在農村小鎮的人來說，騎著自行車去小雜貨店用現金買東西再正常不過了。但從機構的角度來看，自行車就是「無優步」（Un-

Ubered），這樣的商業環境叫做「無亞馬遜」（Un-Amazoned），而這個人則是「無帳戶者」。這些描述詞其實是帶有價值判斷的：它暗喻被納入銀行服務是比較好的。

從歷史上來看，許多金融機構向來避免與窮人接觸，因為窮人相對是無利可圖的，所以向低收入者提供活期帳戶，對銀行來說根本沒啥吸引力（但其實銀行壓榨弱勢族群並沒手軟，例如二十一世紀初的次級抵押貸款弊案，後來甚至引發了金融海嘯）。因為金融機構被所謂的「風險調整後之獲利」（risk-adjusted profit）所吸引：最終極的「非理性」業務線是，風險高但可期待的貨幣回報卻很低（或無回報），而最終極的「理性」業務線則是，風險低但回報高。當銀行在決定對哪些客戶提供帳戶時，他們會進行風險報酬計算（risk-return calculations），評估管理這些帳戶的成本有多高，拿來跟可望獲得的收入（讓客戶支付費用或是接受貸款）進行對比。最後，考慮客戶會對銀行帶來多大的風險。

所以銀行向來只對富有的貴族和商人賣力提供服務，因為替富貴人士提供帳戶，風險相對較低，而且能長期獲得不錯的回報。在同樣的計算中，收入較低的人往往不會得出那麼好的結果，因為銀行提供帳戶的固定成本仍然存在，但客戶的小額交易，無法產生那麼多的費用或利息。

但**如果銀行能從大量的窮人身上賺取費用和利息，而這些人又不需要進入銀行分行或要**

求太多的服務，那麼這個經濟方程式就會變得很有吸引力。這就是為什麼行動電話被譽為發展中國家銀行業的聖杯；打著普惠金融的名義，試圖將貧困人口納入銀行業的專業人士認識到，手機可以降低提供服務的固定成本——透過風險報酬模式——讓服務貧困人口變得有利可圖（同時還能讓銀行把這些人的金融資料，以及從手機上收集到的其他資料整合起來，建立客戶檔案）。

幾乎所有的普惠金融倡議，都把數位技術當做是向前邁進一大步，認為該技術能讓「無帳戶者」獲得銀行服務。雖然銀行可能不喜歡窮人（除非跟他們打交道有利可圖），但窮人也不見得喜歡銀行，其中一個原因是很務實的：窮人的平均交易規模通常很小，根本沒必要開支票或要求銀行轉帳（況且他們通常只是在住家附近購買基本的民生用品，開支票或要求銀行轉帳反倒很尷尬）。

另一部分的原因則是政治性的。我十多歲時，正值南非種族隔離制度的尾聲，當時我爸媽幫我在標準銀行（南非最有名的金融機構之一）開了一個特殊的兒童帳戶。我記得能進去分行裡面都是白人，黑人只能站在外面。但隨著南非進入後種族隔離階段，黑人客戶的數量慢慢增加，可是那些不識字的黑人很容易受到屈辱的對待。所以對於一個長年生活在種族隔離制度下的祖魯族老礦工，根本沒有理由對金融機構產生信任感。

相同的模式在世界各地都可見到：**銀行不僅對菁英階層趨炎附勢，而且經常欺負窮人。**二〇〇八年至二〇二一年，我在英國工作期間，英國的銀行多次爆發震驚社會的醜聞：低收入者簽署了由黑心律師擬定的合約，從銀行員手中買下他們根本搞不懂的金融商品。這樣的悲劇場景在金融史上屢見不鮮：那些泡沫般的金融商品總在泡沫即將破裂時，被賣給社會上最貧窮的人。

窮人多半不把金融機構視為朋友的現象也反映在支付領域。現金經濟不可避免地出現在社會的邊緣地區：例如農村的小農戶或原住民的部落地區；莫三比克首都馬布多的賣魚攤販；印度孟買窮人區的理髮師；安地斯山脈的手工小販全都在使用現金。但即便在較富裕的經濟體中，仍有一些階級是一直依賴現金的，主要是那些按時計薪的非正式員工。總之現金會在被邊緣化的少數民族、偏鄉的小農戶、輟學者、拓荒者、無拘無束的樂天派，以及還未成名只能勉強圖個溫飽的藝術家那裡找到落腳處。這種精神還延伸到所有支撐城市生活但社會地位低下的工作者：掃街的、看門的，以及站在金融辦公大樓外面的保全（以及金融專業人士偶爾會去拜訪的性工作者和毒販）。

現金一視同仁，不分貧富都提供服務

像「優於現金聯盟」之類的組織總是不斷大力宣揚：只有無法進入一流系統不得不屈就二流系統的人，才在使用現金，這些組織更自誇要幫忙把窮人納入更好的企業服務。但這其中涉及的權力動能其實滿複雜的，且容我以另一個親身經歷為例來做說明。

當年，我很榮幸獲得獎學金進入著名的劍橋大學就讀。但在我抵達學校後，一位談吐高雅的老教授告訴我實情：這個獎學金其實是為南非的黑人學生準備的，但因為根本沒有南非的黑人學生來申請，所以我得到了這筆獎學金。當我倆在一個看起來很像《哈利波特》場景的大廳中喝著波特酒時，他對於為什麼會出現這種情況提出了各種理論，但是我也提出了自己的看法：劍橋是英國當權派的象徵，且可延伸為英國殖民主義的象徵。這個獎學金原本是為了促進這個內部人俱樂部的包容性，但許多南非黑人可能會把這個俱樂部與殖民剝削聯想在一起，或許這也是造成申請人數不足的原因。

雖然我沒有直接的證據支持我的看法，但重點是我們不應忽視有這樣的可能性，因為那些由上而下的普惠金融倡議，很少正視這個可能性。從印度的 Aadhar 系統，到國際機構（及其企業夥伴）推動的無數普惠金融計畫，通常都是基於這樣的假設：他們想要納入的這些人、本身也想要被納入。我們對於開發的定義，也是基於這樣的假設：「低度開發」（less developed）的國家及其人民，都很希望加入「已開發國家」組成的俱樂部。這個「俱樂部」以紐約和倫敦等主要國際城市為中心，那裡住著最富裕的商業領袖、最有權勢的政治人物、最酷的網紅及最熱鬧的群內「場景」，可以獲得最先進的技術，並且掌控了關於技術和經濟進步的話語權。

或許有些邊緣人確實希望被納入這個內部人俱樂部，但對它無動於衷或覺得反感的人其實更多。所以我們又要回過頭來談談現金的問題。有無數的例子顯示，人們更偏好使用現金，而非升級到數位支付。我收集到許多偏好用現金的故事，從倫敦的紋身藝術家和魚販子到薩爾瓦多的商人，他們都聲稱更喜歡親眼看到和感受到自己賺的錢。但是主流的普惠金融倡議，卻無視於上述情況，聲稱偏好現金只是暫時的異常現象：這些人實際上並非喜歡現金，他們只是還沒有機會意識到自己更喜歡數位支付。

但是現代的數位支付是在全球化的金融公司之控制和監督下進行的，依賴數位支付系統，就進入了這些金融公司的勢力範圍。在「數位普惠金融」的壁櫥裡，藏著一個黑暗的骨架：雖然人們明白全球經濟在國家內部與國家之間，皆存在著嚴重的不平等，但是大城市（舊金山、孟買、巴黎或任何地方）的專業階級，基本上從未質疑他們追求的「不斷擴大的數位經濟」，是否打破了現有的階級制度。事實上，普惠金融的目標，有可能是讓更多人「以從屬的地位」進入數位金融網。

許多處於全球經濟邊緣的人心知肚明，現金將他們與核心階層隔離開來，有形的國家貨幣讓人們能夠參與資本主義社會，且能為使用者提供一些保護，讓他們不受菁英階層的影響。至於現金的「低效率」，全是因為現金沒有任何暗藏的玄機，而是以一種無附帶條件或責任義務的方式，真正落實了普惠金融。鈔票想去哪就去哪，完全不必擔心自己會出現在哪個街區，它可以在時尚人士的晚會上被捲起來吸食海洛因，也可以被用來在街角的小商店裡買尿布。**紙幣是一視同仁的，不分貧富都提供服務**。對於無法信賴機構會保護其錢財的人來說，現金提供了一些喘息的空間。

說實在的，現金為街頭巷尾家庭經營的小規模資本主義提供了空間。企業可能會互相爭奪主導權，但他們卻有志一同地想要征服這種小資風格：他們想要吞掉老夫妻經營的小餐廳，把它們整合成一個知名品牌連鎖店，或是用一家上市公司的大型超市，取代街頭巷尾的小菜攤小鋪子。換句話說，現金似乎對企業資本主義的精神和未來發展形成了阻力。

我曾在第 1 章中指出，企業彼此之間使用數位銀行轉帳，以促成大規模的量產與批發貿易。但其實他們也一直依賴社經地位較低的人手中的現金，因為那是孟加拉的工人用來在街角小商店購買一塊聯合利華肥皂的唯一支付方式。所以企業和金融機構對於現金可說是又愛又恨，因為它完成了他們喜歡的獲利循環（profit cycle），卻也壞了他們的好事：把系統自動化、監控客戶，並透過威脅要將他們排除在外來約束人們。最重要的是，使用現金成功阻止大量資料落入企業手中——而現在我們所有人都知道了——資料是最值錢的熱門商品。

第 6 章

支付數據，讓你被看光光

我第一次見到泰勒．韓森是在加州奧克戴爾的一個嬉皮節日「共生聚會」（Symbiosis Gathering）上，當時我正在那裡與人合作經營一個名為「駭客村」的活動空間。泰勒是一名典型的「火人」——曾多次參加傳奇性的火人節（Burning Man festival）；當時我們一群業餘菜鳥搭建的舞台，差點被加州的熱風吹倒時，幸好泰勒及時出手相救。我原本以為我倆再也碰不到面，沒想到兩周後，我在洛杉磯的日落大道上散步時，竟然就巧遇到他。

一杯酒下肚後，他向我講述了大麻行業所面臨的困境。近幾十年來，美國的大麻推廣者成功爭取到，在美國九個州（包括加州）內休閒吸食大麻是合法的。可雖然他們在州議會取得勝利，但美國的銀行卻是在聯邦層級受到監管的，所以他們擔心觸犯聯邦法律而阻止合法設立的大麻公司在銀行開立戶頭。這使得大麻經濟在很大程度上仍仰賴現金交易。

泰勒很想了解各方的看法，所以邀請我參加他在阿拉米達碼頭區的馬戲團帳篷裡舉辦的「加密大麻沙龍」。這是大麻企業家與加密貨幣先驅之間的聚會，這兩個群體同樣遊走在創新和非法間的灰色地帶。

大麻行業的大多數業者，過去長期被視為罪犯，如今搖身一變成為合法的商人，一時間還不大適應，所以他們身上仍留有地下生活方式的象徵（例如點綴著金屬裝飾的帥氣皮衣），並努力學習商人的言行舉止和專業風格。現場來了一位舌燦蓮花的前銀行家——現在則是一家大麻創投基金的經理人，正忙著用 PowerPoint 為大家說明大麻行業的盈利機會；想不到一向狂野的大麻現在竟成了華爾街的獲利新標的。

接著泰勒要求我為大家發表主題為「對現金開戰」的演講，但我一開口就意識到眼前這群聽眾恐怕不好應付。銀行不提供現金服務的狀況，根本無法引起這群大麻新貴的共鳴；他們非常渴望能進入過去一直被拒於門外的銀行支付系統——大麻變成合法行業後，他們必須要交稅，但不能在銀行開戶的他們，只能帶著成捆的現金付稅。被此事搞得焦頭爛額的他們，有些人已經對現金恨得牙癢癢的。所以這場演講簡直是在對牛彈琴：試圖對一個厭倦了騎自行車而想買車的青少年，講述騎自行車的樂趣（以及為什麼汽車工業是可疑的）。

不過我並未退縮，並提醒與會者注意一個關鍵點：**要是沒有現金，你們哪能撐那麼久，並終於盼到行業的合法化**。

所謂的漸進式社會變革，多半是指之前曾被視為犯罪的行為，如今變成合法：例如同性戀、跨種族戀、喝酒。在實施禁酒令期間，當局試圖把喝酒當成「做錯事」，但繼續飲酒的人數以千萬計，這顯示民眾雖然知道喝酒是非法的，但他們並不認為喝酒是不道德的。於是喝酒成了一個「灰色地帶」，而試圖取締灰色地帶的結果一定是將其推向地下，而地下世界便是靠現金提供生命支援的。當大麻推廣者忙著為大麻的合法化努力奔走時，大麻同樣依賴現金經濟續命。由於醫界已認可大麻能在許多醫療條件下發揮正向作用，所以大麻推廣者的努力正在得到回報。

但如果現金被徹底淘汰，這種生命維持可能會被嚴重削弱。拚命扼殺黑市，有可能同時扼殺了社會中的創造性偏差（creative deviance）的發展途徑。如果一個世界裡，可以透過數位支付監控公民的每項活動，那麼執法部門找出並杜絕灰色地帶的能力將大大增強。如果你認為灰色地帶是個值得保留的間隙區（interstitial zone），因為它能讓正向變化蓬勃發展，那麼消除灰色地帶就應該被視為，試圖將社會凍結在非黑即白的僵化區。抑或者你相信灰色地帶會「春風吹又生」：在沒有現金的情況下，人們會推出新的地下支付手段，例如加密貨幣。

執法機構可以運用他們能掌握的任何技術手段來完成他們的工作看似合理，但隨著這些手段變得越來越強大，他們執行工作的能力也會超出先前的預期。這種過度表現有可能迅速延伸到過大的範圍：八十年前的政府做夢也想不到，有朝一日他們居然有辦法精準監控所有的支付，因此他們並不認為選擇支付方式是一種必須加以保護的權利。但**越來越多的國家和支付行業的遊說者都公開表示，使用現金的人應該被懷疑，因為他們沒有轉換為數位支付。**

原本政府只是期望擁有進行廣泛監測的技術能力，但現在卻迅速演變成應該使用這些能力。由於這種期望的轉變是漸進式的，所以民眾很容易處於「溫水煮青蛙」的狀態：等到我們發現自身的權利遭到侵蝕與剝奪時，已經為時晚矣。這種隱私權不斷流失的過程是危險的，有識之士努力爭取隱私權，認為監視人們的新能力不應該被自動行使。且讓我們仔細看看，銀行的數位支付對我們的隱私造成什麼樣的影響。

檢查支付資料，就能看穿一個人

想像一個十六世紀的魚販，他的朋友和家人當然都對他知之甚詳，他在當地的同業圈中也小有名氣，但是離家再遠一點的地方就沒人認識他了。經過的船上若有人從遠處透過望遠鏡觀察，可能會在碼頭上看到此人並作出評估：男性，賣魚的，體格強壯，似乎住在附近的小屋裡。這些資訊既不完整也很粗略。

隨著時間的推移，企業和政府開發出更複雜的望遠鏡和觀測台，並透過這些設備取得被觀察者的資訊。但即使到了一九八〇年代，他們仍然只能捕捉到呈現出粗略圖像的資料點。不同機關得知的事情包括：三十五歲的單身女性，其社經地位大概是這樣的——在X區買了房子，在Y區上大學，在Z區工作。以像素化的形式呈現，你看起來有點像一九八〇年代流行的電玩角色——一個粗糙的2D漫畫人物。

但是近年來——尤其是隨著我們的生活與網路越來越密不可分——資料的精細程度已經有所提高，而我們的個人資料，也開始類似於一九九〇年代的電玩遊戲中的3D人物。

但如果我們想捕捉某人的逼真3D圖片——以及他們一張呈現出其內心想法和夢想的X光片——我們就需要從多個角度近距離繪製他們。而想要壟斷資料的各方勢力，正試圖捕捉和囤積這些資料。谷歌擁有能顯示你的欲望和知識興趣的搜尋模式，而臉書則擁有用戶的特殊時刻、喜好、炫富照片。但**如果我們想看到一個人在社會中的真實行為**——而非他們的白日夢或抱負——**應該檢查他們的支付資料**，因為那會如實揭露出我們曾在何時何地進行何種消費，能讓任何一名觀察者，深入了解我們最重視的事情、習慣和信仰，並能立即顯示出我們當下的處境。只要簡單地掃視一下某人的付款情況，即可得知此人是個沉迷網路賭博的有錢包租公，或是一個匯錢到南蘇丹且收入不穩定的租屋者。

積攢這些資料最終可獲得的獎勵，就是一套預測系統，能準確猜中你接下來會做什麼，或是你會如何應對下一個產品或政治挑釁。對於任何一個想要建立這種精準人物檔案的人來說，現金是最可惡的資訊封鎖者——它不會留下任何可供監測的痕跡，因此形成了資料的黑洞。要是支付業能把現金使用者全推入數位領域，他們就能建立一座巨大的資料金礦。

對於金融機構藉此資料搜集過程所累積的巨大權力，最早表達過不安的紀錄，可以追溯到一九六八年，當時蘭德公司（RAND Corporation）的知名電腦科學家保羅．阿爾默（Paul Armer），曾在美國參議院的小組委員會，就「無現金和無支票社會的隱私問題」（Privacy Aspects of the Cashless and Checkless Society）作證，他詳細訴說了他的擔憂：

> 我舉個極端的案例，所有的交易都會通過系統，而且所有的細節都被記錄下來（何人、何事、何處、何時及如何），然後立刻被傳送到一個中心，這顯然是對隱私的最大威脅。不論我們是買了糖果還是通過哪個收費站，像這樣的系統就會知道我們在哪裡，參與了哪些金融活動。雖然我們不大可能在不久的將來就遇到這種極端的情況，而且就算我們可能永遠都不會到達那樣的極限，但問題是我們正在以多快的速度走向它？
>
> ——節錄自保羅．阿爾默的證詞

阿爾默並非唯一一個對銀行主導的社會可能存在之隱患抱持前瞻性思考的人。馬爾康．華納（Malcolm Warner）在一九七〇年出版的《資料庫社會》（*The Data Bank Society*）一書，是最早對電腦技術有可能侵犯隱私進行批判性探索的著作之一，該書並指出金融資料是最值得關切的領域之一。密碼學家大衛・喬姆（David Chaum）則於一九八三年在一篇標題為「用盲簽名以實現無法追蹤的支付」（Blind Signatures for Untraceable Payments）的論文中，對數位支付系統提出了類似的擔憂。

喬姆後來提出了一個名為「數位現金」（DigiCash）的新數位貨幣系統，它可以保護使用者的隱私。喬姆是「電馭叛客」（cypherpunk）運動的技術創始人之一，該運動認為數位技術正受到國家和企業的威脅——他們打算利用數位技術進行統治。「電馭叛客」效法早期的無政府主義哲學，主張在可能的情況下，人們應該自我管理而非被管理。

在無政府主義的政治哲學中，有一個權力平衡的公式：永遠支持劣勢者，如果劣勢者變成領導者，則支持新的劣勢者。該原則在資訊領域變成「弱者的隱私需被保護，強者則應透明公開」。

用盲簽名以實現無法追蹤的支付

大衛・喬姆

加州大學聖塔芭芭拉校區
電腦科學系

前言

我們業已透過自動化的方式支付商品和服務，這點從消費者可使用的電子銀行服務之多樣性和增長即可看出。但是新的電子支付系統之最終結構，有可能對個人隱私，以及用於犯罪支付的性質和程度產生重大影響。在理想情況下，新的支付系統應該能同時解決這兩組看似互相矛盾的問題。

另一方面，若讓第三方得知個人所做的每筆交易之受款人、金額和付款時間，即可揭露該人的行蹤、交往和生活方式的很多情況；例如交通、旅館、餐館、電影、劇院、講座、食品、藥品、酒類、書籍、期刊、會費、宗教和政治捐款等方面的支付。

——節錄自大衛・喬姆的論文

但從歷史的角度來看，我們的世界卻是反其道而行的：**大型機構將自己隱藏在不透明的保密法和官方的祕密法案中，卻覺得有權看到其他所有人的一切**。這種情況就像單向玻璃：我們無法看到裡面，但裡面的人卻可以看到外面。舉個例子說明，這就像銀行在決定是否要貸款給我時，可以要求看我的付款紀錄，但我在決定是否接受貸款時，卻不能要求看他們的放貸紀錄。

當年，我在擔任衍生性金融商品銷售人員時，我的工作是負責找出哪家大銀行正在做什麼的資訊，我透過打探市場參與者的八卦消息和竊竊私語來收集這些資訊。我離開金融業後，開始與民間團體合作，參與了各種揭弊專案，例如揭開大企業如何利用離岸公司洗錢，以及幫忙中東的記者了解公司帳戶的內情。這些專案全都是針對行事隱密的強大組織展開調查，這些組織非常善於掩人耳目。參與這項工作後我發現，獨裁者、商業領袖和全球各大企業，都很會利用瑞士銀行的私人帳戶、一長串的空殼公司，來逃避法律的審查，但普通人根本無法設置這些煙幕彈。想要收集到有權有勢者的祕密勾當，我們必須依靠當地的金融資料法；但此舉能否奏效，則取決於我們國家的民權文化實力。

但是**隨著金融機構日益將我們推向數位應用程式、數位支付和網銀，我們的資料也越來越有可能被用來對付我們自己**。值此大數據和人工智慧方法論當道的時代，資料產生了一個有趣的特性：那便是「數大就是美」，擁有一百個數據點的價值，是擁有十個數據點的十倍以上，但隨著數據資訊的累積擴大，運用它的誘惑也跟著不斷增大。

那麼究竟有哪些類型的支付數據在四處遊蕩？哪些觀察者可以看到這些資料？

主要觀察者：金融機構

基本的支付資料包括誰向誰轉移了什麼東西，轉移了多少，以及發生的地點和時間。哪些機構能夠看到這些資料及相關的元資料（metadata），則取決於你採取何種途徑來啟動支付。**你的銀行會看到你的每一筆交易，而對方的銀行則會從這位帳戶持有人的角度看到你的部分情況**。像威士卡這樣的網絡，會看到來自數億人的數十億筆交易請求，而SWIFT則能看到大量的國際銀行轉帳要求。谷歌和蘋果則可透過我們用來傳訊的硬體設備悄悄潛入，至於微信、M-Pesa 和 PayPal 這類大型中介平台則能看到所有透過其系統啟動的交易。

金融機構向來被法律禁止將我們的敏感資訊暴露給第三方，但他們卻可以跟其他機構建立互惠的資訊共享俱樂部，來增加他們的內部資料儲存，許多信用評等和詐騙檢測機構就是這樣運作的。在奧地利的獨立研究機構「裂解實驗室」（Cracked Labs）工作的沃爾夫．克里斯托（Wolfie Christl）呼籲大家注意：PayPal有權與六百家機構——包括銀行、信用卡網絡、信用與詐騙調查機構、金融產品供應商、行銷與公關公司，PayPal集團內的公司，以及它的商業夥伴（例如eBay），還有法律機構和金融監管機構——分享你的數據資料。[1]

金融資料被用來對人進行分類、排名和貼標籤，資料圈中最有爭議的參與者是安客誠（Acxiom）和甲骨文這樣的資料掮客（databrokers）。他們透過各種方式取得人們的購買資料、貸款和收入資訊，以及信用卡持有人的個資。例如谷歌會利用這樣的來源，聲稱你可以「透過使用谷歌與協力廠商的合作關係，來衡量商店的銷售情況，這些廠商的信用卡和簽帳卡交易高達全美的七成」。[2]之前彭博社便曾報導過，谷歌與萬事達卡達成一項祕密交易，向後者購買信用卡資料，以追蹤各家商店的銷售情況。[3]身為搜尋巨頭的谷歌想要賣廣告給廠商，所以要向廠商證明那些點擊廣告的顧客一定會買東西。信用卡資料是建立這種關聯的一種方式，臉書則會建立你的內部檔案，然後以守門人的身分，把使用你的資料的權限賣給廣告商；富國銀行和花旗銀行也都建立了客戶的消費行為檔案，以便把前述權限賣給產品供應商。[4]

次要觀察者：國家

大多數國家並不直接經營支付基礎設施，因此不會進行初級資料收集，但他們可以要求使用銀行和支付公司收集來的資料，其中一個用途是進行稅收監控。幾年前，我跟一位朋友的朋友共進晚餐，此人是英國稅務海關總署的一名官員。她熱切地告訴我，他們正積極研擬加快數位支付的提案。兩個月後，英國的《泰勒評論》（*Taylor Review*）便呼籲打擊使用現金支付店家的行為，理由是數位交易紀錄可用來監控逃漏稅行為。[5]

治國之道的關鍵是進行公正的評量，國家的統計機構及央行之類的機關，可以透過收集資料來評估政策的適行性，並做出總體經濟預測。對於國家機關的總體經濟學家來說，能夠收集到個經層面的交易資料，是個憂喜參半的情況。從國際層面來看，國際貨幣基金也以不帶貶義的方式公然使用「監控」（surveillance）一詞：「國際貨幣基金的核心職責是監督（oversee）國際貨幣體系，監看（monitor）一八九個成員國的經濟和金融政策，該活動被稱為監控。」[6]

國際貨幣基金的這番話並未引起大家的警覺，因為過去這些活動並不涉及分析數十億人的個人付款資料。不過我們正在走向一個新世界——在這個世界上，進行這種大規模經濟監看的技術能力被視為是一種必然。

不過最明顯的變化或許是：**執法機構喜歡監看付款狀況**。二〇〇七年，我受邀以旁觀者的身分參加劍橋經濟犯罪研討會，這次的研討會聚集了來自世界各地的情報特工，包括國際刑警組織、聯邦調查局的探員，以及開曼群島的金融犯罪小組。當時，最重要的話題是《美國愛國者法案》（*USA PATRIOT Act*），該法案是在九一一恐怖攻擊發生後通過的，它擴大了美國政府的金融監控範圍。該法案第三一四條（a）款允許對被鎖定的個人帳戶進行監控，且在各金控集團的配合下，實現了對個人的跨國追蹤。該法案還允許銀行互相分享資料，以追蹤那些把錢分散到多個帳戶的人。[7]

如果國家安全局的人員在追捕某特定人士，他們可以找到各種方法來取得此人的財務資料。二〇一〇年一份聯邦調查局的外洩文件，揭露了他們的「熱觀察」系統，該系統能「在交易發生時即時追蹤帳戶交易的日期、時間和地點」。[8]使用「熱觀察」的最佳方法是，向威士卡或萬事達卡公司發出傳票——要求他們提供被鎖定者的即時資料——但同時對他們發出一紙法院的命令，禁止卡公司洩露他們有配合提供資料的事。

但當局不知道他們在尋找的是什麼人，卻知道他們在尋找什麼行為時，事情就變得更奇怪了。長期以來當局一直鼓勵公民「舉報可疑行為」，專制政權則把這種公民舉報推向了最極端的形式：建立可怕的線人網絡，讓他們互相告發。有別於愛國的線人主動向員警提供不法分子的證據，銀行認為這種監測和舉報是件吃力不討好的工作，況且還有可能失去客戶。所以銀行是被迫舉報看似可疑的行為，例如美國的銀行被要求向金融犯罪執法網（Financial Crimes Enforcement Network, FinCEN）提交可疑活動報告（Suspicious Activity Reports, SARs）。許多國家的金融公司必須審查所有的交易，如果它們顯出某些模式，就必須將它們標記並提報當局。這意味著他們根本不需取得搜查令，便可分析客戶的交易紀錄。

儘管官方把現金說成是犯罪者的支付管道，但幾乎所有的執法機構，都有一整個團隊專門追蹤犯罪和恐怖交易的數位銀行轉帳。二〇一七年，我參加了一場資安聚會，會中有位聯邦調查局官員描述了他的團隊，每天都會下載 FinCEN 資料庫裡的可疑活動報告，並透過關鍵字搜尋進行篩選，然後寫下需要調查的案件之備忘錄，然後分發給五十六名ＦＢＩ探員。但只有大約一成的可疑活動被調查，被起訴的則更少。事實上，大規模標記系統（mass flagging systems）的主要限制之一，其實是人類官員對於被標記案件的調查能力。而這就是為什麼自動監控系統（我們將在後面的章節中再次見到它），正成為下一個需要征服的目標。

截至目前為止所描述的系統，都要經過適當的法律程序，但支付網路也會受到未經授權的間諜滲透。威士卡聲稱該公司只有在收到正式傳票時才會交出資料，且不會允許情報機構公開使用這些資料，但這豈是該公司有能力控制的事。在史諾登洩密事件發生後，德國《明鏡周刊》（*Der Spiegel*）刊登了一篇關於國家安全局之「追錢計畫」（Follow the Money）的獨家報導，文中詳述了國安局的特工如何針對整個地區，收集了大約一點八億筆交易紀錄——其中八四％來自信用卡——並把它們上傳到一個名為Tracfin的私人資料庫，在那裡對它們進行分析。[9] SWIFT的網絡也會受到這種間諜活動的影響。[10] 就連英國政府通信總部（GCHQ）這樣的情報機構，據說都曾對大量資料收集表示疑慮，但諸如此類的監控行動很有可能只是冰山的一角。

監控背後的權威人物

「監控」一詞不可避免地讓人聯想到大規模監控，但其作法有許多更微妙的變種。最突出的是針對某一特定類別的人——例如某個少數民族或是某個宗教、政治或社經群體——進行監控。學者娜塔莉・瑪黑雪勒（Nathalie Maréchal）在她的學術論文《他們先拿窮人開刀：監控社會福利領取者不會有爭議》（*First they came for the poor: Surveillance of Welfare Recipients as an Uncontested Practice*）中便論及此事。[11] 正如標題所示，該文細數了當局對領取低收入補助者的監控歷史。如果你是個投資銀行家，你不僅能因為政府的紓困而繼續領取高薪，而且你的支出完全不受監控，但如果你是一個在惡劣工作條件下病倒並失業的礦工，你領取的社福補助是如何花掉的，卻必須受到檢查。

這種透過監控支付展現家長權力的作法，現在正被推銷給父母，以前青少年偶爾能夠逃過監護人的眼睛，隨心所欲地進行探索，但現在父母不僅可以透過智慧手機監控他們的位置，還可以透過零用錢應用程式監控他們的消費。[12] 每個人都可以展開監控，包括你自己：預算應用程式及 Monzo 之類的新銀行，會自動將你的支出歸類為可追蹤的歷史紀錄。雖然他們把這些技術說成是使用者的自我追蹤，但實際上卻是企業在進行追蹤，而且你對他們的追蹤結果只擁有有限的取用權。

所有這些例子大致皆屬於「老大哥」的範疇。**背後必定有個權威人物——企業、政府或是父母——利用支付資料來監控某人（或是你監控自己）**。但光是監測不一定能產生有用的見解（actionable insights）。例如有人看到我在 eBay 上購買了公事包和瓷馬，並從保加利亞向西班牙發送三筆小額付款，這能說明什麼？人類偵探可能會把它們當成福爾摩斯謎案中耐人尋味的線索，但大型金融和科技公司面臨的挑戰，則是如何在不求助於人類偵探的情況下做出合理的解釋。這就是為什麼要開發人工智慧系統：與其親手把這些線索拼接成一段故事，不如用一個自動化系統，將該模式與龐大的集體資料集進行比較，並與類似的記錄模式相匹配，以便對你進行分類並產生自動預測。

這意味著，透過「老大哥」程序收集來的資料，可以用來產生兩個新的原型（archetypes）。第一個是「大保鏢」（Big Bouncer），這類公司會使用資料來決定存取（access），例如自動化的信用評等、詐騙檢測系統，會利用資料來決定是否允許尋求其服務的人存取這些資料。第二個是「大管家」（Big Butler），這類公司會使用資料來選取他們想要接觸的客戶。他們以樂於助人的僕人自居，利用他們對你過去行為的深入了解，為你提供建議，或篩選出「不相關」的資訊，大管家很擅長引導或推動行為。

我們會在後續章節再次見到這些大保鏢和大管家，他們正在世界各地擴散，而且常與老大哥國家系統聯手。美國的創投金主自詡為重視隱私的古典自由主義者，卻把資金投入侵犯隱私的美國科技巨頭，以追求獲利的名義接管了世界。與此同時中國也投入資源支持他們自己的科技巨頭，專注於對外擴張。其中兩家公司是阿里巴巴和騰訊，旗下都有龐大的支付部門——支付寶（螞蟻金服）和微信支付。這些行動支付系統在中國取得了巨大的進步，如今在中國已經無處不在，微信應用程式就像一個內置了支付功能的多功能臉書。西方媒體也報導了上海的乞丐隨身攜帶二維條碼接受微信支付的事情，說明數位支付業已深入到社會最邊緣化的角落。

但若只有兩家公司控制了中國的行動支付領域，會發生什麼情況？它們會成為儲滿重要個資的巨大蜜罐嗎？恐怕是的。中國的央行——中國人民銀行可以取得這兩大平台使用者的線上支付資料，而且還成立了網聯清算公司（Nets Union Clearing Corp），以便對行動支付進行更大的監督：行動支付公司通常是從後台插入銀行系統，但在這個系統裡，他們直接插入了中央銀行。

對行動數位支付的依賴度提高，正好遇上中國的「社會信用體系」之早期階段，該體系試圖將目前分散的公民監測系統（例如信用評等、交通違規登記）整合成一個整體。現在已有許多中國人表示，如果他們的分數下降，有可能被禁止旅行，並被剝奪其他「特權」。[13]

像這樣的公開「存取控制」（access control）系統，過去只存在於正式的組織和公司中，他們會給職位較高的人一些特權（比如執行長可以搭乘公司的專機，最低階的員工只能搭公車）。但現今的技術已經能夠把地位排名、升級和降級制度，一體適用於全國的人民。社會信用體系雖然引人矚目，但實現該系統的許多技術，卻是來自於私營企業的活動，而他們都是在標準的企業資本主義環境中運作的。全球轉向數位支付，不僅為創建這些等級提供了高度敏感的資料，而且還為國家和企業提供了一個執行各種限制的載體（vector）。把人們排除在支付系統之外，便成為一種約束或限制的手段。

支付審查制度，讓人糾結

把人們排除在支付系統之外，或是限制他們的存取，並不是一個新現象，但隨著現金被進一步邊緣化，它將變得更加舉足輕重。目前最為人熟知的版本之一發生在國際支付領域——銀行做出商業決定，封鎖來自特定地區的交易。隨著反洗錢法規的興起，一些銀行選擇全面禁止與較貧困地區的交易。例如英國的銀行已停止處理非洲索馬利亞的付款，此舉嚴重限制了散居在倫敦各地的索馬利亞人的匯款。索馬利亞主要的匯款公司 Dahabshiil 於二〇一三年將巴克萊銀行告上法院，抗議該行任意關閉其帳戶，該公司需要該帳戶來進行跨境轉帳。雖然法院已對巴克萊銀行下達臨時禁令，但許多較貧窮的國家仍被排除在全球支付系統之外。[14]

雖然巴克萊銀行和其他同業把這種封鎖定調為「商業」性質，但**過去早就有政府利用銀行進行政治封鎖，來實現制裁的目的**。民族國家可以阻止銀行處理關鍵外國企業或個人的交易，或凍結帳戶（例如埃及前總統穆巴拉克的帳戶）來行使權力。綠色和平組織的銀行帳戶，也曾在印度等地被凍結，以阻止他們從事政治活動；而維基解密則是受到了「銀行封鎖」：威士卡、PayPal和萬事達卡在未接獲命令的情況下，一致拒絕處理給該網站的捐款。

雖然前述技術在國際支付領域能見效，也能用來對付富有的個人和機構，但是很難用來對付窮人，因為他們多半是在地方上使用現金。這就是現金對於社會最底層人能夠發揮保護作用的原因之一，讓他們有個喘息的機會。在一個沒有現金的世界裡，前述情況就會改變。在大衛．喬姆發表其論文的兩年後，加拿大作家瑪格麗特．愛特伍（Margaret Atwood）出版了一本反烏托邦小說傑作《使女的故事》（*The Handmaid's Tale*），描述一個讓婦女遭受殘酷奴役的可怕世界。而實施這種奴役的關鍵手段之一就是廢除現金，並以一個名為Compubank的系統取而代之，該系統讓當局能夠遠端監視並控制婦女的生活：

> 所有婦女都有工作：現在很難想像，但成千上萬的婦女有工作，數以百萬計，這被視為是正常的事情。那時他們也還有紙幣，我母親仍保留了一些紙幣，跟早期的照片一起黏貼在

她的剪貼簿上。那時紙幣已經過時了，你不能用它購買任何東西。一張張厚厚的紙幣，摸起來油膩膩的，它是綠色的，兩面都有圖案，一面是戴著假髮的老人，另一面則是金字塔，上面有一隻眼睛。紙幣上寫著「我們相信上帝」。我母親說，過去人們在收銀機旁會有一個標誌，打趣地寫著：「我們相信上帝，但其他人請付現金。」這在現在看來簡直是褻瀆神明。

當時你去購物時，必須隨身帶著這些紙片，儘管在我九歲或十歲時，大多數人都已使用塑膠卡片了，但不是用來買菜的，那是後來的事了。紙幣看起來很原始，甚至是圖騰式的，就像貝殼幣。我自己肯定也用過這種錢，但那是在所有東西都進入 Compubank 之前。

我想這就是他們如何能夠做到的原因，他們在神不知鬼不覺的情況下，一下子就以他們的方式做到了，如果當時還有可攜帶的錢，事情肯定會困難得多。

——節錄自《使女的故事》

請想像有個神權國家，限制人民購買酒精的能力，或是有個專制國家透過限制消費的方式，來懲罰政治對手。如果你認為這些事情聽起來不太可能，實際上已經有系統在試行了：例如澳洲政府的「無現金社福卡」，禁止領取者在未經許可的商店購買未經許可的商品，正是用來說明透過數位支付實行社會控制的完美例子。《經濟學人》資訊社編製的民主指數顯示，世界上半數以上的國家，其政府表現出獨裁傾向和對法治的漠視。澳洲允許民權人士抗議無現金福利卡，但這種抗議在許多其他國家是不可能的。

說到支付監控，人們可能會覺得糾結：一方面它能更有效地防範網路恐怖分子，卻也擔心如果支付監控站在反烏托邦支付審查那一邊，會發生什麼情況。至於隱私問題的爭論，其本質在於一個更微妙的重點：請想像有兩名政府人員來到你家門口，旁邊跟著兩名銷售人員，他們來自一家專門提供遠端監控技術的公司。那兩名公務員表示：「我們帶這些人來，是要在你的客廳、臥室和廚房安裝他們公司的監視器。」你問：「為什麼？」他們笑著回答說：「這是為了保護你的人身安全，如果你沒做什麼虧心事，就沒什麼好怕的。」

這個例子雖然粗略，但它切中了問題的核心。對一個愛國的人來說，對方在門口提出的論點，表面上看似合情合理，但我們會本能地對這種情況覺得反感；況且這並不是因為我們「做了虧心事」，而是因為這不僅大幅侵入我們的私人生活，而且還把成年人當成不懂事的小孩子對待，這種行為相當不尊重人。

但前述的想像場景，其實已經出現在現實生活中，只不過說這番話的是商業機構的員工而非政府人員。私人數位支付系統將其使用者暴露在多種形式的監控之下，但是每當有人對此提出質疑時，我發現支付業的推廣者便會引用前述的欺騙性論點：說他們是好公民，沒有什麼可向當局隱瞞的，你也應該這樣。其言外之意便是：渴望保有隱私就等於你有什麼不可告人之事，而不是你不想被人當成小孩子糊弄。我願意尊重依法行事的國家對我進行調查，但他們必須派專業的探員來調查，而非要我自願接受持續監控來幫他們做這些工作。

不幸的是，小型監視技術正在全面普及，我在舊金山的一間小套房幫人看家（house-sitting）時，就遇上了這樣的情況。我在那裡住了一天後，發現屋主在壁爐架上設置了一個「智慧家居」的小型攝影機，以便在她離家時能遠端監控她的貓。當時我嚇壞了，因為我一直沒穿衣服在她家裡走來走去，還把音樂開得震天價響。我突然意識到我在她的套房裡的一舉一動都被「看光光」了，我立刻改變了我的行為，衣著整齊且安靜地在房間裡走動。當我需要一些喘息空間時，就把身體蹲低到攝影機拍不到的地方。

這就是所謂的「全景效應」（panopticon effect）：**一旦你意識到自己私底下的行為，有可能受到祕密監控時，你的精神就會為之耗弱。監看付款的技術能力——無論是否真的進行監看——也具有這種令人精神耗弱的潛力**。如果你買的東西，有可能影響到你的保費、信用分數，甚至是你的好公民排名，它將會影響到你的消費心理，並令你感到侷促不安。我們目前之所以還未非常強烈地體驗到這類型的自我審查，是因為我們的支付系統仍是分散的，並分成實體和數位形式，但情況正在改變，一場整合已迫在眉睫。

第7章

以進步為名的話術

「斯德哥爾摩症候群」（Stockholm syndrome）的心理學術語，被用來形容受害者逐漸依附於挾持他們的加害者，甚至為他們辯護的怪現象。一九七三年在瑞典發生的一起銀行搶案中，被鎖在金庫裡六天的人質，獲救後居然拒絕指認劫持他們的綁匪，因而衍生出這個詞。

不過近五十年後，瑞典的情況已經發生了變化。許多銀行分行不再設置金庫，因為半數以上的銀行不再用現金交易。[1] 今天的瑞典人發現自己躺在一種新型的數位支付保險庫中，並且越來越依附於監控他的金融業。

但是並非只有瑞典人深受企業系統吸引——因為他們提供了一些表面上看起來很吸引人的服務——我們全都如此。但是以為這種轉變是為了我們好（而非為其股東追求利益），根本是一廂情願的想法。金融業內人士私底下多半會認同我的觀點，偶爾甚至會發郵件給我承認這一點，但現在這個問題已經超出了個別國家及當地銀行業的範圍：數位支付金庫的成長乃是跨國性的。

在前面的章節中，我質疑了「無現金」說法的準確性，也探討了其中的階級動能，並提醒大家要注意伴隨它而來的監控和審查之危害。明明光是這些情況應該就足以讓一個人三思是否真要支持「無現金」，但是當我在節目中闡述這些論點時，主持人經常會以異樣的眼光看著我，好像我是個試圖阻止河水向下流的傻瓜，他們還問道：「難道我們不是注定要走向無現金嗎？」

現在我們暫且把這個問題擱置一邊，直接探討形成這個說法的假設（assumption），更能看出其中端倪。不可否認的，我們確實有種感覺：亦即現金的終結乃是不可避免的，但這種感覺究竟從何而來？

消費者選擇數位支付，其實是被逼的

請各位想像一下，前面提到的電視節目主持人，把問題轉給一位產業未來學家，並問道：「我們是否注定要走向無現金？如果是的話，為什麼？」十有八九答案會是這樣：「是的，消費者正在轉向數位支付，因為我們都想獲得便利。」

這樣的回答方式，始終存在兩個特點。首先，他們把這種轉變歸功於我們推動的；其次，他們把這種必然性歸因於我們想要便利。他們提出的假設是：我們對現狀不滿足，並追求一個更便利的未來。

為了證明該假設並非牢不可破，我們不妨從反面思考。想像有這樣的世界：我們可以選擇停下，環顧四周並對現有的事物感到滿意。有可能推動這樣的世界嗎？有興趣的人當然可以嘗試，但他們將會遇到一個可怕的現實問題：這樣的世界與資本主義經濟的結構是對立的；資本主義經濟依賴不斷的擴張才不會崩潰，它必須把握每個機會促進經濟成長，即便那些已經擁有太多東西的人依然如此。在我們的世界裡，基本上是不能建議採取某種「穩定狀態」的經濟。

「我們的經濟體系必須不斷擴張」這件事，很少被公開提及，有可能是因為大家把它視為理所當然的事。但它卻會透過一些耳熟能詳的陳腔濫調不經意地洩露出來——例如說我們生活在一個「快速變化的世界裡」，這也是政治人物和企業執行長最愛掛在嘴邊的一句話「在這個快速變化的世界裡，我們必須……」。有心人士用這句話刺激人們「引領潮流」、「跟上時代」或「適應變革」。這句話的意象是一台跑步機，如果我們膽敢放慢速度，它就會狠狠地把我們甩在地上。

因此詢問人們是否渴望新的數位支付系統，在很大程度上忽略了這一點。也許你確實很喜歡在經濟跑步機上快跑，但那些不喜歡的人卻也被強迫要跑起來。在一個強大的系統中，每個人都是一個小節點，這個系統超越了他們，而且不論他們是否喜歡這個旅程，企業資本主義都不會因為他們現在不想追隨它而改變軌跡。我們被束縛在一個必須擴張的結構中，它逼迫人們必須生產和消費更多。這意味著任何不夠快的、非自動化的或非連結的東西，全都必須被拋下。在此情境下，現金被視為限制系統進一步擴張和加速的障礙物，會害跑步機無法達到更高的速度。**產業未來學家口中所說的「是消費者選擇數位支付」，實際上是人們被全球資本主義的力量拉往一個特定的方向。**

把「慣性」說成選擇，是硬拗

我的說法與傳統的市場經濟學論述背道而馳，後者向來聲稱世界是由自由的個體在知情的情況下主動做出選擇的過程所驅動。我曾與一位德國經濟學家對峙，他對我主張人們是被無力對抗的力量強拉入數位支付的說法嗤之以鼻，他氣得滿臉通紅地說道：「你憑什麼斷言人們的選擇是被逼的？就讓市場來決定吧！」

我回問他為什麼決定穿西裝，他聞言大吃一驚，因為只有極少數人是有意識地選擇穿西裝，穿西裝上班的人多半是出於習慣，以及害怕被周遭的人批評，而順應該文化慣例。他們是被同儕暗示他們想要穿西裝，然後才去商店買套西裝來穿的。而且他唯一能做的決定，就只有選擇西裝的顏色或圖案，這種表面上的量身定做。這就是為什麼全辦公室的人都決定要買西裝，把該慣性說成是「選擇」，根本是硬拗。

人類學這個學科，專門研究人們所處的集體文化力場（collective cultural force fields）；而主流經濟學一向有個壞習慣：暗示我們是在自由環境中做出選擇的自主個體。然而我們不僅受到文化的束縛，就連文化本身也是被比它們更大的經濟網絡所設定，這些網絡牢牢罩住我們，畢竟我們只不過是其中的一個小節點罷了。**網絡中最大的節點——一小撮大咖人物——會組成強大的寡頭壟斷，不論是開先例還是啟動變革，全都是他們說了算。**

如果一個市場被這樣的寡頭壟斷所支配，那麼所謂的讓「市場決定」，根本是屁話。寡頭壟斷就像功能表設置者，把某些選項放在好的位置上用大字體顯示。請各位想想，蘋果公司明明是一家私營企業，但它的作為卻能獲得報紙頭版的報導（就跟重大的政治事件一樣），為它提供了價值連城的免費廣告，以及不請自來的市場支配地位。使用蘋果支付應用程式，與小蝦米消費者正在塑造未來，這兩件事根本八竿子打不著。況且事實恰恰相反，但媒體卻不由分說將它報導為「消費者選擇了行動支付」，絕口不提功能表設置者的小心機。

所以但凡看到「消費者」的報導，我們都必須謹慎以對，因為就像身陷急流中的某人，看似在岩石間有五條可能的逃生路徑可以選擇一樣，我們其實是在一個沒有商量餘地的前進方向上擁有選擇。例如給你選的話，你會選擇使用蘋果支付、谷歌支付、銀行卡、行動支付，還是其他類型的雲端貨幣？請注意，雖然很多人都在使用現金，但現金並不在這個功能表上，因為它不支援經濟加速，所以不在被認可的前進方向之內。決定方向的是那些能從經濟網絡中獲得最大利益的大咖玩家們。

因此，雖然許多經濟評論家把重點放在市場的主動選擇因素，但其實關注被動因素才更能看清真相，因為人們其實是被拉著跟他們走的。為了要讓各位明白我的意思，我想用伏地挺身來比喻，想要保持良好的身體姿勢需要主動選擇，但伏地挺身卻是一個被動的過程，因為我必須不假思索地讓重力接管我的身體。而斯德哥爾摩的數位支付使用者，其感覺就比較像身不由己而非主動選擇。**數位支付的「引力」之所以快速加大，是因為越來越多人失去了避免沉入金融機構的意志力。**

在互相依存的經濟網絡中，存在許多看不見的依存鏈，它們全都在拉扯著網裡的人們，並不斷扭曲他們的經濟結構。因為那個新的情況逐漸變成所有系統中的預設情況——例如路邊的停車計時器突然「不收現金」了——在這種情況下試圖使用現金肯定會感到主動，就像試圖保持姿勢一樣：使用現金的人會越來越感覺自己跟別人不同步，像是逆風前行；這麼做很費勁，倒不如保持同步來得容易些。後者明明是一個被動的過程，卻會被報導成是消費者的主動選擇。

讓人未經三思消費，容易陷入負債

這種主動和被動共舞的情況乃是資本主義的一種重複循環（repetitive cycle），但並不是每個人都歡迎大家必須持續同步的要求。例如祖父母對於十幾歲的孫輩們迷戀不已的產品通常很無感，因為他們早就順從地接納過一波又一波的新事物，那些都是產業告訴他們應該要渴望的東西。他們年輕的時候可能也急於跟大家保持同步，例如一九七〇年代，電視和微波爐被選為最尖端的明星商品，他們也都乖乖入手過。這樣過了幾十年後，永無休止的產品變化資訊，開始令人感到空虛。一旦這種感覺形成了，他們就會被含蓄地告知「該讓路給未來了」。在現代數位巨頭的眼中，英國小鎮上的老店主，或是孟買的傳統布商，都是阻礙大規模自動化帶來的大規模利潤之人為摩擦力（human friction）。

但其實這些人大多數仍是經濟體中一個重要部分，所以他們的抗拒成為阻礙系統擴張傾向的絆腳石，於是他們被告知他們應該想要加快速度與數位化才對。但人類天生是行動緩慢且有觸覺的生物，人們偏愛現金的一個主要原因就在於，它是看得到也摸得到的一種貨幣，該特性能幫助他們看緊荷包。[2] 一些研究業已顯示，[3] **數位支付會促使人們做出未經三思的消費，所以更容易陷入負債**，而這就是他們為什麼要大力推動數位支付的原因：威士卡在其「無現金的好處」網站上指出：「美國消費者持卡在披薩店消費通常會多花二五％，在熟食店或餐廳會多花三五％，在家庭餐館會多花四〇％。」[4] 伴隨數位支付的術語（「非接觸」、「無摩擦」）促進了一種匆忙消費的生活狀態，這才是一個不斷擴張的系統所需要的，這個系統可沒時間讓你停下來喘息片刻。

這也就難怪許多人會頑固地抗拒進入這種狀態，但正如我在上一節所提過的，不服從的人最終會被趕走，因為他們的環境已經被改變到他們沒有選擇的餘地了。這種慘況可以透過精心策劃的干預措施來加速。二〇一九年，我遇到了「無現金催化劑」倡議的創新長巴達爾·馬利克（Badal Malick），那是一個由美國國際開發總署資助的專案，目的是讓印度人轉向數位支付。巴達爾描述了他所面臨的「協調問題」：要讓印度人綁定數位支付，必須讓夠多的商家接受它，並讓夠多的顧客使用它。因此他們實驗了一些催化機制，例如讓大企業用數位貨幣付薪水給員工，或是向小商家提供數位信貸，以「吸引」他們使用數位支付。這些措施皆是來自於美國國際開發總署轄下的全球發展實驗室做出來的研究，該實驗室有四個官方目標：促進美國國家安全，解決移民和恐怖主義的根源，為美國人創造經濟機會，最後是「支持美國商業利益」，為此它與威士卡和谷歌、其他很多公司合作。[5] 它還出了一本關於如何使印度貨幣系統數位化的手冊，所以他們資助無現金催化劑公司。[6]

二〇一九年，巴達爾在倫敦與我分享了這一切，那年數位支付在倫敦的中產階級迅速展開，這群人在一個自我強化的迴圈中頹然落入數位支付，而「不收現金」的文青商店則遍地開花。當一個相互依存的網絡中，有一部分人開始屈服後，就可以用他們來拉攏其他部分。例如那些追求時髦的時尚潮人（hipsters），便被用來使現金密集的社區感覺他們不同步。之前我曾住過位於倫敦南部的坎伯韋爾（Camberwell）現在冒出了好幾家不收現金的咖啡店，與同一條街上只收現金的迦納人開的髮廊、厄立特里亞人開的雜貨店，形成了鮮明的對比。數位支付的興起與紳士化（gentrification）的過程並行不悖，在這個過程中，那些具有非正式精神的「粗糙小店」將被精品店所取代，並為標準化的連鎖店鋪路。

跟著改變支付習慣的貧困小國

若把全球經濟看做是一個跨國網絡，你就有可能會看到強國的國際性大都會所設定的趨勢，是如何讓較貧困國家的小鄉鎮跟著改變他們的支付習慣。對於我這個在南非這種邊緣國家長大的人來說，倫敦和紐約就像是神話中描寫的先進王國。南非的中產階級幾乎人人都會在某個時候受到吸引，想去這些頂級城市朝聖。全球機場擠滿了來自世界各地的朝聖者，一名充滿雄心壯志的南非人坐在「不收現金」的紐約拉瓜迪亞機場，等著登上「不收現金」的英國航空班機前往倫敦，那裡的公車也不收現金；然後是本次旅程的終點站阿姆斯特丹，那裡的路面電車系統同樣不收現金，他們留下了一個非常明確的訊息：**那些比你的國家更有國際影響力的國家，全都支持不收現金**。

任何一個國家的在地企業家，很多都是出自這個跨國中產階級的隊伍。他們會把自己在旅行中接觸到的最新潮流現學現賣，並在紐約之類的國際都會，與約翰尼斯堡或是奈洛比等城市之間架起文化橋梁。而這些城市反過來又會影響到他們自己國家的其他小城鎮，數位支付就是沿著這些橋梁傳播開來，並入侵原有的現金經濟。例如位在安地斯山的祕魯古鎮皮薩克（Pisac），是克丘安（Quechuan）原住民婦女的家園，她們坐在廣場上販售蔬菜並賺取

現金；然而當我在二〇一八年造訪該鎮時，迎接我的竟是一面巨大的威士卡看板。（見圖7-1）

這是因為皮薩克是放蕩不羈的國際旅行者最愛的聖地，他們最喜歡待在充滿觀光客的陽台咖啡館——那是當地的有錢人開設的——一邊使用Wi-Fi和他們的銀行卡，一邊俯瞰下方自古流傳至今的攤販市集。以上每一種新業務，都為正在編織的數位支付網路貢獻了一條線，這對那些服務不同客群的卑微商家產生了連鎖反應。

例如祕魯亞馬遜地區一個塵土飛揚的小鎮普卡帕（Pucallpa），原本是原始雨林的地方，現在已被伐木、採

圖 7-1　位在安地斯山的祕魯古鎮皮薩克的看板

礦和棕櫚油工廠取代。這裡的低薪工人使用現金，但是拜死藤水（ayahuasca）旅遊貿易興盛之賜，該鎮也分得了一杯羹：許多外國人紛紛來到這裡喝下迷幻的聖藥。對於一些居住在這裡的西皮波－康尼波族（Shipibo-Conibo）原住民來說，這種發展很有趣，同時也創造了新的貿易機會。

但是這些前來追尋薩滿信仰的熱情外國人，還帶來了信用卡或蘋果支付。當我走進那裡一間搖搖欲墜的小商店時，看到店主正瞇著眼睛閱讀一份傳真說明，教他如何設置一個新的銷售點終端機。櫃台上放著他用來存放硬幣的小塑膠盤子，這些是用來找錢給在地顧客的，他正努力把自己繫連進全球雲端貨幣系統中。

這個人將會受到官方機構的讚揚——他正在努力讓自己跟上一個快速變化的世界。如果你在全球經濟的背景下，看看所有的銷售點終端機和金融技術應用程式，它們就像是全球紳士化過程的前線尖兵，為想要霸占非正規經濟的銀行卡公司、金融巨擘、科技巨頭鋪平道路。紳士化只是企業滲透的最前端，他們將會以機構擔任中介的經濟關係，取代之前那些非正式的直接交易關係。

就是在這種情境下，我們必須對所謂的「普惠金融」進行分析。之前我就已經說過，普惠的包容性其實更接近吸收，至少主流圈子是這麼認為的。他們認為由肯亞老年婦女管理的非正式儲蓄互助會是古板的，哪裡比得上光鮮亮麗的科技新貴們在 TechCrunch Disrupt 大會上展示的大規模應用程式。普惠金融對於成千上萬的肯亞婦女互助會的蓬勃發展不屑一顧；相反地，它要解散這些非正式系統，用大規模的企業系統取代互助會，並把這群婦女納入他們的系統。用圖片搜尋「非洲普惠金融」（financial inclusion Africa），你就能粗略地確認這一點：從萬事達卡的網站上看到的圖片，都是農村婦女對著手機螢幕微笑，大概是在看一個繫連在遙遠的資料中心裡的應用程式吧（由看起來和她們完全不同的人管理）。

雖然不是所有的普惠金融專業人士都支持這種企業滲透，但他們也都意識到，在一個越來越被企業權力所支配的世界裡，那些沒被納入其中的人，最終可能會飽受歧視。我們再回來聊聊斯德哥爾摩症候群，當你看到俘虜你的人顯然掌握支配優勢時，你會想從他們身上看到好的一面，而非壞的一面。所以我們寧願把這些企業看成是重視消費者利益的善心業者，況且有了這種心態後，當信用卡公司進入尚比亞的農村時，中間派的自由主義者和主流保守派，都會認同那裡的人們「趕上」進步了。

這種意識形態隨處可見，這也是為什麼像 Gap、聯合利華和可口可樂這樣的西方企業，全都加入了「優於現金聯盟」，並承諾要用數位方式，付工資給他們在貧窮國家的外包工人。這也是為什麼那些誓言要對抗貧窮與實現社會正義的公益組織，例如 CARE、國際合作發展基金會旗下的美慈組織（Mercy Corps），以及「救助兒童會」（Save the Children）這種人道主義的非政府組織，也都加入了「優於現金聯盟」。

在雅典的一家旅館外，我向一名在天主教慈善機構國際明愛組織（Caritas）工作的男子討了根菸。他當時正在參加一個聚會，討論如何把以前以現金形式交給貧困人士（在災區或戰區）的援助資金改成數位支付。

在同一家旅館外，一位來自人道援助界的人士，以充滿陰謀論的口吻與我交談，他向我展示了土耳其人民銀行（Halkbank）代表土耳其紅新月會（Turkish Red Crescent）發行並將交給難民的萬事達聯名卡；他指出這種三方合作為銀行帶來了大量的新客戶，並建議身為記者的我，應該好好調查這項交易。但其實這類交易——萬事達卡與美慈組織、世界糧食計畫署，以及眾多政府與銀行合作發卡——現在已經非常普遍，幾乎沒有人會多加關注。

事實上，對於這種走向數位支付的措施，最常見的主流「批評」是：它還沒有普及到每一個人。在某場媒體討論會中，與會的一位花旗集團高級主管被問到，他們在推動無現金社會遇到的難題是什麼，他的回答是：「要確保每一個人都會被納入。」在他看來，最大的問題就是，還有人沒加入銀行的支付系統，最後他還說：「確保實現該目標，將會是銀行業和政府的共同責任。」翻譯成白話文：國家必須幫助我們銀行業簽下新客戶。

一些立意良善但被誤導的社會工作者，還在無意間幫忙強化了該企業觀點：他們說我們應該要照顧到那些還沒有準備好要過渡到數位經濟的人；他們認為那些適應較慢的人需要被拯救，因為他們很可能會被棄之不顧。但那些人明明是主動拒絕加入，卻被說成是沒能搭上車。二〇一九年，英國出現了大量的新聞報導，說那些無家可歸的街友、沒有銀行帳戶的人，以及老年人（他們可能有銀行帳戶，但比較喜歡使用現金），很可能因為自動提款機和銀行分行被關閉而陷入困境。這些事情經過報導之後，又出現了許多「暖心」的救援故事，述說政府、慈善機構和「熱心公益」的科技新創公司紛紛伸出援手，例如向無家可歸者發放讀卡機。**明明是企業部門圖利自己的行為，卻被報導成是在做公益**。

支持企業滲透會比抵制它容易，但仍有一些地方政府在努力嘗試，例如費城和舊金山市政府，都在二〇一九年施行要求商店收現金的新法律。在那些追求無止境成長的人眼中，這類行動很容易被視為徒勞無功的困獸之鬥。但值得注意的是，亞馬遜在幕後遊說反對這項立法的事情浮上了檯面：[7] 該公司抱怨說，此項立法將阻礙其全自動化無人商店的發展；《華爾街日報》則質疑該立法是否「限制了創新」，但其實應該把它解讀為「限制了自動化」才更貼切。[8]

截至目前為止，我都把反現金運動說成是對金融機構有利，但其實金融機構與大型數位公司存在一種共生關係：我從皮夾裡掏出現金對亞馬遜來說，是一種永恆的不確定性和不相容性，與它的系統相抵觸。因為現金支付不能被遠端啟動、監控、協調或停止，數位貨幣基礎設施卻能與它的精神和諧共鳴。現金是個錯誤，干擾了金融和技術之間的新興融合。金融巨擘與科技巨頭是我們經濟網絡中最大咖的參與者，他們正聯手排擠現金，還拉著一大票人跟他們一起行動。這就是為什麼現金會被擊潰，或者用更傳統的框架來說，這就是為什麼消費者在這個快速變化的世界中轉向數位支付。就讓我們更仔細檢視一下這個新興的融合吧。

第 8 章

金融結合科技的蛻變

自古以來，銀行家便是靠著撰寫跟金錢有關的合約、並用它們來進行交易而發家致富的，而這也一直是道德恐慌（moral panic）*的一個來源。在一四一六年的時候，義大利佛羅倫斯的一位梅迪奇（Medici）銀行家，只憑一支鵝毛筆寫下契約就能賺錢（但其實背後是靠殷實的資金做為後盾）。這門生意雖然不費力氣卻很費神，因為撰寫合約需要考慮周全面面俱到，況且還須具備承受得住損失風險的情緒能量。這種賺錢方式看在那些靠體力賺錢的人眼中，既看不懂也想不明白，甚至是邪惡的。

但**不管早期的銀行家看起來有多邪惡，至少不會神龍見首不見尾，社區裡的人仍能不時看見他們的身影**，例如中世紀的京都放貸人便經常在清酒廠裡出沒，而十七世紀倫敦市中心的銀行家們則流連於咖啡館裡。隨著歲月流轉，這些在地的金融業者還組成規模更大的私人聯盟（syndicates）†，並在各地成立一系列的前哨站——一個分行網絡。

就拿英國四大銀行之一的巴克萊集團（Barclays PLC）來說吧，它是在十七世紀由一群貴格教徒組成的，並在十九世紀經過數次區域型銀行合併後壯大迄今。在巴克萊銀行日趨集中化並形成現今之企業形態的同時，它的分行則仍保持權力下放的在地化面向：一八八〇年代位在某個農業城鎮上的分行，是由一位擁有在地勢力的分行經理所監管，並負責向倫敦的總行彙報（總行則以中心點的角色，統籌資金和風險，並監管廣大的分行網絡）。上銀行辦事的你雖然無緣見到總行，但仍有機會跟審核你的資格並拿合約給你簽署的人握手寒暄。但**現在我們越來越不可能見到銀行家，更別提跟他們握手了；相反地，你的手只能碰觸到某個數位財經應用程式的介面**。我將在本章中說明金融業的發展軌跡，以及它是如何融入科技巨擘的平行軌道。

銀行正全力打造非人類行員

許多大型組織向來透過「集權－分權」兼具的模式在運作：警長被派駐到某個邊疆小鎮、大使坐鎮於大使館，傳教士被遣往窮鄉僻壤。這些代表把中央組織的權力延伸到當地，還可以在其核心任務之外另搞些新活，所以他們有可能為非作歹、貪汙舞弊或變成聖人。同樣地，在地的分行經理有可能是個無能且卑鄙的種族主義者，或是一位六親不認但行事公正

* 對特定個體或團體的誤解發起大眾運動，對於不了解或不合社會主流價值的個人或團體給予打壓。

† 亦稱辛迪加，是指由多個實體自我建立的組織型態，屬於低級壟斷形式，雖然不會壟斷整個市場，但會造成局部壟斷與規模經濟。

的首長，或是一位富有同情心且備受在地鄉親敬愛的好人。因此相同的中央實體開枝散葉後，便被轉化為一個斑駁的「聯合前線」。

但就如同十九世紀的高統禮帽被二十世紀的西裝所取代，官僚體制的各項技術——例如速度更快的郵政和電信系統——能將這些面對客戶的分支機構與企業的中央總部更緊密地聯繫起來。對銀行總部來說，與其聽取分行經理來傳達地方上的事情，不如雇用策略專家在總行研究來自前線的數據資料，以開發出正式的決策指引。於是分行人員的自主權慢慢被削弱，他們受到更高層次的標準化約束，聯合前線開始變得更加統一。如果說分行本來像是中央廚房派來的廚師，那他們現在變得更像是周旋在客戶和中央廚師之間幫忙協調雙方的服務生。

隨著大型機構的日趨標準化，他們變得無力應付或懶於應付上門客戶的每個需求；相反地，客戶必須按照大型機構提供給他們的標準功能表和各項規則照章行事：如果你想要W，請填寫表格X，然後將它交給Y櫃台，他們就會把它送到總行的Z部門。唯一不會讓客戶感到被冷落的是分行的職員，他們可能會用微笑和友好的話語引導客戶完成申請。

在資本主義講求擴張和削減成本的金科玉律下，企業不僅要實現流程的標準化，還要設法把流程自動化。現在我們已經越來越適應這種想法，但在一九五〇年代，悄悄潛入的技術官僚化，曾令很多人感到不安。為此巴克萊銀行還特地在一九五八年七月出版的《新科學家》（*New Scientist*）雜誌上刊登一則廣告，聲明他們的分行「櫃台沒有機器人」。（見圖8-1）

然而六十年後的今天，**銀行業正全力打造非人類的「櫃員」，以便繞過分行，把客戶直接插入其核心系統**。如果他們現在要改寫這則廣告，內容可能會是這樣：

櫃員並非真人

巴克萊銀行以科技化理解客戶的需求和金融問題為榮。拜科學之賜，本行有了各式各樣的機械輔助工具，從機器學習到面部識別技術一應俱全。

我們的行員並不會打擾您，他們只是協助您完成自助服務的機器。

NO
ROBOTS AT
THE COUNTER
At Barclays we pride ourselves upon a human understanding of our customers' needs and financial problems. Science has given our staffs a wide variety of mechanical aids, ranging from simple postal franking machines to the very latest in electronic calculators and computers.
But these do not obtrude. They are simply a guarantee of speedy accuracy which lies behind a friendly and courteous service.
BARCLAYS BANK
Money is our business

櫃台沒有機器人

巴克萊銀行以人性化理解客戶的需求和金融問題為榮。拜科學之賜，本行有了各式各樣的機械輔助工具，從簡單的郵務裝訂機到最新的電子計算機和電腦一應俱全。

這些東西並不會打擾到您，而會保證在我們親切有禮的服務背後，還兼具快速與準確。

巴克萊銀行
管錢是我們的專業

圖 8-1　刊登在《新科學家》雜誌上的廣告

瓦解傳統銀行業的矽谷美學

分行櫃台原本是銀行的「使用者介面」，是使用者和他們使用的系統之間的連接點。但在現今的官僚體制世界裡，我們身邊圍繞著各式各樣的使用者介面，它們把我們插入某個遠端的技術系統中；這些系統對我們來說太難懂了，根本無法直接跟它們打交道。就像一個插座的背後其實是一座巨大的化石燃料電廠在運作，那些使用者介面掩蓋了它幕後發生的所有事情，我們根本無從了解，甚至不知道它的存在。

例如在銀行業的幕後，存在著一個讓銀行私下進行交易的銀行同業拆借市場。這是公眾見不到的。一般大眾「插入」銀行的方式，就是走進一間分行，讓行員給他們看一本印刷精美的房貸手冊。這些直接面對客戶的銀行行員提供了一個緩衝區，遮住了位居銀行核心的技術人員和高級管理人員，並將資訊輸送給他們，讓高層得以用來在銀行同業拆借市場進行私下交易。

不過這些銀行行員也帶來一些不可預測的因素：他們可能會花太多時間與客戶聊天，可能會冒犯他人、反抗上司、犯錯、午休，或因為試圖表現出人道精神和同情心而無法快速完成該做的事情，況且銀行還得付薪水給他們。難怪銀行很想捨棄這些分行介面，並改用一條更直接的線路取而代之。他們最初的取代嘗試包括電話銀行（phone banking）——讓客戶用電話連絡，而非直接上分行辦事——以及使用支付卡，這麼一來客戶無須上銀行就能轉帳。但銀行業真正需要的是找到一種方法，讓分行就在客戶的家中。

結果矽谷取得了突破，科技巨頭有一支幕後工程師大軍在構建其核心系統，這些科技公司透過人們家用個人電腦上使用的應用程式，把這些系統直接移入人們的私人空間。只要電信網路夠給力，你的家用電腦上就能構建出一個「店面」的幻覺。

但起初銀行業並未想到要引進該技術，在一九八〇年代，銀行業正在嘗試所謂的「家庭銀行」，到了一九九〇年代末期，它被稱為網路銀行。到了本世紀初，矽谷將此軟體移植技術（porting technology）轉化為智慧手機，變成一種可以放在口袋裡的設備。等到進入智慧手機時代，拜手機之賜，你走到哪「店面」就會像幽靈般地跟到哪。

但金融巨擘的優先事項很多，對於如何縮減分行網絡這個問題，只能給予一定程度的關注。況且在開會時，管理階層還需考慮其他事情，例如如何在不確定的環境中管理數十億美元的房貸組合，或是融資給俄羅斯勘探天然氣可能涉及的地緣政治風險。我就這麼說吧，他們同時要處理的事情很多，要應付的老客戶數以百萬計，所以他們的行動相對比較緩慢。

而銀行業這種行動遲緩的情況，便讓科技新貴有了「超車」的機會。雖然銀行業已與科技業合作了數十年，但本世紀初卻冒出了一個新的流行詞——「金融科技」（FinTech），它指的是試圖將矽谷風格的介面導入金融業，卻又不受任何傳統業務束縛的公司。金融技術團隊的規模雖小但專業性強，而且他們的會議上沒有融資給俄羅斯天然氣勘探這樣的議程。因為他們不是金融家，他們是數位「店面」的建造者。

就以Level 39這個金融技術育成中心（請參考第1章的開頭）所扶植的新創公司Revolut（你有看出來它是拿「revolution」在玩文字遊戲嗎？）為例，該公司最原始版本的應用程式，其實只是在其他金融企業的應用程式上，再貼上一層皮罷了——由一個第三方的店面接下你的業務，然後再轉給背後的金融機構去完成工作。

但在二〇〇八年金融危機爆發後的一段期間，這些以應用程式為主導的系統，日益被說成是對舊銀行的「攻擊」，因為金融技術公司試圖把銀行分行，跟行動遲緩及貪汙舞弊聯繫起來。這讓金融技術新創公司得以「為商業格局帶來巨變」的英雄形象出現——至少在剛開始的時候是如此。他們自詡為年輕人的擁護者，大聲疾呼銀行業應求新求變。他們的說法也跟數位支付一樣：數位化是由「客戶期望改變」所驅動的，他們還經常宣稱這些數位金融店面是千禧世代和Z世代的「要求」。

媒體大都接受了這樣的說法，很少深思這些所謂的「期望」，其實是被精心設計操弄出來的（媒體對數位支付也是抱持這樣的態度）。Z世代的青春期，這世界已經被科技公司主宰，他們對這些無所不在的巨無霸建制並無發言權。**矽谷的系統正在扭曲經濟結構，並加快它的速度，好讓金融科技公司得以聲稱，缺乏能夠即時取得金融資訊的應用程式是不公不義的。他們所謂的「革命」，就是把還未被應用程式化的金融元素——管它是支付、借貸、股票交易、投資還是財富管理——全都應用程式化。**

這個作戰口號最初確實戳中了銀行業的痛處，並讓銀行業感受到一些壓力——他們必須要趕上矽谷的美學。學者們也趁著銀行業惶惑不安的短暫片刻，預言銀行業的末日就要來了。過去十年中，幾乎每個科技大會都有個討論「科技會接管金融嗎？」或是「我們還需要銀行嗎？」的小組。我們原本指望這些金融科技公司去顛覆金融，並使其民主化：金融科技將瓦解舊的統治階級的權力，以便讓更多使用者有機會獲得金融服務。

金融科技公司顛覆銀行的偽革命

不過它一直是個令人懷疑的故事。隨便拿 iPhone 上的任何一個應用程式——例如一個健身訓練的應用程式——然後問問你自己：「這玩意兒顛覆還是強化了蘋果公司？」在蘋果iOS作業系統基礎上建立的無數個應用程式肯定會強化蘋果，因為當我們使用這些應用程式時，其實是在使用蘋果的作業系統。

同樣地，我們在使用小型金融技術公司時，實際上使用的是由現有勢力控制的相同金融「作業系統」。這是因為金融科技公司並不會繞過現有的金融系統，而是插入其中。他們利用主要銀行和威士卡等支付公司集體控制的生態系統為基底，並在此基礎上建立他們的預算工具、儲蓄平台等等。PayPal堪稱是這方面的始祖之一——當初它誇下海口要顛覆金融業，但最後證明它只是個依附於銀行帳戶的「外掛」貨幣傳送器。

就像蘋果公司不會用自家的工程師來打造健身訓練應用程式，卻很樂於成為一個代管它們的環境，銀行寡頭們也很樂於為利基金融技術公司代管帳戶。對銀行來說，提供一個帳戶給金融技術公司，就能把成千上萬小儲戶的管理問題，轉交給金融技術公司統包處理，銀行何樂而不為？對金融技術公司來說，在插入基底層的核心「作業系統」之前，只用一個應用程式自動進行互動，才更有利可圖。

但歸根究底，這個「作業系統」其實是由國家支撐的。如果金融科技是以自動化的金融管道為基礎，而金融是關於金錢的契約，且貨幣體系是由全國的銀行寡頭壟斷所支撐，這便意味著金融科技公司通常需要與銀行合作，才有能力來運作。這就是為什麼許多數位「新銀行」——包括歐洲的 Monzo、N26、Revolut 與 Fidor——最初都只是個黏貼在舊銀行上的介面，這反映出它們最初都未取得銀行牌照的事實。傳統的銀行打從一開始就是真正的銀行，後來才開發介面來吸引公眾，但新銀行卻是從介面起家的。

許多金融科技公司顛覆金融的機率，就跟 iOS 開發者顛覆蘋果公司的機率是一樣的，所以前者根本不可能把貨幣系統從銀行手中奪走，如同單憑一家應用程式公司絕不可能控制 iPhone。雖然金融科技公司直接切入銀行本來打算要做的業務，但是這麼多年下來，我們發現金融科技公司對銀行的顛覆極小。**銀行與金融科技表面上的你死我活之爭，看來更像是共生的夥伴關係，而且透過新參與者擴大其影響力，反倒讓金融巨擘的整體力量更加鞏固。**

但該革命起義的錯覺可能會持續很長時間，因為這個故事既是金融科技公司一個響亮的行銷口號，也是銀行的一個幌子，銀行把他們對自動化的渴望，弄成是「與金融科技公司的生存鬥爭」。銀行一直想實現自動化，但因為「待辦事項」清單很長，所以動作比較慢。現在他們開始大展拳腳，透過收購金融科技公司，把這套技術積極吸收入自己的系統。銀行讓金融技術進行風險實驗——反正資金來自公司的創辦人和創投金主——如果他們成功了，就收購他們，複製他們，或是提供一個培育平台。位於法蘭克福的德國商業銀行總行，便在步行距離十分鐘的地方，建立了自家的金融技術孵化器——名為 Main Incubator——希望它能成為「未來銀行的實驗室」。[1]

金融技術業幾乎一直在雙重思考的狀態下運作，這就是為什麼在 Level 39 的空氣中，總是籠罩著一種奇特的氣氛。金融技術加速器的美學，跟傳統銀行很不一樣，這裡充斥著各種關於貨幣未來的黑客松，以及在向創投金主募資的提案競賽時，爭相把顛覆掛在嘴邊——但普遍給人一種裝腔作勢的感覺。畢竟創投金主會確保他們支持的新創公司一定會跟大銀行合作——或是賣給大銀行——如果這是讓他們的投資獲得回報的必要條件。

這些年來，銀行業和金融科技業都慢慢地、悄悄地承認他們之間的共生關係。在數千篇產業文章和專家都預言銀行很快就要毀滅後，現在關於銀行與金融科技公司如何「合作」的文章紛紛冒出頭來。但這些文章總是以一種「原來如此」的方式呈現，業界思想領袖或分析師現在才恍然大悟：原來當初雙方所說的戰鬥，其實只是未來配偶間不愉快的首次約會罷了。

機器取代人力，不僅降低成本，還能控制客戶

一九八七年，我還只是個小男孩的時候，就被我媽帶去看一個叫名威廉．肯特里奇（William Kentridge）的新秀插畫家的畫展。他那些感情澎湃的素描是我記憶中看到的第一批藝術品，當時是在南非的國家藝術節上展出。這個藝術節由南非標準銀行贊助，肯特里奇剛剛獲得標準銀行頒發的青年藝術家獎。藝術家兼社運人士梅爾．艾文斯（Mel Evans）把這種冷酷的商業機構贊助藝術的現象稱為「藝術洗白」，但現在銀行不只跟藝術家搭上邊，而且還雇用藝術家來幫銀行把新的數位介面變得更有吸引力。[2]

二〇一九年，我觀賞了肯特里奇的另一次作品展，但這次他的作品是在英國第二大的駿懋銀行總行十七樓的一個研討會空間裡，被投影到螢幕上。銀行設計團隊的一位經理正在播放肯特里奇的動畫影片《二手閱讀》，一個沉思的人在非洲爵士樂的配樂聲中走著，背景則是一本《牛津英文辭典》。[3] 這位經理誠摯地講述著這個作品如何體現了文字和圖像之間的相互作用，這種融合對於該行來說非常重要，能為該行的金融技術應用程式打造優雅的文字和圖像。

他帶領的設計團隊成員都很年輕，且都有藝術和設計的背景。他們的工作是來幫忙銀行

的「數位化轉型」——關閉分行，並將人們推向應用程式的過程。以前銀行會雇用室內設計師來裝潢分行，但是吸引人們進入應用程式的工作，需要的是使用者體驗設計（相當於數位版的通道布置）。該團隊的大老闆設計長，曾是谷歌設計部門的負責人，並因為他在數位自助服務系統方面的專長而被挖角過來。設計團隊的任務很簡單：讓人們遠離昂貴的分行服務，改成便宜的自助服務。

之前我便曾指出，銀行分行很像在客戶與中央廚師之間折衝的服務員，高明的服務員能發揮服務的藝術，讓廚師的能力與客人的要求或願望，達成最適當的匹配或調適，並允許對功能表進行特異性修改（idiosyncratic alterations），或是提出他們自己的建議。相反地，「自助服務」是麥當勞的觸控式螢幕，它取代了服務員，直接將編好的選項傳達給廚房，對顧客不敏感不是副產品——而是重點。

企業會告訴你自助服務有多快，以證明它的合理性；但長遠來看，**用機器取代服務人員，不僅能讓企業管理層削減成本，還能直接控制客戶的選擇和體驗，並加以標準化**。自助服務應用程式還能讓銀行獲得更多的客戶資料。因此基於商業上的利益，無論你喜歡或不喜歡應用程式，銀行都會把客戶推去使用應用程式。就像銀行必須改變對現金的態度，他們也必須找到方法讓不聽話的人得不到實體服務。我曾與倫敦的用戶體驗設計團隊合作，銀行對他們下達了明確的任務：解決老年人仍然期待銀行提供實體服務的「問題」。

金融業內人士用各種委婉的方式來提及這些不順從的人：例如「數位化轉型存在著障礙」，該說法翻譯成白話的意思就是：「推動人們使用我們的應用程式真費勁。」不過銀行已經鐵了心要硬幹到底，我們在上一章已經看到這個公式是如何運作的：大咖玩家決定前進的方向。例如二〇一九年「全國建築協會」（Nationwide Building Society）*在英國各地推出「今天在這裡、明天仍在這裡」的看板宣傳活動。此舉是對報紙報導的回應，這些文章警告說，由於銀行紛紛關閉分行，使得小鎮居民陷入困境。看板上寫著：「我們承諾，今天有Nationwide 分支機構的每個城鎮，至少在未來兩年內仍將擁有一個。」言外之意就是：你有兩年的時間轉到我們的應用程式。

可一旦被引導至應用程式，人們會感到困惑和疏離。駿懋銀行的客戶超過兩千萬人，因此其自助服務介面的任何微小錯誤或是不夠清楚的布局，都可能將數百萬人送入錯誤的軌道。一個基本的介面只需要一個選項清單、選擇它們的方法，也許還需要一個「常見問答」來回答客戶經常會提出的疑問，但這樣的體驗極易給人一種孤寂感。我們還發現現在的自助

* 英國第七大的互助金融機構，也是全球第一大的建築協會，會員達一千五百萬人。

服務機試圖跟顧客對話——比如超市裡的自助收銀機會像機器人般說著：「請把物品放到裝袋區」——但這種體驗只會令客人覺得空虛，因為它只是在下達一個沒得商量的指令。

但他們試圖為這種機械體驗「擦脂抹粉」讓它更像人類，但方法只是把自助服務系統設計成會使用「我」、「我的」之類的代名詞（「請將商品放到我的裝袋區」）。更先進的技術則是加入一種雙向互動的幻覺，這就是所謂的「自然語言處理」（Natural Language Processing, NLP）發揮作用的地方了：NLP先將你說的人話（或你寫的字），轉換成電腦可以理解的語言，讓它猜測你可能想問什麼，有點像是一個可以重新排列的動態常見問答目錄。當該技術搭配使用第一人稱代名詞的新作法相結合後，「聊天機器人」（chatbot）就誕生了，一個數位介面搖身一變成為一個活人。

金融機構現在對這種聊天機器人很是著迷，我遇到的第一個聊天機器人是克莉奧（Cleo），她活在某個iPhone的應用程式裡。我是在一次金融技術的提案競賽上見到「她」的，當時「她」正在向創投金主們展示該系統如何回答詢問。

嗨，克莉奧，我的餘額是多少？

嗨，艾力克斯！萬事達卡應付卡費七六〇英鎊、活存帳戶的餘額是一〇四八英鎊、儲蓄帳戶的餘額是一七〇〇〇英鎊。

酷，這個月我在Pret花了多少錢？

從十二月十五日發薪到現在，你已經在Pret消費了四十四英鎊。

這個「幫你管錢的人工智慧助理」，並不是第一個用女生的名字命名的機器人（其他還有排程助理Amy、亞馬遜的Alexa）。這些系統都想跟你建立互相直呼名字的熟人關係。既然機器人是一家公司的互動介面，它的代名詞理應指該公司才對吧。我真的覺得這種作法很奇怪，想當年我們確實聽過這樣的說法：「你希望我們美國銀行給你辦個抵押貸款嗎？」如果美國銀行想假裝成一個真人，然後對你說：「你想讓我給你辦個抵押貸款嗎？」我們肯定會覺得很荒謬。但現在美國銀行有辦法做到這一點了，因為它有了一個數位介面，而且她有一個人類的名字——Erica。[4]

這些改頭換面帶有名字的數位介面，乃是企業人格的進化：**金融機構正替自己套上一個機器的外殼，而且這個機器人並非他們的員工，它代表企業本身**。這種對自動化賦予人格的追求，甚至超出了視覺範圍：例如滙豐銀行把它的聊天機器人打造為「滙豐之聲」的品牌。[5]

這種蛻變的下個階段是個性化，讓使用介面模仿你的口音、表達方式，或是使用你最喜歡的表情符號，它就像變色龍的皮膚，會隨著觸摸者而改變。從前的分行經理會根據他們過去與你互動的記憶，來告知你做出適當的新互動；同樣地，這些自動化系統可以記錄你的行為，以告知它們之後應對你的方式。但關鍵的區別在於，聯合前線已經消失了；過去你若無法從某個城市的分行經理那裡獲得貸款，不妨去別個城市碰碰運氣，說不定能獲得該分行經理的信任。但現在銀行把這種分散各地的真人介面裁撤，改用規格統一的數位介面（無論它表面上多麼地個性化）取而代之，結果多樣性就變成了一致性。當個別銀行開始共用相同的背景系統時，例如共同的信用評分系統，就會更強化這種整齊畫一的效果。

這種改頭換面正在銀行的各個面向發生，銀行自動化的最大領域之一是客服專線。由於客戶已受不了客服中心的人被迫用機器人的方式與之進行互動，大機構自然樂於投資會模仿人類的機器人系統。但問題是，我們平常可能願意耐住性子跟一些模仿人類的聊天機器人進行互動，但在情緒激昂的時候（例如打電話通知銀行，你的爸媽，也就是他們的客戶，去世了）聊天機器人的虛情假意聽起來就顯得很空洞了。

因此雖然銀行都打算裁撤分行改用數位服務，但他們的管理者偶爾會對這種真人接觸的廢止表示擔憂，所以他們承諾會保留一些具有同理心的真人員工。不過綜觀全局，你會發現這些殘存的小溫情，與企業資本主義不會感情用事，只追求效率、速度和規模的真實軌跡，其實是背道而馳的。

金融與科技的整合，日趨先進且多方位

銀行業透過金融技術部門引進矽谷的改造技術，這個過程給了矽谷進入金融業的新途徑。銀行致力於打造自己的數位能力，使他們的系統與科技巨頭的系統越來越相容，因為兩者都圍繞著同一個概念：透過應用程式將核心系統移植到數百萬擁有帳戶的客戶，這些客戶會透過這些應用程式，向他們的資料中心發送數十億條資訊。把這些資料中心連結起來，將可產生可觀的綜效（synergies）。

舉例來說，如果資料中心是 Uber 的「大腦」，那麼它的「思想」便涉及到處理它從手機收到的數以百萬計的訊息。但除非與支付系統搭配，否則這些訊息並不能轉化為人類的行動。Uber 司機必須相信自己會獲得報酬，才會接下 Uber 大腦傳來的訂單。因此 Uber 必須與金融機構配合，並開始像大腦中的「運動皮層」，把思想轉化為行動。下一步當然就是

把這些元素整合為一，這就是為什麼幾乎每一家主要的科技公司都與金融機構建立了夥伴關係。

由於人們是透過帳戶與金融巨擘和科技巨頭繫連在一起，連結這些帳戶便成了雙方融合的最初手段：我把我的亞馬遜帳戶綁定我的銀行帳戶，允許他們成為合作夥伴。以前我們必須拿著現金不必具名地走進商店購物，但現在變成商店直接出現在我的螢幕上，只需點擊一下就能啟動銀行轉帳和貨物交付。這就是為什麼亞馬遜要派人遊說阻撓支持使用現金的立法，因為現金會阻礙這種整合。

雖然在亞馬遜購物仍然需要我手動點擊「購買」鍵，但其他公司正在開創實現自動付款的整合。例如當你從Uber下車的時候，Uber的資料中心會自動透過威士卡或萬事達卡的資料中心，進入你的銀行資料中心並啟動支付。現在的趨勢是將以前獨立的系統整合成集群（clusters），只需一鍵就能啟動多階段和多行業的交易流程。

隨著這些整合方式變得越來越先進和多方位，它們也變得越來越不明顯。所有的主要科技公司都宣布有興趣進軍金融業，但方式是透過與核心雲端貨幣機構建立合作關係，所以使用誰的系統就變得很有挑戰性了。例如Uber宣布成立Uber Cash，但它是建立在大型預付卡公司Green Dot的基礎上，來插入銀行系統；Alexa被整合到亞馬遜支付中，而亞馬遜支付又被整合到銀行中；蘋果則是推出了由高盛支援的蘋果卡。谷歌宣布與花旗集團合作推出 Google Cache，而臉書則繼續開展它的支付計畫（我們之後會回頭討論這個案例）。摩根大通則為 Airbnb 和亞馬遜提供進入銀行系統的新連結。印度是由 Paytm 負責支付與電商的結合，中國則是由微信和阿里巴巴瓜分這片江山。

如果說創建企業集群是最初的驅動力，那麼接下來就是要以越來越先進的方式繫連任人們，比如透過生物識別技術。中國的支付寶和微信已經開創了透過面部識別進行支付的先河——只要盯著攝影機就會觸發機構間的資金流動。[6] **所有的雲端貨幣機構都對這種把你的身體融合到其整體結構中的動力感到興奮**。但科幻小說早就預言了這些事：瑪姬·皮爾西（Marge Piercy）在一九九一年出版的《玻璃之軀》（*Body of Glass*）中便寫到，支付是由指紋觸發的（導致一群罪犯專門切斷人們的手來竊取銀行帳款）。

就連物品也可以透過物聯網（Internet of Things）基礎設施繫連在集群上。企業對於把物品連結到帳戶的想法甚感興奮，因為這麼一來這些物品就可以成為人和企業之間的代理人。利用該原理，當汽車上的電子標籤通過收費公路時就會觸發付款，或是亞馬遜的 Alexa 在你的銀行和亞馬遜之間啟動付款。我們可以想像出各種形式的混合體（hybrids），例如無人機可以搭載裝著牛奶的冰箱供人購買。

銀行自助服務會把使用者帶向何處？

如果從地面層來看，金融科技領域的形式包括應用程式、聊天機器人、可穿戴設備和生物識別技術，以及跟科技巨頭的整合，其業務堪稱是包山包海蓬勃發展。但這些全都是拜同一個核心「作業系統」之賜，以及銀行業在背後的力挺：金融科技業才得以利用新概念的應用程式（new-wave apps），為使用者提供成套的銀行服務、外匯服務和財富管理服務。過去我若想申辦貸款，就必須與分行經理面談的模式，現在變成了到手機上的應用程式填寫資料，因為該應用程式已在某個環節，插入了銀行寡頭壟斷之各個成員的後端 IT 系統。

但這引發了一個新的問題：**模仿真人的自助服務介面的興起，但這些介面會把使用者引向何處？**用行業術語來說，這些不同的介面就是所謂的「管道」——引導使用者進入各個「用戶旅程」。十五世紀的用戶旅程是沿著街道走進一棟大樓裡，助理會把你帶到一個鐵面無私的放貸者面前，他會告訴你貸款的條件。但二十一世紀的「旅程」開始讓人感覺像是走進了一個滿是鏡子的大廳，鏡子會隨敲門者的不同而重新排列。在這個世界裡，你永遠不會跟銀行裡最核心的金融家握到手，就跟你無法觸摸到數位貨幣一樣，你無法看到數位金融家，也無法跟他們說話。就讓我們一起來見識這個新世代吧。

第 9 章

AI 取代人類，卻無法反思人性

位於矽谷山景城的美國航空暨太空總署艾姆斯研究中心（Ames Research Center），是美國軍事力量和科技烏托邦資本主義（techno-utopian capitalism）的一個奇特的交叉點。我的寢室位在一座營區裡，牆上掛著太空人的簽名照片，房間裡放著許多本《軍眷》（*Military Spouse*）雜誌。穿過營區操場走到外面，就會看到月亮快遞公司（Moon Express Inc.），它自稱是一家「私人投資的公司，從事月球運輸和資料服務，為地球以外的商業太空活動建立新的途徑」。再往前走是一個巨大結構的骨架，之前美國海軍麥肯號飛船（USS Macon airship）就停放在這裡（見圖 9-1）；然後是一間人去樓空的麥當勞，現在充當一九六九年登月壯舉的數位化照片的展示中心。我透

圖 9-1　麥肯號飛船的停放庫

過窗戶往裡瞧，看到一個廢棄的漢堡烤架上面擺放著阿波羅十一號的圖片。我身後的莫菲特機場（Moffett airfield）陸續有數架F-十六戰鬥機在降落，谷歌也向航太總署租了一塊機場用地。

奇點大學（Singularity University）的校園就位在這個龐大的複合區域裡，該校是由太空企業家彼得．迪亞曼迪斯（Peter Diamandis），以及預言技術「奇點」即將到來的未來學家暨作家雷蒙．庫茲威爾（Raymond Kurzweil）共同創辦的，他們認為透過所謂的交纏式創新（enmeshed innovations），人類將觸發一場「自動化的自動化」：在這個臨界點上，智能機器會創造其他機器，並誕生了一個巨大的技術「超級智能」，我們可以與之融合，並成為我們所處環境中的神。這類技術烏托邦業已提出警示，地球正受到小行星的威脅，我們必須加快速度成為一個星際物種。人類將成為超越地球的超級生物之想法，與基督教思想互相呼應。前基督教傳教士梅根．奧吉布林（Meghan O'Gieblyn）認為，奇點的故事幾乎完全反映聖經中提到的救贖故事，只不過用技術取代了上帝。[1]

這個願景令我毛骨悚然，但是對某些矽谷人來說，它提供了一個技術解決地球所有問題的烏托邦故事。這是個很吸引人的封面，因為能獲得創投金主青睞的新創公司，多半是專注於解決「我搭計程車花了十五分鐘才到」或是「購物很不方便」之類的日常瑣事。奇點大學成立的目的，是要聚焦於新創公司建立的「指數型」技術（exponential），如何一舉跨越所有障礙，去解決更嚴重的問題——包括貧困、飢餓、疾病、死亡（一位教員告訴我，他們正傾注全力於永生不死的研究）。谷歌精心挑選並資助世界各地的有志創業者來到這裡，想讓大家集思廣益如何用技術拯救世界。

這個願景是矽谷自由主義的一個標誌，亦即把企業家的努力視為社會進步的源泉。對某些人來說，這是一個很有吸引力的自我形象，卻受到傳統馬克思主義者的反對：他們認為企業菁英只是喜歡搶風頭的人，若沒有勞動者大軍在背後埋頭苦幹，他們根本成就不了任何事。十九世紀的實業家確實是如此，他們害怕勞工運動因此提倡傳統保守主義的紀律，讓工人們專注於自己的那一小塊蛋糕，而不去質疑整個階級層級制度。但二十一世紀的科技公司就沒有這層顧慮，可以坦然做出反文化的表現，因為它們想要徹底繞過勞工大軍，改而依靠規模小得多的高薪專業人員——並用股票選擇權和其他福利來收買他們——來打造擁有數十億用戶的自動化平台。

有別於其創辦者的自我形象，這些平台擁有巨大的能力來掃描和監控社會的底層。當我造訪奇點大學時，帕蘭泰爾技術公司（Palantir）的共同創辦人喬．朗斯代爾（Joe Lonsdale）正好也來學校跟同學們分享創業技巧。該公司是由朗斯代爾和 PayPal 的共同創辦人彼得・提爾（Peter Thiel）共同創立的，並以《魔戒》中的一顆水晶球來命名，他們專門為美國軍方、中央情報局、國家安全局、聯邦調查局提供資料監控技術。帕蘭泰爾是從PayPal「生出來」的，因為這家數位支付巨頭開發出能自動掃描數百萬客戶的系統，以自動檢測出詐騙行為，然後提爾出資給朗斯代爾與其他幾個人，把相同的模式應用於國家安全。[2] 帕蘭泰爾技術公司除了向國家當局提供服務外，還把自己出租給摩根大通等主要金融公司。[3]

朗斯代爾在結束訪問時提到，他和提爾也重度參與了「海上家園研究所」（Seasteading Institute），這是一個在海上建造無國籍城市的自由主義專案。該項專案似乎與帕蘭泰爾公司的專長背道而馳，但這種矛盾情況在矽谷早已司空見慣。矽谷標榜的市場技術烏托邦主義（market techno-utopianism）一直深獲國家和軍方的支持，其形式包括補貼、國家資助的研發和採購合同。而這裡正在建造的**帶有軍事色彩的人工智慧技術，現在正被拉攏到金融機構的服務中**。

交易員從兩百名到只剩三人

第1章曾提到，在德國商業銀行大樓上廁所的銀行家們，不會跟走在大街上的行人產生直接的關聯。在總行工作的銀行家，向來只能通過分支機構間接與民眾打交道。但我們已經在上一章看到，銀行的分行已被數位介面所取代，這些數位介面會將數百萬客戶直接連結到銀行系統的核心。

大多數讀者都體驗過這類系統提供的各種自動化選項，但這些系統在互動過程中，會收集我們的大量資料。例如滙豐銀行與其三千九百萬名客戶的互動，會產生大約一百五十拍位元組（petabytes）的資料。[4] 請把你的一兆位元（terabyte）電腦想像成一座實體倉庫：你的相片就像堆放在一個遙遠角落裡的一千件塵封畫作，而你的六百個Word文檔則是裝在盒子裡的手稿，單獨存放在一個架子上。要填滿這座倉庫需要好幾年的時間，因為它可以處理數十萬份檔案。而一百五十拍位元組就像十五萬三千六百座這樣的倉庫，且堆滿了資料。

但光是收集資料是沒用的，必須要能理解它們並採取適當行動才有意義，但摩天大樓裡的員工不會有能力去篩選數以百萬計的個人紀錄，這就是帕蘭泰爾這種公司存在的原因。他們特別擅長閱讀海量的資料，並據以做出自動化的決策過程，其規模遠非人類分析師和決策者所能企及。這些公司想要打造的是具有預測能力的機器學習和人工智慧系統，能夠先理解一個人的資料，再對此人採取行動以達成特定目標：例如「出售」、「排除」、「納入」或「消除」。

過去分行的員工會將資訊上報至總行的管理階層，因此把前者自動化的同時，銀行必須投資於相關技術，以便增強後者，或甚至是取而代之。他們發現用伺服器機架取代那些小便池可以獲得更多的利潤，於是爭相建立自己的內部人工智慧系統來做決策。例如加拿大皇家銀行有個百人團隊（全是博士）在研究人工智慧。[5]

大型投資銀行是使用演算法來取代核心員工的先驅。事實上，我曾於二〇一九年在倫敦的一場人工智慧大會上聽到高盛的技術主管說：「我們有一萬一千名軟體工程師，其中四千人幾十年來一直專注於機器學習……二十年前我加入高盛時，我們在納斯達克有兩百名交易員負責下單，但現在只剩三人，這種演變對我們來說是很自然的。」[6]

她指的交易員就是那些在交易場上扯開喉嚨大聲喊價的男人，當年他們在充滿陽剛之氣的工作環境中接收資訊，並對市場做出快速的決定，但如今他們的隊伍已經因為電子交易平台（由那些軟體工程師建立）的引入而式微，二〇〇九年的紀錄片《交易員被擊倒了》（*Floored*）便記錄了該行業沒落的過程，該片講述芝加哥商品交易所的傳奇交易員，被他們口中的「電腦男孩」搞到失去工作後的人生。這些人曾被金融巨擘豢養並奉為英雄、一度活得那麼意氣風發，現在卻散發出被扔在街上的戰爭老兵的氣息。

像高盛這種隱身幕後的投資銀行，根本不需要與零售客戶打交道，所以沒必要編造故事，或是用技術打造漂亮的消費者應用程式，因為他們的技術是用在全球金融的核心領域。相反地，一般商業銀行則投入大量精力，聲稱他們是為了造福普羅大眾而拚命自動化。但重點是，雖然有人同意通過數位應用程式向銀行輸入請求，但很少有客戶要求或期望由非人類的銀行員來評估這些請求。但商業銀行卻還是執意開發各種自動化系統，以期從貸款決策到保險理賠的所有業務都不需人工處理，而且我們也很清楚這是怎麼一回事：**不管客戶怎麼想，銀行業已經打定主意要繼續推動自動化。**

就像自動作曲，不特別厲害，但高效率

為了幫助各位理解這個內部過程的演變，請想像我在篝火旁用木吉他為你彈奏和紘，我是用樂器把我身體的能量轉化為聲音。現在想像你站在離舞台四十公尺遠的地方，我把電吉

他插入放大器並調高音量，這下我的彈奏發出更大的聲量。以前要用電吉他演奏搖滾樂，還得依賴燃燒煤炭和天然氣產生的電力。

現在想像你離我有幾百公里遠，我透過放大器把一台合成器插入電腦，並把它調到「電吉他」的設置，這樣按下按鍵就會產生吉他的聲音，根本不需要我親自彈奏。我用軟體錄製一首用合成器產生的電吉他曲子，只要點擊一下滑鼠，我不需要再次演奏就能聽到整個作品，我還可以透過網路把它傳給朋友和其他許多人。

最後請想像有個「自動作曲」程式，只要我點擊一下滑鼠，就能創作並錄製一首我完全沒有參與其中的合成吉他曲子，還能把它傳給朋友和其他許多人。雖然它不是多麼厲害的曲子，甚至可能感覺有些空洞，但這的確是一個很有效率的系統。

這個從真人彈奏進化到能自動作曲的機器人音樂家之過程，展示的是一個自動化序列（automation sequence）。請注意該演進過程讓我的輸入能觸發越來越大的輸出。在最極端的情況下，我投注大量的力氣和激情為一名觀眾演奏，而相反的最極端狀況則是，我只用一根手指按下一個按鍵，便創作出一整張專輯，讓數百萬名陌生人同時聽到。當我們在自動化的鏈條上走得越遠，我們離創作過程就越遠，而身為聽眾的你，也與我這個所謂的「創作者」距離越遠。

我們可以用這個例子來比喻銀行內部的自動化。金融版的「在篝火旁彈奏和絃」，指的是十五世紀佛羅倫斯的銀行家在亞麻紙上寫下放款契約，並用算盤來加快計算的速度（它能提供「放大音量」的效果，讓銀行家能在一天之內接觸到許多人）。算盤是一種手動工具，要把它變成機器，需要在它身上添加人力以外的力量。電子計算機就是自動化的算盤，而這種「電力放大」讓一九六〇年代的英國銀行家，能比中世紀的佛羅倫斯銀行家工作得更快，並接觸到更多客戶。

到了一九九〇年代，最普遍的金融機器是試算表，它大大加快了資料的布局和分析。當年，我在衍生性金融商品部門工作時，我們的試算表非常厲害，例如有個試算表可以利用密集的人口資料來製作出「長壽衍生商品契約」的條款，這種商品是人壽保險公司用來保護自己，不受人口平均壽命變化影響的一種模糊賭注。這個試算表只需幾分鐘就能完成一個人要花好幾天才能完成的工作。同樣地，一個信用評分模型收到人們的資料登錄後——例如他們的居住地和收入——只需幾秒鐘就能算出這人的評分。用我之前的比喻來說，這些模型有點像合成器的按鍵，人為地複製與模擬真人的努力。

不過長距離的「串流」（streaming）需要用到通信技術。交易員可以用精心設計的試算表來加快他們做出決定的能力，但最初是透過電信管道讓他們能夠把這些決定投射給遠處的其他人。但這種「串流」會受制於人類的極限：他們一天就只能打這麼多通電話、就只能點擊滑鼠這麼多下，中間還不時需要抽根菸或上個廁所。這就是為什麼代理權正被轉移到最初用來放大他們努力的機器上，也就是具有決策能力的金融機器人。例如一個自動交易機器人，就很像Excel的試算表，它會接收來自外部世界的資料，接著進行計算，然後輸出指令。同樣地，若申請貸款者的信用評分過了門檻，自動放款系統就會准予貸款。

更何況機器人系統是不需要上廁所的。如果它們被賦予學習的能力，它們還可以升級到「自動作曲」的領域。這就是人工智慧：**數位系統從過去的經驗中學習並做出自己的策略。就像機器的自動作曲一樣，雖然不是特別厲害，但銀行已經在它們身上看到了提高效率的巨大潛力**。況且對機器人系統來說，他們學習的「過去的經驗」，其實只是一堆被記錄的資料罷了。

機器人行員像福爾摩斯在調查你

艾薩克·艾西莫夫（Isaac Asimov）於一九五〇年出版的經典科幻小說《機器人》（*I,*

Robot）一書中，可以看到對人工智慧的早期描寫。在第1章中我們見到了羅比，一個不會說話的陽春版初代機器人，但我們很快就在第3章見到庫蒂（Cutie），一個說話口氣很跩、但有能力管理一座太空站的機器人。艾西莫夫筆下的機器人都有個「正電子腦」——一具由大量電路組成的複雜電腦——被安裝到一個機械身體上。不過到了最後一章時，最先進的機器人已不再有身體：威力強大的正電子腦（稱為「機器」）像冥想的聖人一樣靜靜地坐著，它能理解並看出海量資料中的模式，而這是普通人辦不到的。

我們對於人工智慧抱持的這種願景——威力強大的「思考機器」接收資料，並試圖看出其中的模式——在我們自身的經驗中找到了一個更接地氣的平行版本。例如我曾在十幾歲的時候愛上觀察鳥類，還用一個筆記本記錄我在什麼時候、什麼地方看到某種鳥。鳥類本身並不會記錄自己的活動，但是在我這樣的鳥類觀察者面前，它們的行為卻產生了一個持續的資料副產品，我也逐漸學會了看出其中的模式。我們可以把人工智慧系統想像成做著類似的事情，它不斷掃描著世界，進行大規模的學習，就像艾西莫夫書裡的聖人。

但兩者的關鍵區別在於，我收集這些資料純粹出於我個人的好奇心，我並不打算用它來影響鳥類的進食模式，或是阻止它們進入某些空域來改變它們的遷徙選擇。**但是對人們進行系統化的觀察，通常是有目的的**。雖然社會科學家聲稱觀察人們純粹是出於知識上的好奇，但我們日常的觀察多半是為了給行動提供判斷的依據，例如：「那個人看起來很可疑，所以要避開他。」這就是把分類（「可疑」）與目標（「保平安」）配對後，產生出一個行動（「避開」）。三者的組合會隨當事人而改變——對員警來說，「可疑」反倒會令他們採取「接近」的行動，因為他們的目標並非保平安。每個元素都可以被質疑：是否已經做出正確的分類？是否已經決定了正確的行動方案？目標是否有價值（這一點往往不受質疑）？對銀行家來說，他們的目標通常是利潤，這便為其他問題提供了資訊，例如：「你是什麼樣的人？」「值得給你一個帳戶嗎？」「我們該貸款給你嗎？用什麼樣的條件呢？」「你想騙我嗎？」「我怎樣才能從你那裡得到更多的生意？」或是「適合賣什麼樣的產品給你？」

以前銀行家回答這些問題的方式是密切觀察你，透過網路、調查線索和面談來收集你的資訊。他們甚至可能在你走近他們時，從你的衣著和舉止做出判斷。你的過去或是你與其他人的關聯，有可能被拿來預測你的未來行為。模式會下意識地被注意到，並以背景直覺或「預感」浮現出來。想像一下要是福爾摩斯的目標不再是打擊犯罪而是追求利潤，那他可能會仔細觀察某人的舉止和聲調之類的小細節，來判斷此人的信用程度或盈利潛力，他會成為十九世紀最厲害的金融家。

但是當銀行家與他們正在研究的對象距離很遠，而且得到的是非近身觀察得來的資料

（detached data）時，真的很難對這個人是誰，以及他會如何行事產生準確的預感。但現代版的福爾摩斯仍然可以做到這一點，例如他可以瀏覽成千上萬條此人的數位付款紀錄，這些紀錄會顯示這人什麼時候在哪裡做了什麼事情，以及跟誰在一起。但是雇用福爾摩斯的代價很高，所以花錢請他調查黑手黨老大的離岸金融網絡這種大案子才划算，對於「我們是否同意讓某某帳戶透支？」這種小鼻子小眼睛的破決定，就不必浪費錢了。再舉個相關的例子，YouTube 想透過推薦用戶觀看更多影片來提高廣告收入，但相對於它從每個用戶那裡賺到的錢，雇用福爾摩斯來策畫影片推薦建議，花費的成本就過高了，況且也是不切實際的：世上沒有夠多的福爾摩斯來覆蓋所有的用戶，所以 YouTube 必須建立自動化的福爾摩斯，就像銀行那樣。

但你要如何建立這樣的自動化調查員？方法之一是讓調查員根據一般經驗，為自己建立一個機制模型（mechanistic model）。如果請一位有經驗的銀行家把他們的知識進行編碼，他可能會嘗試創建一個公式，例如「來自這個地方的人＋這個收入＋這個消費歷史＋這些條件下的信用評分＝可能會還錢」。在電腦發展的初期，前述公式可以被寫成一個演算法，就像把一個由專家精心設計的配方交給電腦。就像一台麵包機在取得適當的原料就能做出麵包，一個基本的信用評分演算法，在取得正確材料後，就可以輸出還款可能性的預測。

金融機構可以利用信評機構益博睿（Experian）提供的資料（該機構彙集了其他機構共用的資料），為其專有的信用評分演算法取得材料。

如果說這些系統一開始是電腦乖乖照著做的食譜，那麼它們現在已經日益被機器學習超越了——機器學習是人工智慧的一個分支，它的宗旨是把電腦從被動聽令行事變成能主動解決問題。機器學習也跟人類學習一樣，有許多不同的風格。就拿直覺學習模式來說吧，它的學習風格是「某甲顯示出與以前曾經做過Y事的人相似的特徵，因此也可能做Y」，或是「上次我摸了做X的熱爐子，但我更喜歡Y，所以我不會再那麼做了。」以上這些情況對人類來說是直覺——你不必告訴一個孩子，他需要遵守某個避免痛苦的原則，也不必向他們解釋我們在這個世界上看到的模式。但是你必須告訴一台電腦它要如何學習，它既不能感受到痛苦，也沒有能力評估什麼是成功，或者它為什麼希望發現某件事並採取某種行動。電腦天生是要遵照命令行事的，所以你必須命令它成為一個問題解決者，這個過程需要相當高級的編碼。

有個思想實驗可以傳達一種近似的學習方式：一台傳統的麵包機內建了固定配方的程式，但想像有個客戶要求你設計一款會「學習」做麵包的機器，那麼第一步自然是編入一套學習方法，但學習還需要經驗，所以第二步就是給它提供資料。因此這台機器的學習方法就被設計成，要接收的資料包括：做好的麵包該是什麼樣子，需要哪些材料（例如麵粉、鳳梨、蘆筍、酵母、水、米、鹽等），以及製作程序（加熱、冷凍、混合等）。其目的是找到一個公式，把期待的產出與可能的投入聯繫起來，然後進行測試，並將結果作為新的資料回饋。把麵粉與蘆筍混合並冷凍恐怕行不通，但隨著時間的推移，一台經過數百年的資料訓練出來的機器學習麵包師，說不定就能夠推斷出關於麵包的微妙模式，而人類對此就只有模糊的直覺。

前面的想法純屬虛構——世上並不存在這樣的麵包機——但這個方法可以捕捉機器學習系統是如何被「訓練」的。**那些熱中於機器學習過程的金融科技先驅們，把機器學習看成是一項能創造厲害機器的策略，這種機器能夠從成堆的現有數據中萃取出可以產生行動的有用資訊；但他們也把機器學習視為一種手段，能從它那裡萃取出深奧的新資料：只要有足夠的計算能力，就可以對數百個變數進行測試，從而得出人類金融家可能看不到的模式。**

舊版的福爾摩斯小說有個著名的特點，那就是他能根據看似與手上的任務毫不相關的資訊碎片做出推斷，這種能力必定涉及對個人的密切觀察。想像福爾摩斯看到某個人從倫敦較貧困的托騰罕站，搭地鐵前往高檔金融區的摩爾蓋特站；於是他假設此人可能是辦公室清潔工，但是當晚他看到此人回到另一站，而且隔天早上並沒有回到摩爾蓋特站時，這個假設就變了。新的線索顯示此人可能沒有固定的住所也沒有工作。要是福爾摩斯能收集到更多更詳細的資訊，他對此人做的假設就會越完善。然而大型機構可沒興趣像這樣跟蹤個人，而是讓人工智慧系統來擔任警犬的工作，從海量資料中找出相關性，以做出「在這個時間從這個地區到這個地區的人，其違約風險低」的假設。而它做出的假論是可以被測試的，並將結果回饋給系統，隨著時間的推移就能逐漸完善這個人工智慧系統。

一家專攻詐騙檢測的金融科技公司的員工告訴我，他們公司會使用手機上的五百多個資料來源——例如此人的打字速度——來評估一個人。事實上，我們的手機會將我們的各種資訊傳回機構的資料中心，這些資訊會與其他人的資料彙集在一起，以從中挖掘出線索來產生假設。所以我們要回到上一章的主題，亦即手機上的應用程式會像間諜一樣「緊跟著」我們。應用程式可能會檢查你的手機上還有其他哪些應用程式，還會調查你的連絡人名單，來了解你的人際關係，也會仔細研究地圖了解你的步行模式。就算銀行沒有這樣一個門戶可以直接進入你的世界，他們也可從其他地方獲取資訊：因為我們的每一筆網站點擊與支付卡點擊，全都被如實記錄下來，而這些都是構建新一代機器人銀行員系統的資訊來源。

智能系統的錯誤分類，銀行不一定修正

真正的福爾摩斯很喜歡做兩件事。其一，解決一個案件，其二，向你說明整個案件的來龍去脈。舉個例子吧，想像他發現肯亞的某個人擁有兩個臉書個人檔案，在研究之後他告訴你：此人是個同性戀者，他用第一個檔案向保守的家人展示他是個直男，第二個檔案則用於同性戀朋友圈。但是機器人版的福爾摩斯並不擅長說故事，它們也沒有能力仔細研究一個人身上的細微差異，它們更不會逐一說明是如何做出評估的。即便系統發現，擁有多個臉書個人檔案，與建立假檔案的騙子之間確實有關聯，但機器人版的福爾摩斯解決案子後，只會簡單地做出「這人是個騙子」的結論，而不會詳細說明「這個人過著雙面人生，並向不寬容的家人隱瞞他的真實身分」。

雖然舊的演算法系統有個已知的配方，但你不能詢問一個多維的人工智慧系統「為什麼它會這樣想」。想像你去問 Spotify 或 YouTube，為什麼向你推薦某首歌曲或某支影片，它們的系統並不能「聽到」這些歌曲或「看到」這些影片，它們是從數以百萬計的使用者那裡收集資料，並將它們交叉引用，以創建趨於重疊的歌曲和人的統計集群。在音樂領域裡，這樣的建議有可能產生美麗的加乘效用（但也可能令你感覺不爽）；但若是在金融領域裡，你

發現自己被錯誤分類而陷入了卡夫卡式的厄運迴圈中，那事情可就嚴重了。

而且錯誤分類的情況有可能不計其數，跟大家分享個有趣的案例，我發現推特的機器人福爾摩斯判斷我可能是一名「勞工階級母親」，那麼推特很可能會推播一些全家省錢出遊的廣告給我；但這樣的分類看在銀行眼中，很可能把我列入信貸黑名單，但也可能完全相反——我被引誘不斷消費或擴張信用，導致負債累累。但不管怎樣，只要自動分類能以更低廉的成本幫銀行引進更多客戶，讓銀行賺到錢，銀行就會繼續採用。就像YouTube根本不在乎它對二〇％的人所做的影片推薦是錯誤的，被銀行系統錯誤分類而慘遭銀行註銷的客戶也只能自認倒楣。**採用自動化「智能」的動機，並不是為了尋求每個案例的真相和細微差別，而是為了盡量獲得更多利潤；除非智能系統損害了銀行的收益，否則哪怕它的能力就跟一個懶惰的實習生差不多，金融機構也不會拋棄它的。**

但要是這個自動化的「懶惰實習生」有對偏執的父母，以人工智慧來說，指的是模型的編碼暗藏著創作者的偏見，或是模型取得的訓練資料（training data），是在「結構性種族主義」（structural racism）情境下偽造出來的。黑人在美國的貸款拒絕率一向高得多，如果讓這樣一個帶有偏見的資料集來校準人工智慧「孩子」的頭腦，就有可能讓現存的偏見自動化。[7] 但金融機構卻聲稱，人工智慧系統可用於普惠金融，降低銀行跟社會邊緣群體打交道的成本和風險。我已在第6到8章中說過，普惠金融其實是吸收而非包容（亦即所謂的「普惠」）；況且隨著數位支付擴及到邊緣地區，人工智慧技術就會隨之而來。

利用數位足跡，應付利潤不高的客戶

二〇一六年，我在國際貨幣基金於新加坡舉辦的一個活動上，聽到一位來自大型普惠金融機構的代表發言。他興奮地對大家說，他的機構正在實驗暗中監視烏干達窮人手機上的旅行資料，來計算他們的信用評分。我問他這種監視系統是否有可能被政府高層劫持、並用來懲罰政治對手，畢竟國際隱私組織（Privacy International）曾在二〇一五年的報告中指出，烏干達政府正在嘗試各種監視技術，以監控政治異議人士。[8] 結果那位演講者只是低聲地回說：人們都需要信貸嘛。如果金融機構非得靠偷窺人們的資訊才能賺錢，那就隨它去吧。

自一九八〇年代迄今，讓窮人獲得貸款可以幫助他們脫貧的說法日益盛行，並造成小額貸款的興起。此領域依靠大量的貧困客戶獲得金額微薄的貸款，但它的基礎一直不是很穩固，因為世上最貧窮的人，往往處於商品生產國的最底層，而這些國家的政府多半軟弱無能，只會對強大的先進工業國卑躬屈膝言聽計從。處於這種情況下的窮人，通常在跨國經濟中處於弱勢地位，所以很難賺到錢；因此光是給他們小額貸款，根本不能保證會消除這種現實狀況。貸款要能發揮助力，必須是貸款人處於有利的地位，將來有可能賺到錢來償還貸款，貸款本身並不具備神奇的力量，能扭轉貸款人的劣勢地位。

小額貸款確實也有正面的成功案例，但整體看來卻是會導致貸款人負債更多。[9] 可是那些盲目認為技術無所不能的樂觀主義者，並未對此提出質疑，而是想透過數位技術和人工智慧，來完善信用評分系統以擴大信貸。人們被拒絕獲得信貸的原因有三個：他們的信用分數不夠高；他們身上沒有數字編號；或是此人根本沒有紀錄。所以任何一個信貸擴張方案的第一步，就是先處理第三個原因，而這就是為什麼印度政府要建立 Aadhar 身分證計畫。該計畫收集人們的生物識別細節，例如指紋和虹膜，並將之上傳到一個中央資料庫，讓眾多機構用來驗證此人的身分，進而讓各單位得以開始為這個之前沒有證件的人建立檔案。

現在有許多新創公司都鎖定這些零檔案或資料很少的客戶，來建立非正統的情報。例如銀行會向 Lenddo 之類的公司，購買它們對手機使用者的「數位足跡」所做的分析；[10] 這些數位足跡包括此人在社群媒體的活動、瀏覽紀錄、位置、連絡人、通話紀錄、安裝了哪些應用程式、行事曆記錄了哪些資料，以及手機的型號。該公司聲稱使用機器學習技術，能在三分鐘內分析多達一萬兩千個變數，並算出此人的信用評分，銀行買下這些資料，就能增強自己的信用評分系統。[11] 肯亞的 Tala 公司則會分析貸款人手機內的一萬個資料點，包括打電話給母親的頻率，以及是否偏好賽車或僵屍主題的手遊。[12] Neener Analytics 則是把心理評量技術，用於銀行很難做出決定的客戶身上。[13] 該公司的數位心理學家系統雖是由兩名男士打造的，卻使用一個名叫 Aria 的女性聊天機器人：她會問人們一些微妙的問題來對其進行心理分析，但分析的重點不是他們說了「什麼」，而是他們「如何」談論這些事情。

金融機構很樂於使用這些機器福爾摩斯來應付那些利潤不高的客戶，銀行對這類「沒油水」的客戶真的興趣缺缺。這就是為什麼普惠金融會跟數位自動化緊密聯繫在一起，因為如果為窮人服務，或考慮是否要放款給他們，必須花很多時間，那麼做窮人的生意根本無利可圖，所以解決的方法就是把這兩種工作自動化。

AI淪為金融業的大保鏢和大管家

在艾西莫夫的《機器人》一書裡提到的人工智慧，被預先設定成絕不會做出傷害人類的行為，也不會給出可能傷害人類的結果。它們被設定為具有高尚的情操，而且對所有人類一視同仁，不會為特定的利益集團圖謀私利。但是**金融業使用的人工智慧系統，不但有可能是無能的、有偏見的與不負責任的，而且是被雇用來為機構服務，而非為全人類服務**。我曾在第6章粗略提及大保鏢和大管家的概念，而人工智慧就是被用在這兩方面。大保鏢扮演的角色是決定是否要給予某人存取資料的權限，然而在無現金社會的情境中——人們是被迫加入數位系統而非主動參與——若你發現自己被共用的數位信用評分或詐騙檢測系統列入黑名單，那意味著你有可能被經濟體拒於門外。

大管家的角色也很重要，如果我花一個小時觀看YouTube推薦的衝浪影片，系統就不會用彈出式廣告打斷我：「你好像很喜歡衝浪，何不出門去海裡游泳呢？」因為YouTube系統的目標是賣廣告，所以YouTube的功能就是讓我觀看更多的影片（這就像觀察一名酗酒者過去的飲酒行為，幫忙提供酒精給他們）。同樣地，金融機構斥資數十億元購買分析我們支付數據的系統，並非出於好心想要幫助我們實現人生目標，而是為了促進產品銷售，並把人們鎖定在他們的生態系統內，這就是人工智慧系統的大管家功能。

但是大管家系統會令人感到不安，因為它們會創造奇怪的反饋迴路（feedback loops）。假設身為賞鳥者的我，把資料輸入筆電裡的某些模型，這些模型是用來決定該在哪裡放置鳥屋；只要在這些鳥屋中放置餵食器，並觸發模仿鳥類叫聲的揚聲器，就能引誘野鳥飛來覓食，之後我就可以繼續觀察牠們。但是我在這之後輸入筆電的所有條目都被「汙染」了——因為我重新安排了環境，變成在圈養的環境下觀察野鳥。

數位世界裡充斥著各式各樣的鳥屋，但我們並不容易看到。你以為你在瀏覽的是一個公共網站，但它其實是私人的：你在上面看到的一切資訊，都會沾染上你之前的行為，而且因為它們會透過自我強化的迴路反饋給自己，所以它的色澤會加深。掌控這些觀點的機構，卻可以動手腳把某些元素變得不明顯，或是突出某些元素，然後把存取這些資料的權限，賣給想要運用這些觀點的第三方機構。

金融業的對外改頭換面，以及與人工智慧系統的整合，引起人們對於類似的人為環境之憂懼，在這種環境中，被微觀監看（micro-monitored）的客戶有可能被它們誘導而去借錢，以及改變他們的金融行為和消費模式。例如保險公司對於動態定價（dynamic pricing）極有興趣，因為在這種情況下，價格不再標準化，而會根據想要擁有此商品或服務的人來「量身定價」；此舉侵蝕了古老的互助共生保險原則——人們以集體力量來抵消個人單獨面臨的風險。在舊的市場經濟學中，市場價格應該是公開反映買家和賣家的平均意願——所以價格是一視同仁童叟無欺的，但如果那些擁有我們私密資料的機構，把我們引導到他們私自打造的泡泡中，此種公平公開的經濟體制就開始崩潰了。

那些自動化的「盯梢人」不斷收集我們的資料，令我們飽受困擾，因為他們會用這些資料來改變給我們看的風景、價格，甚至是改變自動追債員的聲音——在我們無力償還他們自動審核通過的貸款時。[14]

當哲學家取得這些資料，他們可能會用來反思人類各個面向的本性。但是落入那些只想為自己謀利的機構時，他們就會像資料幽靈般盤旋在我們頭上，擋住我們的去路或逼迫我們。即便他們是合法使用這些資料，但隨著資料幽靈的擴散，我們就會感覺到它們的存在，並對它們的如影隨形感到緊張不安。當他們對資料進行鉅細靡遺的入侵後，泛監聽主義（panopticonism）便悄悄潛入了你的生活。你買了什麼東西、和誰在一起、你走路有多快，這些資訊會產生什麼樣的新資料？你可能很快就要開始擔心，你只不過是突然心血來潮，想請假到海邊耍廢一天，是否會成為某個神祕的人際網絡中的一個數據點，最終導致你的信用評分下降。

第 10 章

國家與市場之間的複雜與矛盾

從前我們把資本主義視為普通人在市場上討價還價的一種經濟體系，現在想想還挺令人懷念的，甚至覺得有點浪漫。就拿傑克．凱魯亞克（Jack Kerouac）在一九五七年出版的經典小說《在路上》（*On the Road*）來說吧，它的背景是二十世紀中期的工業經濟體制，孤獨的人們在大城市裡做著不穩定的工作，他們忙忙碌碌地在市場經濟中掙錢，然後砸錢買輛破車，奔馳在美國的高速公路上。他們在路上與其他飢渴的靈魂有過短暫的交會與親密的接觸，然後又繼續前行。

這本小說中描述的世界，與今天的情況截然不同。那時的社會你可以用現金向二手車商買下一輛生銹的龐蒂亞克，唯一能與遠方世界聯繫的是車上的收音機。雖然當時大機構就已存在，但它們並未侵入人們生活的每個面向。小說裡的每個人都會動手修車，也不在乎有沒有人會對他們的行為在社群媒體上按讚。他們的冒險歷程只存放在自己的記憶裡，不會被送到資料庫中，累積成一個資料幽靈，用來勾勒出他的生活環境，更不會被拿去影響他的貸款條件。

當我們評估自己當前的處境時會發現，**未來的資本主義似乎並不想讓你用現金支付，也不想讓你自己一個人開車上路**。相反地，**企業正在侵入你的私人空間，因為汽車會向雲端報告你的行蹤**。二〇三〇年的新版《在路上》，書中人開的汽車已經會自動支付過路費，開錯路時會糾正他們，而且還跟一個無所不在的資料市場繫連在一起：當車速過快時，汽車要麼自動減速，要麼自動提高駕駛人的保費。在人生的道路上，既沒有不可預知的道路，也不會遇到意外狀況。

未來的駕駛人說不定會有一個隨車附加的銀行貸款，以他們的汽車做為抵押，並由一個遠端操控的緊急停車裝置（kill switch）來監督，當他們的銀行餘額太低時，汽車就無法發動。無論屆時的詳細狀況會是如何，現代資本主義的壓倒性動力，就是要建立自動運作的系統，生活在其中的人越來越像是被動的觀察者。

每天都有人拿著能實現這種未來的創新技術，向創投金主募集資金，而他們多半都能如願以償。**把創投金主投資的各種新技術整合起來，就能組成一套完整的控制體制**。過去十年來我的電子信箱每天都會收到一堆報導金融科技圈最新大事的新郵件，也看過成千上萬家新創公司的創業巷故事。其實每天更新並不容易察覺其中的變化，但經過幾年的累積就能一眼看出端倪：故事的開頭多半是一家新創公司籌募種子資金，後來該公司被銀行收購，或是跟威士卡或亞馬遜建立夥伴關係。至於那些沒能順利融入企業資本主義的公司就會消失不見，變成無人聞問的存檔郵件。

這些玩家之間可能偶爾會出現相對權力的重新安排，以及一些新人的崛起——例如

Square或Stripe（兩家都是支付服務公司）——但是撇開動聽的產品介紹和公司名稱不談，你會發現其中的模式依然存在：金融巨擘不光外表變了，其內部核心也已被追求獲利的機器智能所取代，而且隨著該過程的推進，它們的「科幻」想像力更是腦洞大開。創業者必須不斷推陳出新，創造出最吸引人的新事物，因為他們必須滿足投資金主的願望，在這個必須不斷擴張的經濟體中，找到下一隻金雞母。要是新玩意保證有利可圖，金主們甚至會把司機趕走自己開車。

雖然我描述的這些趨勢是真實的，但它們在世界各地的表現卻不盡相同。我曾在南非的農村地區工作過，那裡感覺就像拓荒時期的美國西部——輸電網經常故障，手機沒訊號，國家好似遠在天邊，部落長老及其親屬團的權力比地方法官還要大。這些地方既沒有創投金主，也沒有可以刷卡消費的連鎖店。相反地，破舊的實體現金在偏鄉小店裡流轉，居民仍然靠著自給自足的農業和畜牧業維生。事實上，在南非的偏鄉你甚至可以聯想到傑克・凱魯亞克所描述的一九五〇年代的世界：你在破敗的公路上修理過熱的汽車，沒有行動網路來幫忙。

南非農村被跨國監控資本主義吸收的過程緩慢需要花一些時間，但屆時那裡的凱魯亞克世界也將結束。這個持續進行的過程，乃是資本主義系統之重複循環的最新版本，在這個循環中，資本主義系統為了持續擴張，不惜捨棄自己的舊版本。

我們在殖民時期見識過它的早期版本，當時歐洲列強試圖吸收整個南非地區，逼迫它們加入全球經濟體。此舉造成了不均衡的重疊區，其遺緒一直持續到今天。例如一神論的歐洲基督教和南非在地的科薩族（Xhosa）泛神論崇拜相遇後，產生了混合兩方精神的宗教；同樣地，全球經濟的擴張也留下了「經濟綜攝」（economic syncretism）的遺風：在地的非正式經濟，與跨國經濟混合在一起。這就是一名來自丹麥的遊客，行經祕魯旅遊勝地普卡帕（Pucallpa）人聲鼎沸的路邊攤市場時的感受，你會在那裡的攤子上看到山寨版的名牌商品，旁邊則有人在賣草藥，或是現烤的鱷魚排。

「開發中國家」的典型形象就是融合了傳統與現代的混合體。在這些地方，正規機構相當少見，你必須直接跟人打交道，東西的價格是討價還價的結果，而非超市主管的決定。其中隱含的意義是，所謂的「完全開發」就是混合主義消失不見，街頭攤販市場也被銷售跨國品牌的大型購物商場所取代。

截至目前為止，本書的論述焦點一直放在大企業的擴張行動上，但**資本主義市場的基底，是那些被複雜的地緣政治網絡綁在一起的國家**，而其開始的時間可以回溯到殖民時期，甚至更早。且讓我們回過頭去搞清楚全球的國家和市場間的一些互動，因為正是背後的這些力量，造成了一場由加密貨幣帶頭的跨國新叛亂。

企業和國家的各懷鬼胎

國家與市場（包括在地和國際）之間的關係既複雜又矛盾，所以我們要仔細挑選討論的重點。

第一點，**非正規市場很會利用國家的基礎設施，例如現金系統，找到方法在國家的陰影下靈活運作**。這就是我前面所描述的情況，小攤販在街頭市場大聲叫賣未受管制的商品。

第二點，**正式的國家機構開始「反攻」非正式市場，創造出更現代化的「半非正式」市場**：例如倫敦的布里克斯敦市場（Brixton Market）一直是少數族裔在此低調辛苦討生活的地方，但現在這裡的牙買加商人拿到了政府核發的販酒許可證，以及符合衛生標準證書，便立刻張貼在牆上的顯眼處。這個市場日益受到政府的集中式管理，此舉有助於分散式市場活動的擴大，因為這些法規中和或抑制了我們的關係中、有可能阻礙商業交易的那些面向，例如缺乏信任或缺乏共同標準。如果商人賣給我來路可疑的商品，我可以透過國家的司法系統起訴他，如果是我沒付錢就拿著商品跑掉，店家就可以叫員警來抓我。

這使得素不相識的陌生人也可以安心交易，彼此都不必害怕對方耍詐，這麼一來市場便能擴大規模。政治哲學家湯瑪斯・霍布斯（Thomas Hobbes）於一六五一年出版的《利維坦》（*Leviathan*，又譯為《巨靈論》）一書中便曾暗示，正式的國家機構會催化出更大的市場。國家「利維坦」指的是一組機構，當你違反了財產權或契約時，它就會制裁你，但它同時也是能為一大群人解決爭端的中央機構。這樣的實體可以解鎖企業資本主義，因為更大規模的企業市場，需要依賴廣泛而強大的公司法、契約法、私有財產制度。

第三點，**國家力量讓企業力量崛起**。事實上，力量強大的國家利維坦們，能支撐起一個勢力超越國家的利維坦複合體：現代社會使我們受制於由銀行、電信公司、公用事業公司，以及越來越多的巨型企業（例如亞馬遜、Uber）共同營運的公私共同貨幣體系，這些企業可稱做二級利維坦。這些機構明確地將自己定位為仲裁者，促成及規範你我之間的互動。我們不宜把這些大咖參與者跟國家分開來看，而應將它們視為執政聯盟的不同分工。現代政治的一個要素，牽涉到利維坦複合體中的國家，應該對企業給予多大程度的協助、挑戰或控制。以中國的體制為例，國家對企業有較大的監督權，而美國的體制則會給企業更多的自主權。

第四點，**我們不能把企業擴張和國際地緣政治分開來看**。這一點是無庸置疑的：例如想要尋求新市場的英國東印度公司，便拿著國家賜予的「尚方寶劍」，到外國大搞殖民主義而賺得盆滿缽滿。同樣地，本書中提及的所有創新技術——從數位支付到金融技術與人工智慧——也全都是由扎根於強大國家的金融巨擘和技術巨頭開創及推動的。

美國、歐洲和中國的商業巨頭，在對外擴張時都獲得政府的大力支持，政府協助他們將觸角伸向跨國供應鏈和全球化市場。該觀察與國家和「市場」是對立的概念完全相反。本是同根生的國家和市場之間並不會出現真正的緊張，只有「異父異母」的國家和市場之間才會互不相讓，例如美國政府和肯亞的非正式市場。因為在美國政府看來，後者可能會抵制使用萬事達卡，這意味著這筆生意有可能被中國的支付公司搶走。我們業已看到，美國國際開發總署非常想將經濟體數位化，但肥水不落外人田，它無意與阿里巴巴、騰訊、華為或百度合作，而是跟威士卡及谷歌合作來實現該目標。

最後一點，我已在第1章中概述了**華爾街如何為大企業提供資金，以及大企業是如何讓資金如同神經衝動般在國際支付系統中擴散出去**。當這些跨國企業試圖進入全球市場和供應鏈時，他們會遇到一個「導電性較差」的區域，通常是使用現金的非正式區域。Uber 若想在肯亞開展業務，就必須允許當地的司機收現金，但肯亞的現金系統與 Uber 的全球野心卻是抵觸的。要是 Uber 能讓他們改用美國控制的萬事達卡轉帳來取代，它會毫不猶豫立刻這麼做。Uber希望看到車資能從奈洛比的街道上，透過數位支付工具，自動轉入舊金山的街道上。於是美國政府便透過美國國際開發總署，與肯亞的非正規市場對幹起來。

中國政府建立的無數商業合作關係，全都是為了消滅非正式的對等式關係，有時還試圖透過對外的國家法律來做到這一點。還有由在地伊斯蘭商人經營的「哈瓦拉匯款系統」（hawala systems），便曾透過口耳相傳的信任網絡，提供了一個非正式的國際支付系統：一名僑居倫敦的索馬利人，可以把現金交給斯特雷特姆（Streatham）的哈瓦拉代理人，此人會打電話給他們在肯亞第二大城蒙巴薩（Mombasa）的同事，請他們把錢交給那裡的收款人。這種匯款方式過去一向是靠信譽在經營（而非法律的規範），如今卻受到《美國愛國者法案》（*US PATRIOT Act*）的打壓，這類法案試圖把傳統的非正規匯款安排變成非法，以支持銀行數位轉帳，或是將其納入正規的銀行部門。[1]

但即使大企業利用他們的國家向外擴展，雙方也會有撕破臉的時候。這時我們就會看到老牌的利維坦和新崛起的「科技利維坦」之間，出現一連串複雜的緊張關係。社會學大師馬克斯．韋伯曾用「官僚主義的鐵籠」來影射擁有單調辦公室的舊政府大樓，以及檔案櫃堆積如山的實業公司。但是二十一世紀的利維坦們，想把鐵籠的鐵條變成一張精密的跨國數位大網，這就是我們目前正在經歷的自動化監控資本主義，被它潛入的城市稱為「智慧城市」，被它潛入的家庭稱為「智慧家庭」，當它潛入我們的身體則稱為「自我追蹤」（selftracking），被它潛入的開發中國家則稱為「數位包容」（digital inclusion）。

交織各種矛盾的跨國數位大網

對於這張圍繞著我們且不斷增長的數位大網，人們該如何看待支撐著它的複雜人際關係網絡？我之前便已說過，許多人選擇附和大家，把正在崛起的科技利維坦們看成是巨大進步的來源，省得天人交戰。這些互相連結的數位技術，確實孕育出各式各樣的美好事物，例如透過視訊與親友聊天，或是透過 Shazam 應用程式找到最喜歡的歌曲。網路公司非常鼓勵這種烏托邦式的想像，所以繼續利用一九九〇年代人們對網路抱持的四海一家之樂觀願景。當時人們對所謂的網路空間（cyberspace）充滿期待，希望它能成為一個元國家、元社會、元市場。這份憧憬產生了各種樂觀的意識形態，例如所謂的「加州意識形態」（California Ideology），指的是跟矽谷有關的自由市場技術烏托邦主義。這是我在上一章提到的一種精神，它結合了奇點概念、超人類主義（transhumanism）——相信人類與全球技術網絡合體，就能超越人類的極限，變得跟神一樣無所不能。

但現代的網路已經不是一九九〇年代的模樣了，人們擔心它可能會促成權力的集中，並監控我們。人們日漸注意到資訊超載帶來的焦慮、迷失感和兩極化。新冠疫情的爆發提高了人們對此情況的留意，因為它迫使我們進一步跨入跨國數位領域。隨著亞馬遜包裹的堆積如山，以及反烏托邦國家推出臉部識別系統的故事激增，令許多人一想到似乎躲不開這個數位大網時，就感到空虛和擔憂。

但因為人們很害怕他們依賴的這些新技術失敗，所以很難對它們進行批判性的思考。這就像某人之所以會「需要」香菸，是因為他的身體已經出現對香菸成癮的化學反應了；我們自以為對許多新技術的「需要」，其實是在它們調整了我們的環境之後才發生的。身為一個戒了菸的老菸槍，我可以作證癮君子抽菸並不是為了體驗快樂，而是為了避免痛苦的戒斷症狀。同樣地，**想要在科技進步能為人們帶來更多快樂的前提下，分析科技究竟是好是壞，恐怕會走進死胡同裡**。科技公司就是依靠「科技進步能為人們帶來更多快樂」的說法來推銷其產品的，所以更保險的作法是忽略這種話術，直接分析我們對於每一次的技術變革設定了什麼樣的新期望，以及其中的取捨（trade-offs）。在現代數位監控資本主義所做的這些取捨中，令我們日益沉迷的主要技術，已被力量強大的企業和政府永久且直接地採用了。

把人們綁定在平台和數位貨幣系統的過程日益普及，如果某人不同意跟市場的核心機構綁在一起，那他的日子可就難過了：不僅會淪為「無帳戶者」，還會被說成是需要被拯救的人；而且他們與社會互動的能力，有可能因為未綁定而受損，所以當他們最後終於被銀行納入時，可能會心懷感激。但追根究底，當初就是那些大型機構搞出這些個連結，導致我們變得如此依賴跨國數位經濟，而令它們變得方便好用的因素，卻也是令它們變得既強大又危險的原因。從規模上來講，由五家大銀行主導的全國性支付系統，肯定會比由五千家小銀行主導的更有效率。同理，那些全國性的銀行集群（clusters）發現，比起跟對方建立數百個直接匯兌關係，不如借道一或兩個國際匯兌中心——例如美元系統，或是人民幣系統——反倒更有效率，而且他們的規模也能跟著水漲船高，但這麼一來，個人就變得更加渺小了。

當每家銀行成為數千萬人進入跨國系統的接觸點，他們的權力和責任都加大了。一家銀行可能有三千萬名帳戶持有人，控制著六千萬台設備，他們每天發送給中央伺服器的訊息動輒數以百萬計，這麼龐大的數量促使他們不得不改用軍事化的ＡＩ技術來掃描人們。他們需要一個強大的基礎設施，以確保傳送的訊息不會被竊聽、破壞、誤解、詐騙或減損。他們必須檢查請求是否由帳戶的真正持有人發出來的，這便需要識別人們的身分，並建立他們的個人檔案，這便讓銀行有了「染指」我們私人生活的機會。

請思考以下這個棘手的兩難問題。假設我是個騙子，我的戶頭裡有一千英鎊，我設計了一個狡猾的計畫來欺騙我的銀行。我在兩支智慧手機上打開兩個電商的應用程式，兩者皆顯示了價格為一千英鎊的產品；然後我便對這兩個產品同時點擊「購買」鍵，希望兩個訊號同時到達銀行的資料中心，以成功騙取銀行的授權。銀行要擊潰這種「雙重消費」的奸計，應檢查哪個請求先到達，並且只接受這一個，而拒絕另一個。

即使我能暫時成功騙過他們，但因為這些私人資料庫是由銀行控制的，所以他們可以隨時追溯「撤銷」一筆付款，並告訴第二家供應商不要出貨。這是個擁有公開存取控制的集中系統，由銀行充當監護人。**當你的銀行運用此監控權來阻止可能對你產生負面影響的詐騙交易時，你可能會覺得這樣的系統好棒；但正是這些特點，引發人們產生了監控、審查、排斥、權力集中的所有憂慮**。

有沒有辦法能解決上述所有矛盾，並防止權力的集中呢？傳統的途徑是讓社運人士遊說政府機關來監管金融和企業機構，但要是你根本不相信那些機構呢？所以接下來我們就要開始聊聊電馭叛客的世界了，對於我們該如何安排我們的貨幣系統，他們的技術正在引進許多迷人的新可能性。

無現金社會的電馭叛客

在網際網路發展的早期，有些人非常擔心企業和國家利維坦攜手合作，於是出現了所謂的電馭叛客，以及加密無政府主義者（crypto-anarchists）。從一九九〇年代初期開始，這幫人便預見了數位監控的擴張，便急著想運用密碼學——發送和驗證祕密資訊的軍事藝術——來創建自治的網路社區。電馭叛客後來成為多種運動的先鋒（維基解密的亞桑傑即是其中一員），同時還著手開創匿名的數位貨幣。例如（我們在第6章提過的）大衛·喬姆預見未來的無現金社會，可能出現反烏托邦，因此提出一個名為數位現金（DigiCash）的系統，這是嫁接（grafted over）在正常銀行系統上的一個私有層。

電馭叛客採用各種不同的政治傳統，是激進駭客文化的一個分支。電馭叛客是個通稱，用來泛指那些對於跟大規模官僚制度扯上關係的技術和系統、皆抱持反對態度的人。駭客們很喜歡駭進這些系統的使用者介面，探索並顛覆其中的隱藏代碼。近年來極受歡迎的電視影集《駭客軍團》（*Mr Robot*）即是這個文化的代表作，劇中有個年輕的駭客立志要扳倒他稱之為邪惡企業（EvilCorp）的大型企業。劇中的駭客既反企業也反國家，這種政治取向在歷史上與左派無政府主義有關，現代駭客幾乎全都帶有該意識形態的元素，立志要找到一個非企業的另類網路。不過也有一些右傾的駭客文化，他們把反國家情緒跟市場技術烏托邦主義結合，提出了「無政府資本主義」版本的數位自由市場。

無政府資本主義是保守派自由主義的一個極端版本，對於主流政治中的保守主義來說，它就像個行事魯莽的小老弟：愛嗆聲、行事較不嚴謹，且呼籲採取更極端的反國家立場。自由主義者想要的自由市場，僅容忍最低限度的國家權力來保護財產，但是死硬派的無政府資本主義者則認為，大規模的資本主義市場，不需要員警和法院等國家機構亦能獨立生存。雖然各大門派各擁立場，卻能在電駁叛客運動中找到共同點，這是因為它的願景是在網路空間裡創造一個「自由之地」，這才把各路人馬吸引到一起。

因此**電駁叛客運動在政治立場上是多元混合的（politically mixed），但在技術上是開創的**。雖然 DigiCash 專案最終失敗了，但是像喬姆這類人所開創的各種組件技術，將成為一片片的拼圖，等著被厲害的高手把它們組合成更強大的東西。此人在二〇〇八年橫空出世，當時正值全球金融危機令銀行利維坦們焦頭爛額之際，他們以中本聰的假名，在電駁叛客的郵寄清單中發布了一個 PDF 檔。

文件的內容簡短而優雅，它把幾十年的技術創新組合在一個配方裡，就像一個花了很長時間才能完成的拼圖，但完成後卻看起來很簡單。它的標題是「比特幣：一個對等式的電子現金系統」，此文後來被稱為比特幣白皮書，並成為區塊鏈技術運動的創始文件，該運動只有一個議程：換掉利維坦們，首先是貨幣利維坦。取而代之的是一個人人都可使用，但不受任何人控制的加密利維坦。有些人認為這聽起來太過理想化，且依舊矛盾重重。我們現在要討論的就是這場麻煩的「革命」。

第 **11** 章

擺脫巨擘監控的鑰匙——比特幣

比特幣白皮書是二〇〇八年在網路上發布的一份九頁文檔，作者是一個署名中本聰（Satoshi Nakamoto）的不知名人士。該文件勾勒出一份優美的藍圖，關於如何集體協調全球的陌生人網絡，以催生出一個系統，來發行可移動的數位代幣（digital token）。**理解比特幣最快的方法就是：它其實是一個代幣系統，只不過有些人試圖把它變成一個貨幣系統**。但在正式開始了解比特幣之前，我們必須先做好準備，否則很容易就會被相關的神話、炒作、品牌行銷（branding）所誤導。為此我們必須先繞個道，大略了解一下深奧的數字領域。

數字（numbers）有個奇怪的特性，就是既能當形容詞又能當名詞。在日常對話中，大多數人是當形容詞用：「我將在十五分鐘內到達」、「這是六公斤」、「請給我兩片餅乾」、「我已經警告你三次了」。在上述所有情況，數字皆指它本身以外的東西（分鐘、公斤、餅乾、警告次數）。唯有數學家獨樹一格，他們用的是「數字名詞」（numerical nouns）。請看這個句子：「十五比六大，而六除以二會得三。」句子裡的每個數字本身都是定義完整的物體（self-contained objects），它們是主角而非配角。

那麼在我們的貨幣體系當中，存在的是哪一類數字呢?在第3章中，我杜撰了一個山中巨人的寓言，在這個寓言裡，巨人瞎掰了個理由讓人們尋求他發行的票券，後來這些票券成為一個更廣泛的交換系統之基礎。那些票券就是可移動的代幣，但它們是代幣的一個特定子類，被稱為借據（IOU）。借據的形式有可能很簡單，例如一個寫有數字「一」的圓形物體，但這個「一」代表它保證可以獲得山上的一劑神奇泉水，所以它並非「只是數字而已」。同樣地，現代貨幣在我們看來，有可能是帶有數字的可移動物體，也可能是螢幕上的數字，但是第一個例子中的那些數字，其實是用來指稱國家、銀行或公司發行的借據之數量的形容詞。

要看出這一點並不容易，因為我們很容易就會把貨幣體系中的數字形容詞誤認為數字名詞。我們從不會說三隻狗「只是數字罷了」，卻有很多人會這麼說貨幣，好像它的數字是虛構的，而非可依法執行的會計紀錄。

數字形容詞和數字名詞在表面上的相似性，意味著我們只要寫下數字就能輕易地勾勒出「類似金錢」的意象。如果你走進一所小學，指導孩子們從頭開始發明一個貨幣系統，他們很可能會把紙片剪成長方形或圓形，然後用數字來裝飾這些紙張。其實成人也會這樣做，我可以在一個扁平的瓶蓋刻上個「一」字，然後開玩笑地說「我製造了一枚硬幣」，但是刻在這個「硬幣」上的數字，並未指稱任何超越它本身的東西。我可以說它指的是那一個瓶蓋，或是那瓶蓋的重量，但其實我只是寫下了一個數字而已。

這件事跟比特幣有什麼關係呢？比特幣的非凡故事其實是一項社會運動的故事，而現在參與人數已經達到數千萬人，並建立了一個高度複雜的系統，用來製造有編號的數位物件——相當於我刻了數字「一」的瓶蓋的數位版——而它現在面臨的問題，就是如何把那些數位代幣變成一個真正的貨幣系統。但此事非同小可，因為過去十多年來，人們一直聲稱比特幣系統給了我們一把能夠擺脫銀行巨擘之監視和控制的鑰匙。

比特幣超自然主義

進入一場早期的比特幣聚會——例如二〇一〇年左右——感覺就像一個專門調查超自然事件的偵探，面對一屋子興奮無比的證人，他們個個都聲稱自己看到了一個鬼魂，但每個人對它的描述卻不大一樣。想像這位偵探寫下一堆筆記，試圖挑出反覆出現的用語，結果發現其中最搶眼的四個詞是分散式（distributed）、去中心化（decentralised）、數位式（digital）、資料庫（database）。

有時「分散式」會演變成「共用」，而「去中心化」則會搭配「防止竄改」、「抗拒審查」、「不可改變」、「不會被收買」。「加密的」自是不在話下，而「資料庫」則與「分類帳」或「資料結構」混在一起。目擊者們你一言我一語地爭相說出這些話，像是「經過加密保全的分散式資料庫！」「無法被竄改的共用帳本！」或「抗拒審查的去中心化加密資料結構！」還有其他一些模糊的描述，例如「不需許可」和「去信任化」，以及「雜湊」、「工作量證明」、「雜湊樹」、「礦工」、「公開－私有密鑰加密學」、「數位簽章」和「共識演算法」等專業術語。

這些字眼全都導向一個元詞（meta word），那就是「區塊鏈」。比特幣是一個用區塊鏈建構的代幣系統，偵探的筆記寫道：區塊鏈是通過所有其他術語交叉建構出來的一個分散式、共用的、去中心化的、無法竄改的、抗拒審查的、不可改變的、不會被收買的、加密的、去信任的、不需許可就可觀看的資料庫帳本。

那些懂技術的證人努力用一些難以理解的話來描述比特幣的區塊鏈，其他人則爭相喊出動聽的政治口號，說這個比特幣幽靈代表了自由和創新。他們還打算告訴偵探它不像什麼，他們說比特幣跟以下事物恰成對比——中央資料庫、銀行、腐敗、虛偽的政治、存放在檔案櫃裡的骯髒紀錄、政府、萬事達卡、協力廠商、裙帶資本主義、社會主義獨裁者、通貨膨脹、稅收、偷竊！

有句話格外吸睛：**比特幣是由數學支持的數位黃金**。但此話乍聽之下令人印象深刻，卻禁不起我的深究，我覺得它沒啥內容。數學是種抽象的語言，雖然我可以建構方程式來模擬重力，但那古老的力量並非靠著人類發明的數字系統來支持的。所以理解這句話不能單從字面解釋其意：證人們的意思是說，比特幣遵守的規則——嵌入在電腦的網絡中——所以被破壞的概率很低。

我說的這些事其實是開玩笑的，但這確實是許多人第一次接觸到比特幣的經歷。他們面對的是一堆科技術語及政治主張，而比特幣據說是從網路空間「開採」出來的代幣，而且也是「貨幣」。想要從這裡開始理解比特幣，你只會更加困惑而非恍然大悟。身為加密超自然主義者十多年的我，學習心得就是：**要搞懂區塊鏈技術，必須在你腦中建構一個魔術方塊，然後在腦中反覆練習，直到獲得足夠的經驗，就能看出它們是如何排列的。**

雙管齊下的攻擊

不過在開始練習扭轉魔術方塊之前，我們必須先弄清想要達到的目標。在前幾章中，我們討論了雲端貨幣系統的兩個關鍵特徵：

1. 它是由銀行寡頭壟斷經營的；
2. 這些銀行巨擘主掌的全球貨幣供應是可以改變的。

而**比特幣便是針對這兩大特點提出的替代方案，所以也要同時攻擊雲端貨幣系統的集中化與可改變性**。

比特幣承諾提供人們一種手段，讓大家可以在沒有銀行介入的情況下，互相移動有編號的代幣。所以大家想像這是為一個去中心化的貨幣系統的出現在鋪路（但前提是假設那些編了號的物件確實可以形成一個貨幣系統，這點我們稍後會討論到）。不過這些編了號的代幣將有固定的供應量，這是因為比特幣系統的假名創始人中本聰，似乎不喜歡銀行和政府運用他們的中心化系統，恣意改變籌碼的發行量；所以他才會想用一個去中心化的系統，並以一種可以預測的方式，慢慢釋出總供應量不可改變的代幣。

但這些特點卻是互相衝突的。去中心化向來是各種政治團體的需求——從左派的無政府主義者到嬉皮公社，乃至於自由派的牧場主與巴布亞紐幾內亞的部落居民。在二〇〇八年的金融危機之後，這種去中心化的特質，既吸引了左傾人士——他們認為銀行是專橫的私人公司——也吸引了右傾人士，他們認為銀行是國家的親信。這個繞過銀行系統的承諾，同時獲得左右兩派人士的欣賞，但是貨幣供應量固定不變的承諾，卻頗具政治爭議性，因為人們會把這個約束貨幣的要求，跟某個門派的保守政治產生聯想。從歷史上看，債權人——擁有多餘資金的人——偏好緊縮貨幣供應，因為在人口或經濟不斷擴張的世界裡，相對於一個可能需要借錢的人，擁有稀缺貨幣儲存的人，得以處於強大的地位（通貨緊縮對手頭拮据的債務人來說是很可怕的情況）。

許多貨幣保守派在法定銀行系統內握有大權，把貨幣視為一種必須慎重配給的稀有商品，有利於這幫人的政治實力，所以這種神話般的傳統，早已在保守派思想中根深柢固。凡人都有個傾向，就是把我們自己的政治主張，說成符合人類與生俱來的天性。保守派經濟學家認為，追求個人的利益乃是人的天性，如果不加以約束，他們的行為就會形成「自然的市場秩序」，而被他們選中的理想約束物便是黃金，它被用來跟集體機構「憑空」創造出來的「非自然」貨幣做個對比。

黃金是古代的恒星爆炸所產生的，這種帶有光澤的恒星碎片很早就被當成珠寶，而且黃金還曾在某些情境下被視為「貨幣」或「類貨幣」。把黃金當成貨幣的情況並不普遍，而且即使黃金被視為貨幣，通常也是由國家發行，並與非商品的貨幣共存。把黃金當成貨幣是非常不切實際的，因為它的數量太少了：要讓地球上的八十億人口都能用到，恐怕得磨成細粉才行（要是我們真的開始把這些黃金細粉當成貨幣，那麼目前大量持有黃金的人，就會變得無比強大）。因此在保守派經濟學中，黃金只是一個柏拉圖式的理想。即便在所謂的金本位制時期也是如此，當時黃金在各國央行間慎重其事地傳遞著。因為黃金既能為他們的貨幣權威增添額外的力量，同時還能約束其人為的機構權力。

所以比特幣是「數位黃金」的說法，必須在這個情境下看待。從二〇〇八年後參加比特幣聚會的人，一開始就會聽到一個關於貨幣救贖的故事；它是把黃金的過往歷史，拿來跟現今「純粹用政治鍊金術製造出來的」腐敗法定貨幣做個對比。但兩者的情況全都是他們想像出來的，而這恰巧又跟想像的未來——由強大且純粹的數學所支援的密碼學，將成為人類的救世主——形成了對比。

參加比特幣早期聚會的人，未必都是貨幣保守派，也有厲害的技術人員，開放軟體的倡導者，甚至還有一些反資本主義的無政府主義者，以及新世紀大師。有許多人是衝著實現去中心化系統的高超新技術而來的，這使得他們輕易就相信了那套關於貨幣的背景故事。保守的貨幣思想很容易博得人們的好感，因為它利用了許多人抱持的「貨幣使用者」心態（在本書的第3章曾討論過）。要讓一個小儲戶相信限制貨幣供應量對他們是有利的，幾乎不費吹灰之力——這就是柴契爾夫人（Margaret Thatcher）那幫政治人物，在一九八〇年代把緊縮計畫（austerity programme）弄成像家庭常識所採取的手段——但事實並非如此。比特幣系統同樣利用了緊縮心態，但試圖以一種巧妙的設計，將它嵌入一個跨國的非國家單位裡。

開創比特幣需要解決的難題

為了理解比特幣在去中心化面向的魅力，請你問問自己，如果要你負責建立一個系統，能讓互不相識的陌生人，安心地在彼此之間移動數位單元（digital unit），你會怎麼做？少了銀行的集中式存取控制系統，你要如何處理可能面臨的詐騙和「一幣多付」攻擊？誰來維護這些帳戶？誰來檢查餘額並授權交易？做這些工作有錢領嗎？

這些就是比特幣的開創性「配方」需要解決的難題。說明配方的成分及其順序還滿困難的，所以我們就先從大概的結果開始說起吧。想像我在本書前文提過的所有商業銀行與央行的資料中心，銀行的資料中心是私有的，銀行的任務就是按照你的要求對相關帳戶進行修改。現在想像一個完全相反的情況：有座公共資料庫，世界上任何人都可以查看裡面的資料，而且它並非由某一個大型資料中心代管，而是同時存在於許多地方，由一群散居全球各地的技術傭兵代管，並負責進行修改。這只是比特幣基礎設施的一個概略草圖，接下來我們要再加入更多的細節。

在這個開放的資料庫中，你會有一個類似於「帳戶」的東西，稱為公共位址（public address）。這個公共位址採用假名制——它不會直接以你這個人命名，世界上任何人都可以看到它，系統中的任何人都可以向它發送代幣。

如果你想把代幣轉移給其他人，你必須向技術員提出請求。這個程序類似於撰寫一封授權變更的數位信函，然後將它裝進一個密封的數位信封中。在發送之前，它必須被簽署，這時你必須有個私有密鑰，證明你是持有代幣之公共位址的合法所有者。

為了編寫和發送這個訊息給技術員，普通使用者必須下載一個「錢包」，但這個術語有點誤導性，它其實有點像個只有單一用途的電子郵件用戶端，是為了向網路空間發送數位信封而設置的。錢包會透過一個對等式網絡中的電腦，將信封傳遍整個網絡。

技術員們分散在世界各地，等著捕捉這些傳入的數位信封，收到後他們就會把它放入請求對公共資料庫進行修改的待決佇列（pending queue）。技術員的任務是驗證這些請求是否合法，驗證成功後他們就會更新資料庫，以產生實體化的更改，從而將你的代幣轉移到其他人的公共位址，當技術員成功完成任務就可以獎勵自己。

五步驟深入理解比特幣系統的精神

這番描述雖然有用但不準確，我用它來表達比特幣系統的基本精神——或許能勉強讓你理解——但這樣的比喻還是太簡化了。想要獲得更全面的理解，我們必須透過五個步驟來深入了解其中的概念。第一個步驟是描述同步的概念，第二個步驟是描述「區塊鏈」的概念。我將以各自獨立的術語描述它們，因為它們是兩個截然不同的概念，就像魔術方塊上的兩種顏色：各自有自己的邏輯，且彼此不知道對方的存在。但是第三個步驟就需要將前兩個概念弄成一個優雅的組合，再加上最後兩個步驟，即可形成完整的畫面。之後的描述是為非專業的讀者準備的，對於系統中較為精細的細節將略過不談，但即便是如此簡化的描述，依舊非常燒腦。那些看得一頭霧水的讀者，請放心，之後的內容會簡單得多，屆時我們將回頭討論貨幣系統的動能。

第一步：把獨立作業變成同步運作

想像在一座露天劇場裡，有一千名觀察者在看一位舞者跳舞。每位觀察者都有一台筆電，並且打開Excel試算表，舞者的每次移動，觀察者都必須在試算表的一個儲存格中做紀錄——例如：「向左走了一步」。但要讓一千人的描述保持同步其實並不容易，慢舞時觀察者的記錄或許還能保持一致，可隨著舞蹈變得狂熱，大家的描述幾乎一定會出現分歧。一千名觀察者對於所發生的事情，有可能記錄下一千種不同的說法。

這就是「去中心化」的數位系統所面臨的核心問題。比特幣的技術員就像前述比喻中的觀察者，一個觀察者可能住在土耳其，另一個可能住在美國華盛頓州，但他們都在網路空間裡，就像來自不同地方的觀眾，在一座全球大禮堂裡，試圖對代幣的移動做出同步的記錄。

讓數位系統保持同步是許多人都很熟悉的概念，但僅限於小規模的個人層面。例如我的電腦和手機上都有一個很流行的筆記程式叫做Evernote，我可以在我的電腦上寫一個筆記，然後點擊「同步」，就會看到它在我的手機上彈跳出來。這些設備將真實的筆記發送到該公司控制的中央伺服器，該伺服器會在跟它連接的任何設備上複製這些變化。我還可以換成在我的手機上編輯筆記，然後按下「同步」，就會看到新的版本取代電腦上的原始版本。如果我在電腦上編輯筆記，卻忘記按下「同步」，就打算直接從手機上編輯文檔，這樣就會堵塞系統，因為兩個設備互相競爭要求中央系統更新對方。在這種情況下，中央系統會發出警報並建立一個分叉（fork），表示突然出現兩個分歧的版本。如果發生這種情況，Evernote就會催我手動「解決互相衝突的變更」以恢復同步。Evernote的問題，其解決方法相對簡單，因為那兩台設備皆是由我一人控制，所以從本質上講，是我為了儲存在中央系統的紀錄跟自己發生衝突。現在請想像，有個成員數以百萬計的系統，必須仰賴散居世界各地、且未經協調的觀察者來編輯請求，並將這些不是儲存在中央系統的請求轉化為一份同步化的修改紀錄。想也知道這會有多困難，然而分散式區塊鏈系統的魅力就在於，它們有辦法可以做到這一點。

像比特幣這樣的系統，被設計成能將各個觀察者各自獨立的資料庫同步，讓彼此互不相識的觀察者——即之前提過的「技術員」，但在系統中被稱為「礦工」——可以對真實狀況保有相同的紀錄。協定能讓他們達成共識，所以只要我們將他們各自的資料庫疊加（superimpose）起來，就不會出現分歧，彷彿他們原本就只有一座資料庫。回到之前的劇場比喻，想像觀察者同步他們各自的試算表，從而產生了只有一張幽靈試算表盤旋在舞台中央的幻覺。它具有公共性，不受任何某個人的私下更改之影響，即便它是存在於他們各自私有的電腦中。

第二步：合力打造一個時間軸雕塑

雖然我舉的「多個同步的試算表」例子很管用，但從另一個角度來看卻是不準確的。經比特幣系統中每位觀察者同步成一致的那個東西，其實遠比試算表要複雜得多。他們每個人都在打造並試著將之同步的東西，看起來像是一個利用重複針法模式、編織而成的一個極其精密的數位雕塑。所以我們需要用一個新的比喻來說明第二個概念，這個比喻就是時間軸。

今天的我們被時間軸所包圍，當你瀏覽臉書、IG 或推特的頁面時，就會看到你發布在「時間軸」的東西，是按時間順序排列的。同樣地，當你回顧你的 WhatsApp 訊息，也會看到你與其他人互動的時間軸。除了這些數位時間軸，我們還有各式各樣的實體物可以手動排成一條時間軸，例如把孩子嬰兒時期的照片放進相冊裡，把學校的進度報告按順序歸入資料夾裡。

想像你打算為自己建立一個個人檔案，並把所有事物整合成一個巨大的個人時間軸，從你的出生證明開始，按時間順序推進，把每條訊息、內文和照片都放進一個巨大的試算表中，忠實地逐一記錄你人生中的每個交流、事件和貼文。

當我寫這篇文章時，我已經活了一萬三千九百八十九天了，所以如果從我的出生證明開始，然後是我嬰兒期的照片，並以我今天發送的WhatsApp訊息做為結束，我的試算表將會有數十萬個條目。順利的話，這個「布萊特年表」就會像是我人生的數位雕塑，從我還只是個針尖大小的胚胎開始，沿著時間軸向外放射，直到我成年。說不定在我身心俱疲的某個夜晚，正好讀到青少年時期寫的一首爛詩，我覺得非常丟臉，衝動之下便把它從我的布萊特年表中刪除了。我封了這個缺口，但前後的紀錄則文風不動，我只是清除了我的一小段過去。

但要是有個建立布萊特年表的規則，為了防止竄改紀錄，把它變成一條布萊特鏈，情況會是怎樣？想像每當我要添加一個條目時，都必須先把之前的紀錄做成一個縮略圖（thumbnail），並把它加入新添加的條目中（見圖11-1）。我在第一個條目中記錄了我「去海邊玩」，然後我想添加第二個條目「嗑藥」，但我必須先在底角加入前一個條目的縮略圖，才能輸入第二個條目；同樣地，想要添加下一個條目

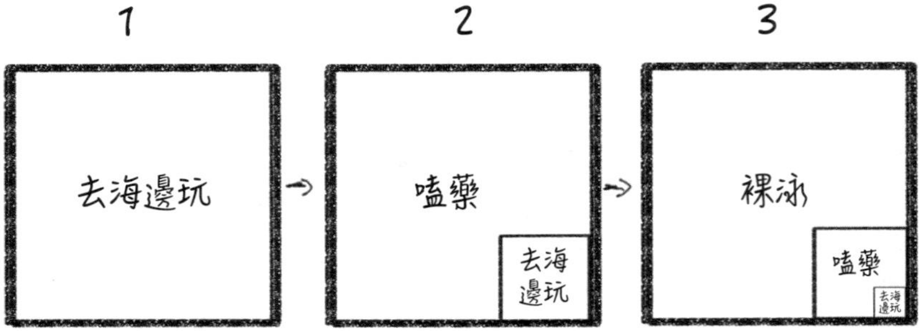

圖 11-1　作者虛構的縮略圖

「裸泳」，我必須加入前一個條目的縮略圖，而該條目本身也包含一個縮略圖。

這只是一個簡化的例子，但縮略圖中包含縮略圖，創造了一種無限的回歸（regress），可以回到最初的起點，每一個新條目中都嵌入了形成該條目的所有回憶。

這樣做創造了一個新的特性。假設幾年後，我打算淨化我的過去，並覺得應該刪除第二個條目，這時我只要聲稱當天我先是「去海邊玩」之後則是「裸泳」。這時我會遇到普通方法做成的布萊特年表中不會遇到的問題：「裸泳」這個條目中，包含了我想要刪除的那個條目的痕跡，在它的底角有一個縮略圖，上面寫著「嗑藥」。檢視這條布萊特鏈的人會看到中間有個裂縫，**任何想要改變過去條目的嘗試，都會因為連鎖反應而造成鏈條的不一致**。這就像電影《回到未來》一樣，**你不可能任意改變過去卻不會影響到現在**。

這個記錄我人生歷程的「布萊特鏈」其實是虛構的，不過我認為它是個用來捕捉區塊鏈精神的好方法。真正的區塊鏈並不是讓我個人用來記錄人生事件，而是由一名觀察者，捕捉人們發出的數位信封並把它們打包，然後讓每個新郵包，都能帶上前一個郵包的縮略圖，再試著把它們織入一個巨大的時間軸上。這麼做的目的是想把這些移動數位代幣的請求，打造成一個數位雕塑。

第三步：把雕塑同步

在前述的布萊特鏈例子中，該鏈是由我個人獨力打造的，如果我真的想改變過去，我可以手動改變每一個縮略圖，來呈現我要的變化（從「裸泳」區塊中刪除「嗑藥」的縮略圖，並重新寫上一個新的縮略圖「去海邊玩」）。如果我是在事發數年後才想這麼做，那將會非常耗時耗工，因為我會有很多縮略圖需要重寫，但我還是可以辦得到。

但想像有個新的布萊特鏈規則：我每添加一個新條目，就會把新作品發給一百個朋友，他們則會把它添加到我的布萊特鏈的備份副本中，跟著我慢慢地平行打造布萊特鏈。如果我現在想回頭改變幾年前的紀錄，我不僅要重寫我自己的布萊特鏈，我還得設法改寫他們擁有的副本。如果我辦不到，他們就會注意到我打算偷改我的過往歷史。

我想用這個例子，讓各位了解如何把個人打造的數位時間軸雕塑，將它們集體同步，從而創造出比兩者都更強大的東西。在我們最初使用的劇場比喻中，觀察者是在簡單的試算表上取得共識，但加密貨幣系統的觀察者卻是在一個錯綜複雜的鏈式時間軸（chained timeline）上取得共識，而該時間軸是由他們每一個人平行建構出來的。說實話，「區塊鏈」的英文原文經常以單數名詞出現，真的很容易讓人困惑，因為它應該是複數的呀。區塊鏈系統是分散式的，但這並不表示「一個數位雕塑被分成數份並保存在不同的地方」；它指的是「**把在不同地方平行建造的許多雕塑同步成一致**」。該同步讓「一個記錄著代幣的發行和轉讓之單一活雕塑，一旦達成共識就不能改變（至少理論上是如此）」的幻想得以成真。

第四步：倒數第二個轉折

我們還需要再對這幅圖做一個修改，因為在我們的比喻中，是舞者先跳舞，然後觀察者試圖在他們的時間軸雕塑中捕捉它。但在比特幣這類系統中，兩者的順序是倒過來的，因為在任何數位代幣系統中，「變化的生成是拜記錄變化這個動作之賜。」想像我們的舞者像個假人般站著不動，但可以向觀察者大聲喊出他的要求，當雙方對於舞者提出的要求達成共識，他便彷彿被附身似的突然被移動了。例如假人大聲問道：「我可以轉一圈嗎？」觀察者們試著把這句話編入他們的新時間軸雕塑中，並在成功後齊聲喊道：「他轉了一圈！」於是舞者便轉了一圈。

這把我們帶回到「信封」的起點。在比特幣系統中，普通使用者有點像那名舞者，在一個數位信封中寫下一個請求，並透過對等式網絡將它發送給觀察者們。在你發送請求後，尚無從開始發生變化，在你等待觀察者們把你提出的變更織入他們的鏈子的這段期間，你的位址也毫無動靜。然後突然間，你看到你的希望實現了，你的代幣移動了。

第五步：最後的轉折

到目前為止，比特幣幽靈看似是這樣的一個系統：由不同的觀察者（礦工）各自打造其數位雕塑，然後同步為一致，以反映出人與人之間的代幣移動蹤跡。但問題是，為什麼這些觀察者願意花時間做這件事。我曾提過比特幣是對銀行系統的雙叉攻擊，但是到目前為止，我只描述了其中一叉——它的去中心化特質——但現在最後一片拼圖將把我們帶到它的第二叉：它要推動代幣的總供應量不能更改。

在銀行系統中，貨幣的創造與貨幣的移動是兩個不同的概念。我們已在第4章中看到，假設某家銀行的放款部門打算發放信貸時，它就會發行籌碼。然後這些籌碼便可以通過它的支付部門在帳戶之間重新分配；支付部門是銀行的一個獨立部門，有獨立的員工。但是在比特幣系統中，代幣的創造和移動被融合到一個操作中；這是因為比特幣系統有個規則，我將它簡述如下：如果一個技術員能夠成功收集到含有請求移動代幣的數位信封，並據此來更新他的數位雕塑，他就有權為自己寫下一定數量的新代幣，並把它添加到他的雕塑中（這個數量最初是五十個，但會隨著時間的推移而逐漸減少）。如果系統中的每個人都達成共識，接受他所更新的雕塑，那麼該技術員就會擁有新的代幣。

但這麼一來便產生了一個新的問題，在建立這個規則時，系統同時創造了一個激勵機制，讓技術員盡可能頻繁地更新其雕塑，而這意味著技術員得到的獎勵數額會瘋狂地擴大。為了反制該情況，比特幣系統故意讓技術員很難更新其雕塑，這就是比特幣惡名昭彰的「工作量證明」系統之由來。

當年，我還在使用 Gmail 的時候，曾啟用它的「酒醉篩檢程式」（現已停用）。它的機制是當我點擊「發送」時，螢幕上會彈出一道數學題，你必須先正確回答才能發送郵件。這個奇怪功能的設計原理，是想防止喝酒醉的人發送出令他們追悔莫及的訊息，所以要減緩他們的速度，讓他們有時間重新考慮並取消發送。這個數學題其實並不難——頂多讓發送過程拖延十秒鐘。但要是我想向一萬人發送垃圾郵件：酒醉篩檢程式會迫使我進行大約二十六小時的計算，用這樣的「工作量證明」來阻礙別人，確實是防止垃圾郵件的一個好辦法。

而比特幣的工作量證明系統，很像一個非常困難的障礙賽，在任何技術員想向世界展示他們的新雕塑之前便會彈出來。比特幣使用了 SHA-256 雜湊演算法（hashing algorithm），它創造了一個比 Gmail 的酒醉篩檢程式困難N倍的難題。事實上，解決這個問題的唯一方法是使用「蠻力」，隨機嘗試數以千計的答案，希望能幸運過關。但它的副作用是技術員們必須花費大量能源。

在比特幣系統中，這一切全是自動化的——他們組建的「挖礦機」（計算能力極強的大型伺服器），會自動完成所有的步驟。如果非要用人類的情況來比喻，當他們收集到一大包數位信封要添加到他們的雕塑中，得費一番工夫才能按下「更新」鍵，彷彿有個力場在排斥他們。最終有個技術員突破重圍，他忍不住發出勝利的歡呼聲，並向其他人發送他的更新版雕塑（裡面包含他為自己打造的新代幣），而其他人必須放棄嘗試並進行同步，然後重新開始這個過程。

這個減緩更新速度的設計，讓礦工們創造新的比特幣當做獎勵的能力被放慢到了極致。正是這種機制使比特幣感覺像是從網路空間中掙脫出來的「物品」——或可說是「礦藏」。艱巨的記錄行為既創造了新的比特幣，也使之前創造的比特幣如蛇行般在長長的記錄行動鏈中蜿蜒前行。

這就是為什麼早期的比特幣愛好者會穿上印有「我們相信數學」口號的襯衫。**就像語言是被說它的人賦予生命，抵制被任何一個人控制的比特幣系統，則是被使用共同協定的人際**

網絡賦予了生命。這個系統一旦被啟動了，感覺系統中沒有任何一個人能控制它，該特性對於下述這些人頗具吸引力：對於有能力改變現實結構的大型機構感到驚恐、幻滅或覺得被背叛的人。這也就是為什麼早期的比特幣聚會，我們會提到用不間斷的行動鏈來貫穿整個時間的。這個新的「加密利維坦」用一套牢不可破的榮譽準則將人們繫連在一起，這樣便不需要榮譽了。過去所有的行動都被紋身於現在，萬物皆有來歷，沒有什麼東西是「憑空創造出來的」。

當貨幣只剩數字

這樣的設計可能引發許多哲學和政治問題，不過我們只需要問一個問題：究竟是個什麼樣的代幣，需要用如此精心設計的程序來創造和移動？比特幣白皮書的副標題是「一種對等式的電子現金系統」，可見中本聰把代幣視為「數位現金」，而且「加密貨幣」一詞也很快被應用。我很早就開始使用比特幣，但我覺得當時的貨幣語言還不夠成熟。就像很多沒沒無聞的電影導演，把自己鮮為人知的作品稱做《地表最強傑作》（冀望它真能成為一部曠世佳作）一樣，代幣的熱愛者也總用貨幣語言來討論代幣，因為他們非常期待有朝一日代幣能真的變成貨幣。許多媒體竟也配合演出，用現在式的狀態來行銷這種未來的憧憬，記者和網紅都把代幣稱為「新的數位貨幣」。

這把我們帶回到我在本章開頭提出的觀點，我們很容易就把寫有數字的可移動物體看成是「錢」，因為我們對於貨幣系統的認知還停留在它表面的數字上。不過我們也能一眼就看出某些寫了數字的東西不是錢：例如一枚用鋁箔紙包裝且鑄有數字「一」的巧克力，雖然它有著硬幣的外裝，但我們知道它其實就只是一塊巧克力罷了。但如果有人向你推銷標有數字且當成貨幣在賣的數位物體呢？這東西並無實體，你看到的就只有數字和它的品牌行銷。

不過當你忽略它的品牌行銷，只盯著刻在比特幣時間軸雕塑上的數字時，怪事便發生了。比如你看到了這個：

1

這個數字是什麼？它指的是某種東西嗎？如果這數字出現在螢幕上，它看起來有點像你在銀行帳戶中看到的數字，但銀行帳戶之所以稱為「帳戶」是有原因的。銀行帳戶中的數字並非憑空出現的數學物件：它們是銀行向你發出的借據之會計紀錄，是有法律支持的。因此當銀行在你的帳戶中「寫入數字」時，該行為不僅賦予你存取此帳戶的權限，也讓銀行承擔了相應的法律責任。這些數字對他們來說是一筆負債，而非他們創造出來並送給自己當做資產的東西（就像咖啡店發行的兌換券對業者來說是一筆負債）。只有發生了世界末日摧毀銀行和整個法律體系這種極端事件，才會令你帳戶中原本能「憑券兌換某某金額」的數字變成純粹的數字，喪失了它在這個世界的權力。

但是在比特幣系統中，數字卻意味著不同的事。它們雖然貌似帳戶裡的東西，但是寫出這些數字的技術員既不是在記會計，這些數字對他們來說也不是負債。他們是在耗費精力後寫出這些數字的——就像我耗費大把精力在瓶蓋上刻下數字「一」，然後說：「這是我發行的貨幣。」但關鍵的區別在於，瓶蓋是一個實體物，它可以跟我刻下的數字區分開來，但是在比特幣系統中沒有實體物，物件和數字是同一回事。

換句話說，**比特幣「代幣」只是寫出來的數字**，**記錄在區塊鏈系統上**，**有點像是個沒有任何東西可以計算的會計系統**。該系統對於可以寫出多少數字做了限制，並允許參與者對它們進行操作：因此當一個五十被創造出來之後，有可能在不同的方向被分成數份，最終存放在比特幣系統中的不同位址。

然而關鍵性的細微差別在於，圍繞著比特幣的社群早已打造出一個獨立的心理層面，且已貼在系統的底層現實之上。**比特幣系統鼓勵參與者想像自己是在移動一種「數位商品」，而不是在移動限量供應的數字**。比特幣社群努力把數字跟金屬的視覺意象聯繫起來，高度依賴比特幣的品牌行銷來做到這一點。這些數字包裹著充滿未來感的金屬「硬幣」意象，並用精心挑選的品牌名稱——比特幣——來強化該形象。這就是為什麼在比特幣的早期，攝影記者急於找到一個實體形象放在新聞報導中，所以紛紛拍攝帶有比特幣標誌的金屬飾品。

不過最重要的或許是，一群推廣者努力傳頌他們為這個想像的「錢幣」創造出來的故事。代幣或許僅僅是數字，但從某個角度來看，它們是「努力」出來的：能源密集型的工作量證明機制，恰可以跟一座金礦（緩慢地向世界輸出黃金）的意象聯繫在一起，而且還可以把它說成是另類的國家概念，就像巫師可以「憑空變出錢來」。

如果寫出「五十」這個數字需要付出大量的努力，而且你只能以固定的次數寫出，就能像變戲法般勾勒出「數位黃金」的心理意象（mental imagery），但它仍然是一個不穩定的形象。想像你去詢問一名奧運選手，是否願意把他們得到的真金牌，換成一面「數位黃金」金牌。即便他們選擇相信圍繞著比特幣數字的神話，但比起真金牌握在手裡的沉甸感，他們恐怕很難對這個想像中的物體感到興奮。

因此，雖然黃金和法定借據都不只是數字，但比特幣還是拚命拉近它與黃金的距離，且盡量跟法定借據形成對比。但這引發了一個新的問題：黃金在現代已經不是貨幣了，而是可以用錢買賣的商品。一個以（空洞的）黃金意象做為基礎的數位代幣，真的能成為替代的貨幣系統嗎？難道它不會像黃金一樣，變成一種具有貨幣價格的收藏品嗎？

對等交易的收藏品

一個國家的經濟體是一個相互依賴的巨大網絡結構，生活在網絡中的人生產的各種商品，都需通過一個共同的貨幣系統。我們很難看到該結構，但我們可以在超市的走道上一窺它的面貌：超市裡販賣著不同公司生產的各種商品，但它們全都貼上相同符號的價格標籤，全都指向一個共同的貨幣網絡。

孩子從小就能在超市裡看到，貨幣和以貨幣定價的所有東西是不一樣的，而貨幣的關鍵標誌是，能讓孩子們聯想到後者。如果你給一個九歲的孩子一張二十英鎊的紙鈔當做零用錢，他可能會想要貨架上的糖果或是一個小玩具。同樣地，孩子的母親在看她的銀行餘額時，心裡想的也是汽油或麥片之類的商品，或是托兒服務。相反地，如果她看到個別商品，思考的角度就會是這個東西的特定效用（「我想知道它能賣多少錢？」），或是從金錢的角度考量（「我能開的車」），她不會從麥片的角度來思考車子的事。同樣地，她也不會從其他貨幣的角度來考慮錢的事，除非她要從英國的英鎊體系跨越地理邊界，進入南非的蘭德體系，在這個體系中，超市會用不同的貨幣符號來為麥片定價。

比特幣擁有一些明顯的特徵，讓我們可以對其進行分類。首先，世界上沒有一家超市的麥片是用比特幣定價的。*這意味著比特幣不是外匯交易市場的參與者。

其次，比特幣已經有了一個價格，標示出有人願意花多少錢來獲得它們（事實上，比特幣的交易量還挺大的，而且這幾年來它的價格一直是媒體和社群媒體討論的熱門話題）。既然比特幣不在外匯市場上交易，這意味著它們是商品，跟數位超市裡的物品並無不同。以下的事實證實了這一點：持有比特幣的人，通常不會聯想到其他商品，只會想到它的轉手價。

第三點，由於比特幣總給人一種商品的意象，使它簡直成了限量版的收藏品，即便它們根本不能像黃金護身符那樣被具體展示。

第四點，由於比特幣並沒有具體可見的主體，而且可以通過數位方式轉移，它們比超市裡的普通物品更容易移動。所以我們不妨把比特幣想成是寫了數字的可移動物品，包裹著貨幣的外殼進行品牌行銷，卻搖身一變成了一個標有貨幣價格的收藏品。**比特幣並未直接挑戰貨幣體系，但肯定借助了貨幣體系的形象，並通過所謂的對等交易（countertrade）跟貨幣整合在一起**。

對等交易是交換有貨幣標價的商品之過程。想像我想把一件商品拿到超市退貨，我可以要求退款，或是要求把它換成等價的東西。在這種情況下，你可能會看到我交出舊的東西，得到新的東西，這種行為從表面上看起來像是我在用退貨「買」新貨。但這其實只是一種幻覺，原本我可以從收銀員那裡拿回退款，然後再付錢向他們購買新的東西，但現在我只是用一個動作取消兩個互相抵消的貨幣運動。這種讓以貨幣計價的物品相互「結清」的過程，各地的說法不一，但正式的術語叫「對等交易」。

當我們把整個經濟想像成一間巨大的超市時，對等交易就會以一種更複雜的形式出現。某人持有一件商品，他並未把它賣掉，並用賣得的錢去買新的東西，而是在兩個貨幣價格的指導下與別人交換此物。所有用比特幣「買」東西的行為都叫對等交易。某人拿著一個可移動的數位收藏品，用它換取等價的東西。現在這種行為發生最多的地方是美元化的薩爾瓦

* 薩爾瓦多的情況請看本章末文的說明。

多，該國一位熱中於比特幣的總統在二〇二一年推動立法，強迫商家接受加密代幣。這導致一些人認為，現在薩爾瓦多的商店裡，商品是以比特幣來定價的。

然而薩爾瓦多商店裡一盒看似用「比特幣」定價的麥片，實是按美元定價的，而其價格是透過比特幣的對等交易比率折射出來的，所以價格才會隨著比特幣兌美元的價格而不斷變化。你上薩爾瓦多的餐廳吃飯，顯示在帳單上的所謂「比特幣價格」，在一頓飯的時間內有可能變化了四十次，但其美元價格不會改變。這就像一面鏡子會給它反射的東西生出一個形象，但你卻看不見它的玻璃，一個用美元計價且有著貨幣外觀但是看不見的收藏品，很容易讓人感覺它「像錢」，並使人們想像自己是用比特幣來「買」晚餐（但實際上是用美元價格買的）。

當你用交換的方式取得超市的商品時，你並非在對抗貨幣系統。同樣地，當你用網路收藏品進行對等交易時，你也不是在擾亂全球貨幣秩序。儘管如此，如果比特幣真的造成人們大量使用對等交易時——過去這種作法一直遭到限制——肯定會對我們現有貨幣體系的表面增加新的紋理，並擾亂現在所採用的標準路徑。我們已在第6章看到，過度取締現金反倒有可能激發出新的地下支付形式，而比特幣的高度「對等交易性」，使它成為該角色的候選人，雖然它很不穩定。

第 **12** 章

網路上的自由之地

二〇一五年，我接受了一部名為《比特幣的福音》（*The Bitcoin Gospel*）的荷蘭紀錄片的採訪，該片報導正在崛起的加密貨幣運動。攝製小組在泰晤士河上的一艘船上對我進行拍攝，當時我們巡遊了倫敦金絲雀碼頭區的銀行摩天大樓。他們本想拍攝我站在這些建築下面，但因整個地區屬於一個私人產業，有自己的保安部隊，根本不允許攝製小組進入。

導演就是在這樣的背景下，問我比特幣是否像一個新的「占領華爾街」運動，引領開放金融體系的新風潮，畢竟比特幣是在二〇一二年「占領」運動式微之後崛起的。雖然我回答：「是的。」但其實我對這個答案有點心虛。因為占領運動的參與者是一個多元化的群體，他們認為國家已經被企業利益所俘虜，必須通過公眾的共同努力一起奪回它，使社會更加平等。相較之下，比特幣的推動者絕大多數是男性，而且他們對於政府的厭惡遠遠超過企業。他們很多人不相信「社會」的概念，反倒比較想要一個由互相競爭的個人所組成的世界。

說實話，**比特幣的場景比「占領華爾街」更為右傾，而且深受親市場派的自由主義之影響**。最強硬的親市場派自由主義者，幾乎把資本主義及其市場奉若神明：祂會獎勵某些人與懲罰另一幫人。自由主義派的比特幣持有者，傾向於將現行的金融體系描繪成腐敗的天主教，政府和銀行這些大型機構互相勾結搞錢，並且扭曲市場的意願。在這種情況下，他們就像新教改革，尋求與市場直接溝通。在政治立場左傾且對利潤持懷疑態度的「占領華爾街」社運人士眼中，比特幣改革者其實只是換了名字的企業資本家，因為兩者都說要尊重市場程序。但這樣的說法就像把發起宗教改革的馬丁．路德，說成跟教皇是大同小異的同類人。

我特意提及宗教意象，是因為在比特幣圈子裡有一種強烈的千禧年主義傾向——相信徹底改造世界已迫在眉睫。跟我一起出現在紀錄片中的自由主義派企業家羅傑．維爾（Roger Ver），甚至因為他的狂熱信仰而獲得「比特幣耶穌」的稱號。維爾充滿激情的演說還暗示了一個「天命昭彰」的故事，在這個故事裡，那些努力實現加密新世界的人將會得到獎勵，並把舊世界拋在後面。

就連比特幣的數量也帶有宗教色彩。它最初的編碼規定，技術員只能產生兩千一百萬枚代幣（這個數字只是隨口說說的，並沒有什麼特殊的依據，它也可能是五萬或一億枚代幣）。如果這些代幣平均分配給全球八十億人，每個人僅能分到〇．〇〇二六枚，但早期的系統發放的獎勵是五十枚代幣（是全球人均配額的一萬八千三百三十三倍），給那個在對的時間擁有對的設備的技術員。伊隆．馬斯克二〇一八年的收入，正好是某人收入為兩萬八千美元的一萬八千三百三十三倍，但他可是創辦了一個版圖遍及全球的大企業才獲得這麼高的待遇。相比之下，早期的比特幣礦工除了讓他們的大電腦運行之外，並不需要做很多事就能獲得多到不成比例的代幣。

前述評比或許有點失之公允。因為正如我們所看到的，比特幣更像是限量版的收藏品，而收藏品的設計從來不奉行平等主義，而是利用它們很難得手的心理結構。但這些收藏品卻有著貨幣的品牌行銷，這表示它們本該是貨幣，可是隨著買賣它們的投機利潤不斷上升，許多比特幣鐵粉（Bitcoiners）放棄了把代幣當做「貨幣」的想法，開始將它們視為買低賣高的投資。這造成了不小的混亂（且一直持續到今天），因為原本的貨幣語言開始與投資語言發生衝突：有些人把收藏品價格上漲稱為「通貨緊縮」，但另一幫人則把它稱為「美元收益」。其他人則忽略認知上的不協調，同時交互使用兩種語言，但這些代幣顯然已經被吸收成為標準貨幣體系內的交易商品了。

然而這些收藏品仍死抱著比特幣是「數位現金」的概念，但這個標籤卻開始對我在世界各地宣揚支持實體現金的行動造成困擾。每當我發表一篇關於必須保護現金系統的文章時，就會遭到加密貨幣支持者的圍剿，他們聲稱比特幣已經解決了這個問題。銀行業和金融技術業正在肆無忌憚地碾壓實體現金系統，而反抗者卻把他們的希望寄託於無法在超市使用的網路代幣上（雖然我們曾在上一章提到，它們可以用於對等交易）。不過說到這一點，免不了會扯出千禧年的故事：它們未來將會成為貨幣。

比特幣收藏品的投機性交易，導致試圖在系統中來回發送交易請求的人數大增，造成系統開始變得堵塞。對於那些仍然想把比特幣當做貨幣的人來說，這並不是個好兆頭。比特幣協定有一群負責更新工作的核心開發人員，所以「比特幣耶穌」羅傑・維爾便要求他們更新協定，來提升交易請求的處理數量，但遭到核心開發者拒絕。羅傑一氣之下在二〇一七年帶著他的追隨者「分叉」出去，並創建了「比特幣現金」（Bitcoin Cash）來打對台，而他也成了比特幣現金的猶大。

「分叉」（forking）*是開放原始碼文化中的一個核心作法。想像你是個涉世未深的青少年，你面前有著各種可能的未來，你在無法取捨的狀態下，以某種方式分裂成兩個獨立的成人版本：他倆有著相同的童年，但沿著不同的道路走向未來，這就是加密貨幣分叉的發生方式。比特幣現金與比特幣共用相同的原始程式碼，並與比特幣區塊鏈一起度過它的成長歲月，但卻從這個共同的過去中分裂出來，在新的品牌名稱下創造一個平行的現實。

* 亦稱衍生或分支，指軟體開發者從一個軟體包拷貝了一份原始程式碼，然後在其上進行獨立的開發，創建不同的軟體。

現金戰爭中的奇怪盟友

羅傑．維爾和他的追隨者主張，比特幣現金才是「正宗」的比特幣，這很像一個聲稱要貫徹一個異端先知的精神而離家出走的教派，卻倒過頭來指責原本的教派迷失了方向。早期的比特幣曾標榜自己等同於數位黃金、數位現金、商業和儲蓄，但現在分裂出去的人馬也來搶奪這些標籤。比特幣的原班人馬聲稱他們是數位黃金和儲蓄（「比特幣是用來囤積的數位黃金」），而比特幣現金這幫人則聲稱他們是現金和商業（「比特幣現金是用於商業交易的數位現金」）。

我們已在第3章提過，**實體現金是我們唯一可以持有的政府貨幣，正常的數位貨幣是私人發行的銀行籌碼**。這使得自由主義者在實體現金問題上陷入左右為難窘境：他們欣賞現金的匿名性，卻不喜歡它的發行者，因此創建一個非由國家發行的「數位現金」，成了吸引人的熱門話題。拜工作之賜，我受邀參加比特幣現金召開的第一場全球大會——由維爾在東京舉辦的「中本聰的願景」活動。不過到場後我才發現，我與他們的意識形態根本不一樣。

我對現金的立場，來自於對金融資本主義的批判，但自由主義者卻把他們對於監視和控制的擔憂，歸結為對「金融社會主義」的批判。會場的廁所牆壁上印有「誰是約翰．高爾？」的字樣——它的典故來自於哲學作家艾茵．蘭德（Ayn Rand）所寫的《阿特拉斯聳肩》（*Atlas Shrugged*），這是保守派自由主義者必讀的一本書。書中的主角高爾是一位傑出的發明創業家，他堅決維護自己的設計拒絕向當局屈服，蘭德將他描述為站在集體型社會主義（collectivist socialist）暴政對立面的一股光輝力量。

政治學的馬蹄鐵理論認為，極左與極右兩派之間的共同點，反倒比他們跟中間派的共同點更多。[1] 這點部分解釋了當初紀錄片製作人問我比特幣和「占領華爾街」運動的問題時，我給出的試探性回答。許多占領者深受左派無政府主義思潮的影響，而無政府主義本身則高度崇尚前國家（pre-state）和前資本主義時期的共有共享團體（communal groups）（例如無政府主義提倡的社區綠化專案、工具共用倡議）。從政治中心分支出來的加密代幣，引起這些左派反國家主義者的注意，他們偶爾會出現在加密代幣的聚會上，與親市場的自由主義者共聚一堂，但後者引入的其實是一種後國家心態（post-state mentality）。

我曾在第10章描述過，國家利維坦如何透過讓陌生人互動，來打破社區團結的必要性。就像父母有可能生下怨恨他們的青少年，這些利維坦也可能催化出崇尚個人主義的世界觀，並轉而怨恨國家。加密派自由主義者抱持反國家主義，他們想要的世界，是由「凡事自己來」的個人企業家組成，而非人際關係緊密的社區綠化專案。

就像青少年幻想離家出走一樣，自由主義者想像出一個不受國家基礎束縛的市場形象，一些自由主義者甚至會將這些幻想付諸行動。例如美國比特幣交易商切德・艾瓦托斯基（Chad Elwartowski）在距離泰國海岸二十五公里的地方建造一個海上住宅，但在泰國政府指控他侵犯主權後被迫逃離。[2]他在自己的臉書頁面上寫道：「我曾有過片刻的自由——說不定還是世界上最自由的人。」海上家園（seasteading）也是中本聰提出的願景之一，一位比特幣現金的發起人曾自豪地向我展示他正在設計的離岸生活艙的照片，他接著告訴我九龍城寨

圖 12-1　九龍城寨 ©Ian Lambot

的故事，這裡曾是香港郊區一座三不管的圍城。在缺乏政府監管的情況下，九龍城寨裡的建築就像長過頭的混凝土藤蔓互相交纏，形成一座迷宮。雖然九龍城寨已在一九九四年被拆除，但他仍將之視為法治區邊緣的人掙脫管制的一個象徵。（見圖12-1）

憧憬加密貨幣的人在想像網路空間的「自由之地」時，腦中浮現的便是這些圖像。我們能否建立一座「網路九龍城寨」，一個讓你可以滑入的平行數位現實？自由主義者科迪．威爾遜（Cody Wilson）就是這樣定義比特幣的，他宣稱「比特幣就像他們擔心的那樣，是一種選擇離開的方式。世上有個趨近完美的系統，正好趕上我們消失的時候，所以就讓黑暗降臨吧。」[3]

科迪是在推廣一個名為黑暗錢包的比特幣專案（現已停用）時發表該聲明，他借用了與暗網有關的黑市意象。電駭叛客的目標（在第10章討論過），是利用網路基礎設施建立影子網路，許多加密貨幣推廣者也借用了該「暗網」意象，想營造出地下反叛者的願景（即便他們分裂成敵對派別，例如比特幣現金社區）。這種影子網路經濟有一部分是真的——加密代幣確實在真正的暗網市場上進行對等交易——但也有一部分是神話：這個故事為代幣增添了刺激和吸引力，但是在大多數情況下，這些代幣被生活在主流企業資本主義社會中的人們當成收藏品。

後面這個因素或許可以說明為什麼加密貨幣社區絕大多數是男性的天下，因為這種交易給人一種粗獷的英雄個人主義的形象，對那些做著正常白天班工作的男性來說是很有吸引力的。所以利用該特點推出的數位收藏品，可能相當有利可圖，這意味著派系主義（factionalism）現在已兼具商業和政治色彩。在比特幣之後出現了數百種「替代幣」，全都是「舊瓶裝新酒」的比特幣複製品；例如萊特幣（Litecoin）、點點幣（Peercoin）或狗狗幣（Dogecoin），都是發行一套限量版的編號代幣，以維持相同的基本收藏品結構，只是修改了標識、數量、機制或隱私性。如今網路空間充斥著無數以美元出售的加密代幣。在這第一波出現的系統中，有許多應被視為是對概念驗證的倡議（這些倡議讓其發起人賺了一大票），不過它們確實為更複雜的迭代鋪了路，我們就來討論吧。

升級版的網路九龍城寨——井然有序的烏托邦

想像孩子們在一盒彩色塑膠代幣中翻找，開頭光是五顏六色的代幣本身就能讓他們玩上一陣子，但最終孩子們還是得發揮想像力，例如把代幣想像成「戰場上的坦克車」，才能為遊戲增加樂趣和魅力。加密社區邁向更高層次的第一步看起來有點像這樣，創新者開始思考加密代幣是否可以融合到現實世界的事物中。他們想把數字從名詞用法，升級到當做形容詞來用，以創造出承諾能獲得其本身以外之物的代幣。例如把一個普通的代幣，轉化成能夠換得實體商品的憑證，或是承諾未來能獲得回報的股票。

孩子們只要發揮想像力，隨口把代幣說成是坦克車，它就成了坦克車；但成人的世界可沒這麼簡單，必須有更強大的東西來建立一種持久的連結。光是隨口說說「這枚代幣代表一噸鉑金」，是起不了作用的，除非法院承認該說法。在這種情況下，必須有個寫死（hard-coded）的連結。比如說吧，一把能打開裝滿鉑金之儲存室的鑰匙。鑰匙本身並不儲存任何東西，但少了它就無法接觸到儲存室裡的鉑金，所以它跟鉑金是有關聯的。轉移鑰匙就能轉移該存取權限，因此人們可以稱它是一把「有鉑金支持」的鑰匙。加密工程師們所面臨的新挑戰，就是把他們的代幣變成對於現實世界中的事物具有存取權限的數位密鑰。

但加密貨幣若想成為取代主流銀行的去中心化替代方案，就不能只是一個單向的代幣轉移系統。交易的雙方各自有其必須履行的責任，而這正是傳統的利維坦得以蓬勃發展的地方。如果我還沒付錢給店主之前便帶著貨物逃跑，他們會派員警來追捕我，以舊的九龍城寨來說，如果你傷害了被他們保護的人，你可能會被幫派老大槍殺。同樣地，即便像亞馬遜這樣的網路巨頭，也有仲裁系統來確保交易順利進行。但是在加密貨幣領域，如果對方在你轉讓代幣時並未履行他的承諾，你並沒有加密貨幣警察（或幫派）可以求助。加密貨幣系統必須有一種方法來處理多步驟流程，例如「發送代幣並接收貨物」、「如果工作完成就發送代幣」或是「向發送代幣的人授予白金代幣」。

截至目前為止，最吸引人的願景是由比特幣王冠的另一個競爭者提供的。我是在二〇一四年底第一次見到以太坊的幕後團隊，當時是該網路推出前的六個月，地點是倫敦的一個高檔公寓。當時兩位工程師正在餐廳的白板上演算數學公式，另一位工程師則隨口聊起政府是「過時的作業系統」。**區塊鏈技術需要用到工程師認真解決問題的心態，還可以滿足對政治目的的渴望**。那些建立以太坊的加密貨幣工程師，開始把世界看成是一座巨大的社會機器，被錯誤的政治零件、不精準的振興經濟措施卡住。

只要有了一套正確編碼的契約，再加上正確的獎勵，一座升級版的「網路九龍城寨」就會出現。但他們想要的並不是一座骯髒的網路圍城；相反地，他們尋求的是一個秩序井然的烏托邦，由「加密經濟學」指導規範。**加密經濟學想用賽局理論設計出一個系統，不論你是想對它搞破壞，或是做任何不當行為，結果皆是無利可圖的**。

以太坊將其關鍵希望繫於數位自動販賣機。當你放入硬幣後，自動販賣機並不會大喊

「再見了，傻瓜！」然後就溜之大吉，而是經過精良的程式設計，在你履行你的交易部分時，它就會啟動並遵守一份市場契約。在一個無法無天的世界裡，一家商店可能會被搶劫，但裝甲自動販賣機仍然可以做生意。以太坊系統的關鍵創新在於，讓人們可以在其網路上編碼和部署相當於裝甲的數位自動販賣機，並給這些機器自己的位址，以便它們可以以代理人的身分，在系統上與人類做生意。

在以太坊系統中，前述這些情況統稱為「智慧合約」（smart contracts），這個名詞是由密碼學家尼克．薩博（Nick Szabo）在一九九四年率先使用，用自動販賣機的比喻來描述這個概念也是他的傑作。[4] 如果說普通的自動販賣機是由機械零件組成的，那麼數位自動販賣機則是用代碼寫出來的。以太坊有一種代幣叫做以太幣，可以用來啟動這些數位機器。關於這一點，請想像有座主題公園，它只接受公園管理階層發行的代幣，而以太坊網路就像一座數位主題公園，其裝置被校準為接受原生的以太坊代幣。就像你可以給一台飲料販賣機編寫程式碼：「如果一英鎊放在你的插槽裡，就釋出一罐可口可樂。」你也可以給這些數位機器編碼說：「如果你的加密貨幣位址收到一個以太幣，就釋出五個股份的代幣到發送以太幣的位址。」

以太幣就像比特幣一樣，有一個技術員網絡，專門接收並實現那些有位址的人（包括自動販賣機）提出的請求。但這是一個更複雜的過程，因為在啟動後，許多數位機器必須做很多計算，它們就像在網路上等著被啟動的小程式。

以太坊團隊從一開始就是由一位超凡脫俗名叫維塔利克・布特林（Vitalik Buterin）的俄裔加拿大籍程式設計師領導。最初是通過「預售」以太幣籌募到大量資金——就像為一座尚未建成的主題公園出售其代幣一樣——而得以雇請人員來建設基礎架構，並於二〇一五年推出。人們可以在這套新系統上投射他們對未來替代網絡經濟的願景。支持者們想像著把智慧合約組合在一起，創造出更複雜的去中心化自治組織（DAO），而這些DAO可以反過來成為矽谷平台的替代品，由網絡空間公民發送的以太幣來觸發行動。

事實上，許多源自矽谷的驚人想法，在這些圈子裡找到了出路。有些人想像你必須從數位自動販賣機購買數位鑰匙，否則汽車無法被啟動。或是透過網絡空間發送信號，從遠端讓汽車停下來（就像老式的公共電話機會在你的餘額用完後自動切斷通話）。還有人想像經營專跑高速公路的自動駕駛汽車車隊，人們可以使用網路代幣通過DAO租車。

當然也有比較實在的設想，據說區塊鏈平台是「不需信任的」，這意味著人們不須獲得信任就能讓系統工作。**對於技術人員來說，這是個務實的問題，而非意識形態問題：即使他們相信九九%的人在本質上是好的，但是在一個由一千萬人組成的無臉網絡中，只要出現一**

個不懷好意的人就能把事情搞垮。所以設計出不受使用者影響的系統對他們很有吸引力。在艱困環境中工作的開發專業人員也抱持同樣的願景，在那些地方分散式的基礎設施可能比集中式的更有彈性。因此人道主義援助圈子裡的人開始探索區塊鏈，我為聯合國人道主義事務協調辦公室（UNOCHA）、聯合國社會發展研究所（UNRISD）、國際特赦組織，以及聯合國環境規劃署的調查提供了意見。

很快地，幾乎每個主要的非政府組織都對此頗感興趣，氣候變遷組織舉辦了區塊鏈黑客松，而人道救援組織則想知道區塊鏈技術是否可用於食物券的分發，他們擬議的用途包括：追蹤貨物在供應鏈中的流動狀況，打擊血鑽石，以及記錄碳信用。這類團體對於核心加密圈子裡流傳的邊緣政治理念不感興趣，他們是務實的政治中間派，只想尋找新的方法來完成他們的工作。馬蹄鐵兜了個大圈又回到了原點。

去中心化的治國之道，造成分叉

到了二〇一六年，以太坊社區也分裂成兩派：持有閒置代幣並進行投機的人，以及負責修補各種假想專案的技術創業家或研究人員。閒置代幣持有者和活躍的企業家之間的分叉，為金融創造了一個完美的機會。二〇一六年五月，一個名為「DAO」的新倡議被推出，做為以太坊網絡上的一個數位金融自動販賣機。它的目的是收集投資者的以太幣，把它們集中起來，並授予貢獻者投票權，以決定哪些企業家應該得到資助（幾乎像一個分散式的共同基金）。這是個令人困惑的名稱，因為DAO在加密貨幣圈裡是一個廣泛的概念，把一個倡議稱為「DAO」，就像一個投資基金自稱為公司（而非貝萊德）。儘管如此，倡議創始人還是邀請了維塔利克·布特林和以太坊社區的其他主要人物加入他們的董事會。這番炒作奏效了，該實體在短短十五天內，就從超過一萬名貢獻者那裡收集到價值超過一億美元的以太幣。

DAO的建構者毫不掩飾他們的狂妄，聲稱其創造「無處無所不在」，並將單憑「無法阻擋的代碼之鋼鐵意志來運作」。第一種說法指的是黑暗市場領域，要理解第二種說法，必須要注意到，由加密工程師運用加密經濟學所設計的編碼智慧合約系統，是從「代碼就是法律」的說法中獲得權威（因為他們沒有法院可以依靠）。

區分什麼是合法的，以及什麼是能做的，是常見的事，所以執法機構尋求把能做的事控制在合法的範圍內。但是像「限速」這樣的術語，它既有法律意義，也有物理上的意義。法定的速度限制可能是每小時一百公里，但世界上速度最快的汽車，其物理的速度極限可能高達每小時五〇四公里。違反前者有可能違反人類制定的法律，但違反後者則是違反自然法則。密碼系統借用的是後面這個意象，聲稱它受到「牢不可破」的力量所支配。所以不需要人類警察的執法，因為無法阻擋的代碼就像物理學一樣，本身集法律和警察於一身。

但是一個月後，我就看到這個號稱「牢不可破」的物理學被打破了。當時，我在布魯塞爾的一家餐館裡，站在一位知名的以太坊開發者身後，看著他在一張廢紙上勾勒出一幅圖表。他正在詳細說明一個改變以太坊代碼的緊急計畫，以修復剛剛發生的一次重大駭客攻擊。一名流氓駭客想出了如何迷惑金融自動販賣機的方法，讓他們盜領出價值數千萬美元的以太幣。

如果犯罪者僥倖逃脫，即可掌控為數可觀的「贓款」，但如果以太坊開發者試圖干預，便戳破了他們單憑「無法阻擋的代碼」即可管理系統的大話。DAO的數千名投資者，剛得知他們的投資金額驟減為零，根本無法接受「代碼就是法律」的屁話，更無法接受利用巧妙手法偷走他們所有代幣的駭客竟是個合法玩家的說法。他們感覺到「法律條文」（代碼）並不符合「法律精神」，所以必須把前者調整到與後者保持一致。然而這項要求與加密平台的政治意識形態背道而馳，加密平台的成立就是為了逃避腐敗和愛管閒事的政客——傳統上就是這幫人帶頭提出指控並要求改變法律的。

到最後，表面上看似無法阻擋的代碼，還是讓位給現實世界中撼動不了的人類政治。以太坊團隊發布了一個系統更新，旨在消除以太坊歷史中的一個片段，讓駭客盜幣事件像是從未發生過一樣。但要像這樣「回到過去」，必須說服技術員接受這個改變。這是去中心化網絡的一次治國之道練習，但也造成一群反叛者的出走，他們分叉出去創造了一個新的版本，稱為以太坊經典；但這裡同樣發生駭客事件，而且無法阻擋的代碼力量一樣占了上風。現在兩邊的支持者也出現宗派鬥爭，就跟比特幣的不同分叉之間的情況一樣。我講這個故事，是因為它打趴了區塊鏈領域裡的許多天真想法，並開啟了對去中心化治理領域的研究，思考在沒有公開的中央權威之情況下，不同的群體該如何做出決策。現在這個領域很夯，做了很多實驗。

政經大熔爐的金融靈性革命

我講的這些故事皆來自區塊鏈運動的內部圈子，但現在大多數公眾皆已透過媒體，得知加密市場中流傳的各種熱潮，而這些熱潮又從媒體傳回到加密市場。例如二〇一七年出現的「首次代幣發行」（ICO）熱潮，這個詞源自「首次公開發行」（IPO），該金融術語是用來描述公司在證券市場上發行股票來籌集資金的過程。但場景一移到加密市場，卻變成許多投機取巧的加密企業家，爭相設立各種數位自動販賣機，販售將用於建立未來系統的代幣，海撈了大量資金。結果以太坊變成一個無法無天的股票市場，許多無約束力的代幣魚目混珠偽裝成股票。我知道有很多人靠著從未實現的東西騙得數百萬美元，它的典型手法是先炒作，然後籌資，接著搞個專案做一年，最後悄悄地拿錢走人（通常是先在推特上活躍發文，然後逐漸淡出，最終銷聲匿跡）。

不過在這些醜聞和詐騙事件之間，一直有個不可否認的運動正在形成。比特幣和以太坊現在被視為有待改進的現任者，加密技術的無政府主義已遍地開花，伴隨的是政治願景的擴散。這些新崛起的平台為政治極端分子提供了家園，大衛・古倫比亞（David Golumbia）教授即在《比特幣的政治：右翼極端主義的軟體》（*The Politics of Bitcoin: Software as Right-Wing Extremism*）一書中指出，**加密技術結合了自由主義經濟學和極右派民粹主義**。

事實上，曾擔任川普顧問的史蒂夫・班農（Steve Bannon）便認為，比特幣是推動「全球民粹主義叛亂」的一種手段。[5] 這個場景的底層還充斥著反猶太主義與反女權主義，我曾在維也納的一次加密貨幣聚會上，遇到一個徹頭徹尾的新納粹分子，公開鼓吹優生學，而一群男人則圍坐一旁聽他大放厥詞。我還曾跟一個堅持種族主義觀點的比特幣現金核心開發者打過架。另類右派中最右的「新反動主義」（neo-reactionary）*理論家暨電腦科學家柯提斯・亞文（Curtis Yarvin）則推出一個名為Urbit的加密作業系統專案。

一些極右派人士透過區塊鏈把奇點故事（請參閱第9章）扭曲成一個虛無主義的哥德式願景，是個將吞噬所有人的機器系統（就像電影《駭客任務》的情節）。幸好也有比較光明的一面，一些新薩滿教徒和迷幻藥社區，正努力推動一些較溫柔且更生物性的願景——他們聲稱區塊鏈乃是大地之母蓋婭。

紐約的Assemblage是個菁英人士喜歡齊聚一堂的工作空間，這裡每天都供應素食自助餐，吸引不少能言善道的新世紀社會企業家，在這裡討論意識和靈性之類的話題。某次，我在這裡看到一名身穿民族服裝的金融交易員盤腿而坐，臉上露出幸福的微笑，與人談論用區塊鏈進行一場金融靈性革命的可能性。誠如馬蹄鐵政治理論所述，當極右派與嬉皮思想融合時，這些極點（poles）就會相遇，反之亦然。

PayPal的創辦人彼得・提爾的創投基金，就投資了Urbit、迷幻藥公司，以及一家比特幣採礦公司，該公司聲稱比特幣將透過消耗大量能源來幫忙解決氣候變遷問題，那就拜託他們去搞清楚吧。

目前仍有不少團體想打造自家版本的網路九龍城寨，其中包括迄今尚未引起我們注意的那幫人——銀行業。要說這世上有什麼東西能引起銀行業的興趣，那肯定是人們發財了這件事；銀行家們注意到，一大票加密企業家透過滿足各種人對理想主義的想像，成功賺進很多錢，而且是正常的錢；所以說不定銀行家也該試試販賣網路九龍城寨願景這門生意？

* 反民主、反平等主義。

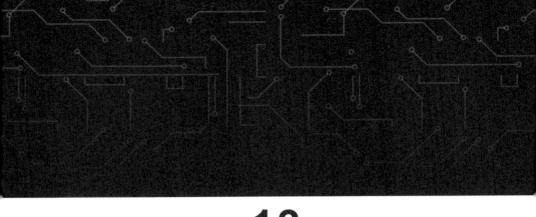

第 13 章

掠奪者反被掠奪

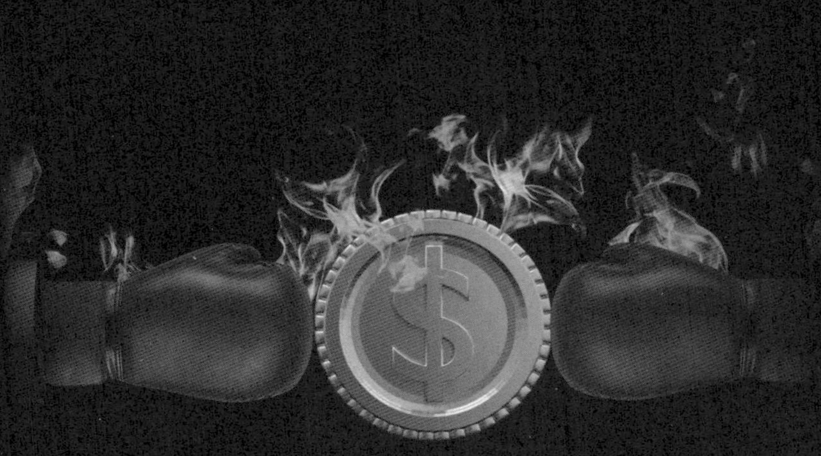

哈薩克的首都阿斯坦納，聳立在北部的哈薩克大草原中。這片草原自古以來便與馳騁在古代絲路貿易路線的游牧民族斯基泰人、哥薩克人和蒙古人齊名。但是阿斯坦納的繁華景觀，在這片荒涼的草原上顯得很突兀。這座城市是在精心規劃下、自一九九〇年代初期從零開始建設的，所以帶著一種用預製組件拼裝而成的感覺，彷彿隨時可以拆解並放在馬背上運走。（見圖13-1）

這座新城市是哈薩克當時的強人總統努爾蘇丹・納札爾巴耶夫（Nursultan Nazarbayev）的個人專案，他把大量的石油收入用來建設此城。哈薩克政府最新的計畫是建立新的阿斯坦納國際金融中心（AIFC），想要做為全球金融企業和金融技術新創公司的中心。納札爾巴耶夫現在是AIFC的主席，他主持的金融管理委員會，成

圖 13-1　哈薩克首都阿斯坦納

員皆是來自摩根大通、花旗集團和俄羅斯聯邦儲蓄銀行的金融家。這堪稱是國家權力和全球金融交會的一個完美象徵。

二〇一七年我受到幾位同事的邀請，一起參加阿斯坦納的世界博覽會（他們想利用這個機會自薦成為AIFC的顧問）。在去程的飛機上，我看了一部哈薩克的喜劇電影，講述一名破產的酒店經理，想要幫助他那些沒見過世面的粗鄙親戚離開鄉下，到他工作的城市酒店——那裡有很多外國商人投宿——來當員工的無奈經歷。這部電影以喜劇的方式呈現出，哈薩克的傳統游牧主義，與國營石油公司和金融巨擘組成的新世界之間的對決。

穩定的國家主義（settled statism）和充滿活力的游牧主義之間的緊張關係，是個存在已久的老問題，而且在世界各地都可以看到。美國的政治人類學家詹姆斯·斯科特（James C. Scott）即在他的著作《不被統治的藝術》（*The Art of Not Being Governed: An Anarchist History of Upland Southeast Asia*）中指出，東南亞歷來一直出現兩種心態之間的鬥爭。第一種心態出現在山谷中，那裡的定居型農業讓商業得以穩定發展，並形成定居城市，最終組成階層式國家。第二種心態則來自於較惡劣的環境，例如山區和沙漠，那些國家無法染指的窮山惡水，則會形成非階層式的半游牧群體。兩種體制並存能為人民提供一個政治出口（political exit）——如果人們不喜歡以國家為中心的生活，可以出走並前往非國家的領域裡生活，偶爾還可以從那裡對國家統治的地區進行掠奪。

站在阿斯坦納的市郊，人們便能聯想起那些擁有政治出口的舊時光：城市突然結束了，取而代之的是一望無際的平原，讓人可以隱身其中不被發現。當加密貨幣推廣者談論大規模退出國家主義、前往區塊鏈技術提供的數位「平原」時，他們想要喚起的就是這種感覺。網路上最惡名昭彰的黑暗市場網站之一取名「絲路」，想必就是利用了這一意象，它的後繼者開放市集（OpenBazaar）可能也是如此。

但掠奪其實是可以雙向進行的，從前人多勢眾的國家會向人煙稀少的非國家地區發起遠征，以捕獲奴隸。抑或花錢收買一群人讓他們互相襲擊，或是雇用他們為傭兵。給海盜安排一些小職位便可加以安撫，這種**「招安海盜」的作法近年來在加密貨幣世界已變得司空見慣**。我在阿斯坦納世博會的會場裡，看到一名來自德州的區塊鏈顧問，正在向觀眾席上的哈薩克石油公司主管們介紹相關技術。他來自ConsenSys，這是一家位於紐約的公司，專門為銀行等企業建立「私人區塊鏈」系統。這就是「海盜」在向他們的敵人，出售其獨門技術的私有化版本。且讓我帶領各位去搞清楚，這種企業逐步接管加密貨幣的情況是如何形成的，以及區塊鏈技術如何加強（而非削弱）企業的寡頭壟斷。

既能寡頭壟斷，也能同業聯盟

早期的區塊鏈社區裡確實暗藏著反文化的潮流，但正如我在上一章所詳述的，許多加密貨幣愛好者在政治上屬於保守派，而且往往是親商的（pro-business）而非反商。其實打從一開始，加密貨幣大會就很像政商人士雲集的大拜拜（networking），到了二〇一六年益加變得商業化，門票和贊助價格都很高。那時加密代幣交易已經成為一種主流活動，高盛等投資銀行非但沒將它視為威脅，反而開始醞釀成立加密貨幣交易部門，幫投資客戶買賣這些收藏品。[1] 主流投資基金也開始對加密代幣一視同仁，將它視為是跟黃金、股票、債券、房地產、稀有藝術品一樣，可以放入投資組合裡的東西。

主流玩家的這種關注，在加密貨幣圈子裡造成了意識形態的不穩定。早些年的時候，加密貨幣創業者自詡為大企業的敵人，但追求利潤乃是自由市場的政治理想，所以後來這些創業者的心裡就很掙扎，如果這些大企業向他們提供有利可圖的合作機會，他們算不算是「賣身」。而我是在參加英國一家主要銀行的區塊鏈大會時，頭一次見識到此事；當時，有幾位區塊鏈創業者獲邀參加，結果他們立馬向在場的銀行家大力推銷自己的倡議。

那情景真的頗具違和感：銀行和加密貨幣反叛者之間，到底有什麼樣的「合作機會」？

況且，如果區塊鏈技術的目的是繞過銀行系統，為什麼加密貨幣創業者會調過頭來向銀行推銷區塊鏈技術？區塊鏈技術不是應該促進「去中心化」嗎？

為了搞懂當時的情況——且現在仍持續發生的事情——我們必須記住，銀行是以寡頭壟斷的方式在運作的，而寡頭壟斷只能算是半集中式的，這意味著它們也是半分散式的。例如英國有五家主要的商業銀行在主導市場，另有五家銀行在爭奪剩下的市場。就像古老的王室為了建立共同陣線而通婚，卻會為了利益而互相暗算，銀行同業間也是半競爭半合作的。他們會為了維持一個共同的寡頭壟斷基礎設施而合作，然後在其中爭奪霸主地位。這跟英超足球也很像，英超足球靠的是二十支球隊之間的合作，以及在其中競爭高下。這些系統從一個角度看是集中的，但從另一個角度來看卻是分散的，因此它們組成的並非一個團結一致的組織。

就像英超足球俱樂部為了安排比賽和促進交易（例如交換球員），必須進行密切的對話，銀行則是聚集在「銀行間市場」進行幕後的批發交易；然後交由後台團隊來檢查自家的紀錄是否跟有業務往來的同行一樣，並結清彼此之間尚未結算的請求。這些銀行間市場依賴一系列獨立的 IT 系統，它們是由不同的銀行運行，並由人工團隊使其同步。

這與區塊鏈技術有什麼關係？我曾在第十一章提過，區塊鏈系統的設計，是為了將各自獨立的系統同步化，所以只要稍加變更，相同技術的客製化版本，就可以用來將銀行的這些獨立IT系統同步化。這就像英超聯賽延攬某個業餘聯賽使用的基層協調技術。**大企業可以掠奪區塊鏈技術的支架，用來協調他們的同業聯盟和寡頭壟斷。**

這就是導致人們對「私有區塊鏈」、「企業區塊鏈」和「集團區塊鏈」興趣大增的原因。創建上述系統必須放棄開放區塊鏈系統中，在企業領域裡非必要或不想要的功能，並以「分散式帳本技術」（DLT）這個名稱來稱呼這些被淡化的系統。這個新名詞成了主流金融技術界的一個熱門流行語，我們業已看到那些面對客戶的員工，是如何被應用程式自動取代，以及幕後的金融專業人士，是如何被人工智慧所取代（或增強）的。新的技術領域將用DLT把負責協調跨行業務的後勤人員自動化，因為他們耗費大量的人事成本，卻沒能為銀行產生大量的利潤。

DLT是銀行業推動自動化的下一步，只不過這次銀行感興趣的是對業內合作過程的自動化。金融業內的各路人馬紛紛加入，想為任何形式的銀行間協調——例如證券化、銀行聯貸（多家銀行集體提供一筆貸款）——建立「區塊鏈」解決方案。[2]有一群銀行支持用一個名為R3的倡議，來建立這種基礎設施，但隨後又出現了許多其他集體專案，例如超級帳本（Hyperledger）。它的主席是布萊絲・馬斯特（Blythe Masters），她曾是摩根大通的高級交易員，因開創了信用違約互換市場（放大了二〇〇八年的全球金融危機）而聞名。摩根大通的一個團隊搶了以太坊的原始程式碼，用來建立了名為Quorum的自家DLT系統。[3]

現在不僅許多加密貨幣開發人員兼職擔任這些專案的顧問，而且銀行家贊助和受邀參加區塊鏈活動也變得稀鬆平常。雖然布萊絲·馬斯特上台演講時，強硬派的無政府資本主義者（參見上一章）可能會嘟囔幾聲以示不滿，但這就像街貓可能會對路過的老虎齜牙咧嘴，但其實心中卻是暗藏敬畏——畢竟人家可是替摩根大通賺進很多錢的著名交易員，來自這種超級明星的關注就是一種認可。

媒體有時也會報導這場政變，彷彿它是加密貨幣反叛者的勝利，又彷彿銀行已認同這個新的去中心化世界，而非掠奪它，銀行也樂於配合演出以獲得免費的宣傳。這種遊戲現在幾乎延伸到了所有的巨型公司，我們在第1章提及的複雜網絡，所有大企業都是其中的一部分，做為寡頭壟斷企業，其跨國供應鏈必須協調和合作。微軟的Azure雲端計算部門，讓企業能在微軟的資料中心之內，運行他們之間的「聯合集團區塊鏈」。微軟是企業以太坊聯盟（Enterprise Ethereum Alliance）的成員，該聯盟的成立是為了建立一個方便企業使用的無政府協定，稱為企業以太坊。那位在哈薩克世博會向石油公司推銷技術的德州佬也隸屬這個聯盟。

獲利機會的爆炸使區塊鏈領域變得複雜且支離破碎，根本分不清是誰掠奪了誰：是企業界「接管」了加密貨幣，還是加密貨幣接管了企業界？對於公眾來說，這些區別正變得模糊不清。例如加密代幣的主要交易平台 Coinbase，是在中心化的納斯達克證券交易所上市的，但它的業務卻是推動去中心化收藏品的交易。與此同時，納斯達克宣布與 R3——私營的企業區塊鏈聯合集團——合作，幫助它建立 DLT 基礎設施，以便它能為其企業合作夥伴提供服務。[4]

還有一些模糊不清的混合區（hybridisation）正在發生，但最模糊不清的或許是新興的「穩定幣」世界。這些東西在我們關於貨幣體系之未來的辯論中，正變得十分重要，且將以意想不到的方式擾亂該體系。

穩定幣：去中心化，卻有中心系統支持

我在第4章說明了，銀行如何拿走我們的國家貨幣，並向我們發放他們發行的數位籌碼。而 PayPal 則是拿走你的銀行籌碼，並向你發放 PayPal 發行籌碼。所以你的 PayPal 帳戶

中的「美元」，其實已經是第三級的籌碼了，它承諾給你銀行發行的第二級籌碼，銀行則承諾給你聯準會發行的貨真價實之美國政府美元。PayPal的籌碼被稱為「美元」，是因為它們的發行者承諾將它們兌換成貨幣鏈上位階較低的「高能」美元，從而將它們繫連在美元系統的核心深處。

區塊鏈網路也有樣學樣，推出類似於PayPal發行的第三級籌碼，一家名叫泰達（Tether）的加密貨幣公司，在二〇一四年開始跟PayPal一樣，從人們那裡取走銀行資金（他們在美國富國銀行的支持下，把這些資金存放在台灣的銀行帳戶中），並發給他們屬於第三級籌碼的加密代幣。泰達幣是一種由銀行美元支持的「加密美元」，部分由聯準會發行的國家發行美元支持。

這些去中心化銀行美元的承諾，後來被稱為穩定幣。名稱中之所以有個「幣」字，是為了令人聯想到比特幣的概念——從而強調去中心化——但加上「穩定」二字未免太有意思了。**穩定幣之所以是穩定的，是因為它只是正常貨幣系統的一個延伸**。我們所說的貨幣，大多是指銀行或企業發行的借據，泰達幣即是在該原則下發行的變種（variation）加密貨幣。

泰達公司是由布洛克·皮爾斯（Brock Pierce）等人創立，他是一位極富魅力的連續創業者（曾是一九九〇年代《野鴨變鳳凰》（*Mighty Ducks*）系列電影中的童星）。皮爾斯早期曾靠著交易《魔獸世界》等網路遊戲幣，賺進了數百萬美元（是與史蒂夫・班農合作開發的），後來搖身一變成為嬉皮自由主義的加密貨幣大師。並於二〇一七年開始在波多黎各打造一個加密烏托邦——Puertopia，他為該島描繪了一幅迷人的圖畫，未來想讓它成為環遊世界享樂的加密富豪們的低稅遊樂場。

不過後來泰達陷入爭議，因為它的後台老闆們經營的另一家加密貨幣公司，在一次重大駭客攻擊中損失了數百萬，據說他們為了彌補這些損失，竟然掏空了泰達的銀行儲備金，這導致泰達幣在一段時間內有一部分是「沒擔保的」（unbacked）。[5] 這場爭議導致富國銀行在二〇一七年向台灣的銀行施壓，要求他們拋棄泰達公司，於是皮爾斯在波多黎各設立了一家銀行，做為泰達公司的備份，好讓泰達可以移動它的美元儲備金。[6] 從那時起，這個故事經歷了多次的迭代（iterations），但泰達公司的加密貨幣照舊自由流通，即便支持泰達幣的銀行美元，早已被轉移到不同地點的不同銀行。在我撰寫本文時，世界上有價值約六百九十億美元的泰達幣在流通，這意味著該公司的銀行帳戶中（應當）有六百九十億美元，無論這些帳戶目前在哪裡。

穩定幣的早期迭代，可說是加密貨幣海盜對法定貨幣世界的掠奪，但是到了二〇一八年，許多別的公司開始加入該業務，並使加密貨幣成為主流。例如主要的加密貨幣公司

Circle 便延用 PayPal 的商業模式，收下你的銀行資金（以及你本可獲得的利息），然後透過以太坊的智慧合約，發給你它們發行的美元穩定幣（USD Coin）做為回報。[7] 至於其他穩定幣，例如 DAI，有個更先進的機制，它把自己跟美元掛鉤，讓他們的代幣能模仿美元，卻不必跟銀行有直接的關聯。從鬥垮現金的角度來看，這些穩定幣還真有意思：它們可以當成一種穩定的貨幣形式使用，又可以使用（半）假名，所以它們其實更有資格被稱為「數位現金」，這可把比特幣給比下去了。

但是穩定幣的概念本身，可就沒那麼穩定了，而是可能被別人掠奪的。早些時候我已經說明了企業如何入侵區塊鏈技術，並導致私人 DLT 系統的形成，現在這些系統可以用來實現一個精心控制的半集中式企業穩定幣，它跟集中式的 PayPal 並無二致。此事發生在二〇一九年，是當年最重大的金錢故事之一，且此事迄今仍籠罩著我們。

加入現金戰爭、掠奪穩定幣的科技巨擘

一個美元的承諾是可以被更改品牌的（rebranded）。一枚刻著「凱撒宮」的賭場籌碼，

就是一個被改了品牌的美元承諾，各家企業爭相推出的各種私人品牌的「虛擬貨幣」也是如此。例如亞馬遜允許客戶把美元轉入它的銀行帳戶，然後發給你它發行的亞馬遜幣做為回報，這些亞馬遜幣可以在其平台上當成數位消費券（voucher）使用。更高級的吸金技巧則是在收取多種貨幣的情況下發行這種消費券。例如亞馬遜收到來自十個不同的人、以十種不同的貨幣，轉帳到亞馬遜在十個不同國家的十個不同的銀行帳戶，然後亞馬遜都發給他們數位消費券。該數位消費券其實是由十種不同貨幣支持的，但是亞馬遜卻可以給它一個品牌名稱，例如 GlobalDominationCoin 來假裝它是獨立的。

不過亞馬遜並未這樣做，反倒是臉書搶了頭香。它在二〇一九年對我參與的一個名為 DECODE 的專案展開掠奪，這個專案由歐盟資助，目標是建立公民擁有的數位平台，做為科技巨頭的替代選擇。但任務還未完成，臉書就把我們一個核心技術團隊給挖走了，並雇用他們設計一個稱為 Libra 的東西。從過往的行銷經驗來看，他們會把它當成是一個拯救世界的全球「加密通貨」（cryptocurrency）。

Libra 是迄今為止本書提及的所有趨勢之最高潮。**自這場戰役，臉書明確加入對現金的戰爭，並把國家發行的實體貨幣妖魔化，稱它是阻礙人們發展的過時遺物**；而且還把 Libra 跟普惠金融扯上關係，聲稱這個新系統將幫助那些沒有銀行戶頭的人。它跟金融技術業一樣，大肆吹捧自動化的優點，並宣稱 Libra 會成為一種「加密通貨」，來吸取加密運動中的前衛海盜美學。但它實際上是一個由企業集團控制的私人 DLT 系統，透過瑞士某個非營利協會來運作，該協會擁有各種銀行帳戶來持有各種貨幣。世界各地的人都能把錢轉入這些帳戶，以換取在企業成員控制的私人集團區塊鏈上獲得一個新的 Libra 幣紀錄。Libra 將會是一個企業發行的「穩定幣」，並由全球多家銀行發行的籌碼來支持。

該企業集團的成員，大半都是 Uber 這種等級的矽谷科技巨頭，這些合作夥伴的角色就是同意接受新的 Libra 代幣，這將給其使用者一個持有它的有力理由。我們不妨把這些代幣視為可在多家巨型企業兌現的消費券。但 Uber 本身並不會使用 Libra——因為它必須用實體美元來支付其股東——但它會把從普通人那裡收到的 Libra 帶回協會，並兌換成銀行貨幣，之後 Libra 單位將會被「燒掉」不再流通。

協調該工作的是大衛・馬庫斯（David Marcus），他是 PayPal 的前總裁，後來轉往臉書主掌其 Messenger 即時通訊部門。雖然我們都以為這個 Messenger 是個給朋友發送非正式訊息的地方，但其實數位支付也包含發送訊息。一條發送給桑傑夫的正常臉書訊息可能是：「要一起吃晚餐嗎？」但是同一個訊息發送系統的一個子部分，可以被調整為發送專業的金融訊息：「向桑傑夫轉移一五〇個單元（units）的 Libra。」就算臉書認為它並未單方面控制Libra，但畢竟它控制了世界上最大的一些訊息傳遞系統，例如WhatsApp和Messenger。如果人們打開WhatsApp，看到其中有個寫著「轉移Libra」的頁籤（tab），那麼數以億計的人便可能被引導至這個系統。

臉書為了進一步消除大眾對其商業動機的懷疑，特地邀請一些非政府組織、Kiva之類的小額信貸團體成為它的創始成員，好讓人以為Libra是那些「沒有銀行帳戶者」的人道救生筏。Libra的發言人丹特．德斯帕特（Dante Desparte）舌粲蓮花地講述了他想透過普惠金融，讓數百萬人能實現他們的個人夢想：如果整個世界都能加入一個巨大的系統——而非依靠一些被捆綁在一起的小系統——那麼（現金）帶來的可怕摩擦力威脅將會被徹底擊潰。

一波媒體報導讓Libra往前邁進了一大步，它們紛紛以Libra將「摧毀商業和中央銀行」，或是Libra將成為「全球中央銀行」這樣聳動的說法當做標題。[8] 但此概念是與現實相反的，中央銀行是發行貨幣的機構，而此貨幣則是商業銀行用來發行自家籌碼的準備金。但Libra其實是由銀行籌碼支持的，它是一個以銀行為基礎的三級籌碼系統，絕非銀行背後的中央銀行。Libra想要成為中央銀行，它必須成為貨幣系統的重心（center of gravity），讓銀行能把Libra單元當成準備金（reserves）來支持自己。此舉將讓全球貨幣體系整個逆轉，而這是不會發生的。

如果臉書能憑一己之力把世上所有貨幣的承諾都換成 Libra 品牌，那它肯定會成為某種貨幣強權，至少在心理層面上是如此。雖然 Libra 單元確實將由各國貨幣支持，但並不確定會用到哪些貨幣和使用的比例。例如若有大量的印度用戶把盧比轉到 Libra 協會裡的印度銀行帳戶，協會可能會將這些盧比兌換成美元。印度用戶會看到某個數額的 Libra 單元，但事實上在後台卻是由某家瑞士基金會把他們的國幣（盧比），在外匯市場上進行交易。

在一個由美元、人民幣和歐元主導的貨幣世界中，對於那些拚命想要捍衛其貨幣主權的後殖民社會來說，這是一個令人不安的前景。Libra 肯定是有某種標準雲幣的支持，但那雲幣卻可能是由貨幣強國的銀行發行的。Libra 卻硬拗這是件好事，Libra 不僅要把世上沒有銀行帳戶的人從現金中拯救出來，還要把他們從可疑的國家貨幣中拯救出來。Libra 把自己當成是一種廣泛且穩定的元貨幣，能打擊過度膨脹的個別通貨，例如過去辛巴威曾經發行的貨幣，而這也正是這件事最令我有感之處。

聲稱提供便利，卻是金融武器

我爸媽都是辛巴威人，我小時候曾在這裡住過很長一段時間。在我爸媽年幼的時候，這個國家還是英國的殖民地，叫做羅得西亞。但在一九六五年，羅得西亞的白人脫離大英帝國，組成了一個由白人統治的定居殖民者（settler，亦稱移居者或遷居者）國家。在此過程中，他們還把當地使用的英鎊改名為羅得西亞元，這是一種反抗行為。在那段期間，政府以煽動反政府的罪名監禁了一位名叫羅伯特・穆加比（Robert Mugabe）的教師。他被關了十年後終於獲釋，並開始組織一個黑人反叛運動，最終在一場殘酷的叢林戰爭中與像我父親這樣的人對峙。當叛軍在一九八〇年贏得政權，穆加比隨即把羅得西亞元改名為辛巴威元，但隨著穆加比日益陷入獨裁的偏執，辛巴威元也在二十一世紀初期內爆了。

失敗的辛巴威幣現在經常被拿來當作法定貨幣的警示教材，但這些故事卻忽略了各國間的地緣政治不平等問題。後殖民時期的辛巴威是一個高度依賴商品出口的國家，他的人口組成是大量貧窮的黑人農工與少數的富裕白人農民。這樣的人口組合會造成內部關係的緊張並不令人意外，但這種情況卻被機會主義的領導人利用，導致該國的農業部門在政治環境不穩定的情況下崩潰了。結果軟弱無能的政府試圖通過發行更多的錢來解決問題，這種情況用我的神經系統比喻（請參考第1章）來形容，就像是向一隻斷掉的手臂發出神經衝動。如果一個國家的基礎生產系統正在崩潰，你必須設法先讓它穩定下來，之後再採取適當的貨幣干預措施才會奏效。

總之在這種情況下，辛巴威的貨幣最終解體了，而它在二〇〇九年推出的緊急計畫卻是放棄自己的貨幣網路，改成投入美元的懷抱。但是支撐美元的網絡關係是非常強大的，美國國內有三億多人口，掌握著各種高端科技和巨大的地緣政治力量，由大規模的軍事和文化影響力來保障。

穆加比如今可能被西方人斥為專制獨裁者，但對於一個後殖民國家來說，允許自己的貨幣崩潰並被迫使用帝國主義的貨幣其實是個奇恥大辱。辛巴威人並不想臣服於美國聯準會，也不覺得印在美鈔上的老人跟他們有什麼關係。就連厄瓜多爾這樣的美元化國家，人民也對美國懷有相同的怨恨。**這些國家的民運人民，關心的不是錢是否可以通過一個光滑的應用程式來轉移，而是自家政府能否達到某種程度的政治自決，而非淪為大國的從屬國。**

臉書想要呈現的 Libra 樣貌，顯示出它對這種願望一無所知或不屑一顧。它所展示的貨幣體系願景，誇稱能為辛巴威的窮人提供便利，卻沒有提供任何政治背景的支撐。中間派思想家們很容易就被這種表述所誘惑，因為臉書的寡占巨頭們都是能言善道的技術官僚，而非穆加比那樣的老派專制者。但在 Libra 的背後，其實是一個本身不具民主素質的企業財團，可能會用美元等強勢貨幣來支持其貨幣單位。它們根本從未打算幫助辛巴威的民運人士重建他們自己的機構：而是想讓他們依賴一個跨國企業的基礎設施。

事實證明 Libra 誘人的簡單性，確實引起人們的懷疑。當 Libra 代幣「無縫地」跨越國界時，Libra 協會可能會引發銀行間什麼樣的隱祕流動？這種不透明性引起全球監管機構的反感，美國國會成員致函臉書，要求它正式停止開發，大衛・馬庫斯也被傳喚前往國會作證，他再度拿出地緣政治當做擋箭牌，指稱 Libra 將成為美國用來對抗中國數位支付平台的力量[9]（臉書執行長祖克伯也力推該訊息）[10]。Libra 就像一種金融武器，可用來確保美元霸權超越國際貿易領域，並進入外國公民之間的普通零售交易。不過眾人對其平台的反感，迫使臉書提出新的計畫，它在二〇二一年將 Libra 改名為 Diem，打算發行跟泰達幣一樣、有標準美元支持的企業穩定幣；但美國政府阻止 Diem 進一步發展，迫使臉書將該技術出售給一個名為 Silvergate 的穩定幣新競爭者。

國家發行數位現金的隱憂

我們已經看到商業銀行掠奪區塊鏈概念，以協調他們的寡頭壟斷；我們也看到了加密創業者掠奪了「繫連概念」（tethering concept）*，來創造所謂的穩定幣。然後我們看到了臉書之類的企業，掠奪了上述兩者的成果，以創造寡頭壟斷經營的穩定幣。現在輪到中央銀行上場展開它們的掠奪了。

許多數位貨幣系統自稱「數位現金」，試圖借用實體現金的感性訴求（emotive appeal）†，但它們全都無法複製現金的任何一個面向。比特幣並未能像貨幣一樣運作，只給我們留下了一個可移動的假名代幣，穩定幣雖較比特幣更接近現金，但它仍然是必須依賴銀行的第三級籌碼。

我們所說的現金是由國家發行的不記名實體法定貨幣，這顯示國家機構最適合發行數位版的現金。我曾在第3章指出，現在已經有一種數位形式的國家貨幣可供商業銀行使用，它們跟央行的國家機構（例如國庫）聚集在一起使用它。這種數位版的國幣稱為「準備金」（reserve），它就像一個私人會員俱樂部裡的內部貨幣，而我們其他人則使用公共的實體版本。

但如果中央銀行對外開放了這個俱樂部呢？要是你可以走進倫敦的英格蘭銀行、紐約的聯邦準備銀行、法蘭克福的歐洲央行，或是北京的中國人民銀行，並在他們那裡開一個帳戶。想像要是開戶後，他們就跟商業銀行一樣，提供給你一個很棒的網銀平台，以及一個支付應用程式。其實你用不著想像了，因為上述各個中央銀行都在考慮此事的可行性。

雖然數位國幣的私人俱樂部版本被稱為準備金，但是研議中的公共版形式則被稱為「中央銀行數位貨幣」（CBDC）。其實這個想法的萌生，一部分還得歸功於它們之前對現金發動的戰爭：例如瑞典當局擔心他們的超級數位化貨幣系統缺乏彈性，所以已經開始研究調查，是否應發行名為電子克朗的CBDC。他們終於意識到，如果現金消失了，恐怕會有很多人面臨風險，我們實在無法信任以追求利潤為導向的商業銀行，會為那些沒啥油水可撈的社會成員提供服務。

此外他們還意識到，實體現金系統的衰落，除了意味著數位銀行系統的崛起，還得留意像Libra這種媒體寵兒，以及亞馬遜這類巨型平台，它們都仰賴數位貨幣基礎設施。這些參

* 是指透過USB、Wi-Fi或藍牙等方式將手機或平板等攜帶式裝置連接其他設備，以便共享網路。而在加密貨幣中，泰達幣是一個穩定幣，其價值以美元為基礎，提供穩定的價值媒介，因此泰達幣的名稱是來自「繫連概念」。

† 以激起受眾產生正向或負向的情緒以刺激購買。

與者日益壯大的勢力，令各國央行感到不安，得趕快採取行動「跟上」金融技術界的腳步才行。所以在過去幾年裡，ＣＢＤＣ的概念已經遍及中央銀行界，一些國家已經成立了專責團隊，來調查這類系統的可行性或是否可取。

那麼ＣＢＤＣ跟PayPal、Venmo或是其他使用金融技術支付應用程式的單位之間有什麼區別？使用Venmo，你所移動的貨幣單位是一個第三級的企業籌碼，但使用英格蘭銀行的應用程式，你移動的是第一級的國家籌碼，就跟交出現金是一樣的。Venmo可能會破產，使其承諾變得毫無用處，而中央銀行一般不會有這個問題。

但這可能會引起其他問題。持有央行資金是零風險的前景，可能導致數千萬人排隊想在中央銀行開立帳戶。這種情況不僅是個行政噩夢，還可能使人們逃離商業銀行，造成「數位銀行擠兌」的現象，導致商業銀行的盈利能力降低。正常的銀行擠兌，會發生在人們擔心銀行破產，於是急著從自動提款機或分行，把他們的銀行籌碼轉換成國家現金時發生。而數位銀行擠兌，則是人們指示其往來的商業銀行，把他的數位國幣轉入他新開立的央行帳戶裡，使得這些商業銀行的儲備金消耗殆盡。

某央行的智庫調查了二十三家中央銀行，其中十九家表示擔心ＣＢＤＣ有可能造成數位銀行擠兌；在同一項調查中，一些較貧困國家表示，為了跟Libra這種挾美元自重的私營挑戰者競爭，必須建立一個CBDC，因為它們已經威脅要攻擊這些較貧困國家的貨幣主權，及其國內的銀行系統。[11] 如果你是某小國的中央銀行行長（台灣稱總裁），而你們國家的人民全都使用美國企業控制的應用程式，那未來這些應用程式極可能被用來向他們兜售美元企業的穩定幣。唯一可行的競爭手段，說不定就是讓你們國家的人民可以直接到央行開戶，即便這可能對你們國內的銀行業造成不利的影響。

傳統的現金是可以觸摸且是不記名的，而數位貨幣的所有問題，CBDC一個也逃不掉。這些問題包括潛在的監控與審查，且無法阻止企業資本主義的偷偷滲入（亞馬遜仍然可以用CBDC做生意，而且還比現金更好用）。不過其中有些情況是可以解決的，例如中央銀行從加密貨幣世界中取得部分資訊，或是推出使用私有區塊鏈系統的CBDC，這種作法將更接近真正的「數位現金」，採用這種形式的數位國幣，甚至可以瓦解法人金融（corporate banking，亦稱企業金融）在某些地方的主導地位。

不過這些可能性卻會引發一系列的新矛盾。因為中央銀行和商業銀行之間向來有個權力分享協議：央行發行有彈性的、普惠的與離線使用的公眾現金，而商業銀行則發行能監視人們一舉一動的私有數位貨幣。這種平衡之所以能發揮作用，是因為雖然最終可能會有一小部分現金流入犯罪市場，但要用在跨國黑市卻很緩慢和麻煩。如果中央銀行必須發行不記名的

CDBC，國際網路犯罪分子將會突然獲得一種比現金快得多的跨國國幣；但實名制的替代方案卻會帶來監控的噩夢：這就是我們目前看到中國提出的建議，中國正在全速推進一種能被整合到其社會信用體系的新CDBC。想像街道上設置了面部識別的攝影機，能辨識出違反疫情規定到處趴趴走的人，並發送訊息給此人、從其帳戶中自動扣除罰款。這在技術上是可行的嗎？是可行的；在政治上是可能的嗎？日益如此；是理想的嗎？這不好說，答案確實因人而異。

且此事的影響有可能跨越國界。想像一下辛巴威人可以從谷歌遊戲商店下載一個人民幣CBDC的錢包應用程式，並在辛巴威境內使用數位人民幣的情況，當初臉書與美國立法者爭論Libra案時，便曾試圖引發這樣的恐懼。這也是為什麼美國國際開發總署會與威士卡等團體合作，聯手在印度推動貨幣系統數位化。美國和中國都是企業與地緣政治強國，只不過美國有時更偏好通過民營企業來執行其外交政策。或許美國政府的作法也可能產生動搖，亦即讓企業發行的美元穩定幣向我的辛巴威家人推廣，以免他們開始使用數位人民幣。

現金是我們最後的希望

區塊鏈技術肯定打亂了貨幣系統的公共敘事，並在辯論中引入許多新術語——但它有把我們帶向一個全新的領域嗎？比特幣在很大程度上仍被視為是一種收藏品投資，可以像其他投資一樣進行買賣，而且它的底層技術還被用於協調寡頭壟斷的同業聯盟（cartel），這種情況在資本主義歷史上早已經是家常便飯了。穩定幣和CBDC當然會在貨幣體系中掀起波瀾，不過所有這些數位選項仍有一個共同的特點：它們全都可以被整合到科技巨頭的運作當中，甚至可以通過科技巨頭的平台發行和引導。

那麼世上最反常的貨幣形式，可能就是最簡單和最不時尚的現金了；它仍然是系統中的一個錯誤，阻礙了金融和科技之間的融合，但這也正是為什麼現金會是我們最後的希望之一。

結語
拯救現金，也拯救財富自主權

我住在南非時，曾經歷了多年的「輪流停電」，原因是供電的基礎設施發生故障。電力是現代生活中相當重要的一部分，當電力中斷時，城鎮頓時陷入黑暗，電視立刻斷訊，所有電器都無法使用。停電雖然造成很大的混亂，卻會帶來意外的驚喜：當傳輸電力的嗡嗡聲消失後，我們會聽到昆蟲的鳴叫聲，並看到滿天的星辰。而罷占我們一整天的網路空間，此時也不得不乖乖讓位給現實空間。

平常我們的心思可能一天二十四小時都被新聞和社群媒體占據，但遇上停電無事可做的情況下，只好思考讓我們得以生存的那些基礎事物。在市場系統出現之前的十萬年，星空下的人類緊密地生活在一起，依靠完全不同的原則來生存。貨幣系統直到數千年前才融入我們的社區，卻在過去數十年裡，成長茁壯為一個互相連結的數位群體，範圍從倫敦和舊金山，延伸到亞馬遜雨林及哈薩克農村。且有可能在未來十年內，日益發展成一個「無一人能躲掉」的密集網路。

我在本書的開頭，便摒棄慣用的說法——把貨幣比喻成流貫經濟體的血液——而是把貨幣系統比喻成嵌入眾人社區的神經系統。該情況雖使我們每個人都能讓彼此動起來，但是權力卻集中在大咖參與者的手中。目前全球的狀況其實真的很像我們自身的神經系統：分為中樞神經系統和周邊神經系統。中樞神經系統屬於大腦的領域，其中的運動皮層會把我們的思想轉化為行動，發出脈衝使我們的四肢動起來。如果你把全球經濟想像成一個由工人和自然資源相互連結而組成的體系，那麼各個金融中心（例如倫敦、紐約、新加坡、上海、東京、法蘭克福、杜拜等）便形成一個跨國的「運動皮層」，它們若集體「發功」有能力引發大規模行動。

但是從它導致二〇〇八年金融危機的過程看來，我們終於明白這個「運動皮層」其實頗具誤導性。數十萬工人被建商逼著蓋出一大堆後來根本乏人問津的房屋，為數更多的窮人則因為無力償還房貸而落入債務深淵，那些形同廢紙的房貸還款承諾，則被銀行的黑心部門綁在一起，以衍生性金融商品的名義，賣給世界各地的巨型基金。金融業捅出來的簍子，讓全球經濟看起來像個失去運動功能的醉漢。但即使金融業看似正常運作，全球經濟的整體行進方向，卻像失了魂似地朝懸崖邊走去。我們為了短期的擴張和盈利，正在大量消耗地球上的資源，且權力變得日益集中，不平等也日益加深，但所有的大企業卻都只想加快而非減緩這樣的發展。

貨幣的中樞神經系統群聚在內，但貨幣的周邊神經系統——現金——則與主要機構有段距離。現金形成的周邊神經系統，與中樞神經系統是部分不連結的。當現金「脈衝」離開自動提款機後，就必須透過地理空間中的人們自行傳導。即便是在電力中斷一片的漆黑夜晚，亞馬遜的普卡帕那裡的人們，仍然可以透過傳遞小額現金來觸發彼此的行動。

但是這種對等式的人類「傳導性」，卻阻礙了我們經濟加速發展的動力。企業資本主義的內建趨勢是不斷擴張，為此它必須將世界拉成一張跨國大網。現在該趨勢要求它摧毀現金這個周邊系統，並大力支持存放在資料中心裡的貨幣。這些資料中心能透過數位金融基礎設施觸及我們，並在技術公司的通力合作下日益「綁住」我們。科技巨頭和金融巨擘透過自然的協同作用融合為一體，並逐漸成為全球大腦的兩個半球。

當我在二〇二一年的年中寫下這篇文章時，金融與科技的融合已經極為明顯，當時新冠疫情肆虐全球已經一年了，**金融技術業竟趁機把疫情當成武器，進一步把現金妖魔化，將現金與緩慢和骯髒畫上等號**。這使得大部分零售業努力敦促購物者放棄現金，改用數位支付，該做法在英國已經奏效：二〇二〇年英國的現金使用量驟減五成以上。[1] 自動化的金融業獲得了豐厚的回報，而且是跟它的天然盟友一起完成的：二〇二〇年亞馬遜的營收大增四成以上，平均每秒賺入近一萬四千美元的數位貨幣，但其他科技巨頭的表現也不遜色，全都緊追在後。[2]

從物理的角度來看，人類不管從事哪一種勞動，都不可能一秒賺一萬四千美元，但這些系統卻可以辦到，因為它們不是人類。它們是悄悄滲入人類互動間的企業基礎設施，並從那裡為一小群股東賺進超乎常人的高額收入。有別於一九二一年出生的孩子，二〇二一年出生的孩子，生平第一次接觸到的「亞馬遜」概念，就是一個與數位金融一起運作的數位物流帝國，而非一座維持人類生活的雨林。

本書的首要目標，是想顯示**科技巨頭和金融巨擘正合作把我們帶入一個由企業資本主義建構的整體系統，這個系統依然跟以前一樣充滿毒性，而且現在與之互動還變得更方便更快速**。我的第二個目標是提醒大家注意**這種情況蘊含的危險性，包括大規模監控、審查和操縱的可能性**。第三個目標是**傳達該情況的矛盾，以及我們對它又愛又恨的感受**；與前兩個目標相比，第三個目標的調查領域更加廣泛且更加精細，但重點是這些矛盾在本質上仍未獲得解決。在本書的最後一段，我想更仔細地討論這些問題，以及我們可能採取的前進道路。

令人又愛又恨的束縛

在描述自動監控式資本主義的崛起時，要指出它的各種危險相當容易，但有個比較微妙的東西令我感到不安：那就是伴隨著它的那份不真實感。當你清楚知道亞馬遜正在接管這個世界，任何抵抗都會是徒勞無功，況且自己的手指正不爭氣地按在「購買」鍵上，一股愛恨交織的矛盾情緒便油然而生，並令你感到不寒而慄。

但我們的公共討論卻鮮少提及這種內心的衝突，只會討論另外兩件事，一是代理，另一個則是強迫。主流派的未來學家和經濟學家多半站在代理那邊，把數位巨頭的崛起，說成是由貪圖方便的消費者所推動的。相反地，技術專家或陰謀論者則說，我們是被強迫使用他們的平台。雖然我比較認同後者的看法，但這兩種說法都不能讓我完全滿意。我真正感興趣的是揭露代理和強迫並存的矛盾。我把焦點放在「無現金社會」的動能，因為它是個最先進的例子，顯示出個人是如何體驗到自己看似「選擇」了使用某樣東西——數位支付——但其實更像是早已注定不得不那麼做。

我認為理解該張力的關鍵在於，要能看穿在大規模的相互依賴市場中，代理和強迫是分不開的。自十八世紀以來，經濟學家在談到「市場的智慧」時就暗示了這一點；「市場的智慧」一詞讓人聯想到的形象，是一個由人們產生卻又超越人們的元實體（meta-entity）。亞當．斯密所說的「看不見的手」概念就出現在這裡：**人們在一個交易網絡中的行為，會透過支撐該網絡的貨幣系統，對網絡中的其他成員產生推力和拉力。儘管該網絡裡的人們是以個人的身分進行體驗，但這絕非出於個人的自由，而是集體糾纏（collective entanglement）*的作用。**

斯密那一輩經濟學家在著書寫作的時候，正值民族國家（nation states）在解散小型的前資本主義社區，並將它們轉型為在共同貨幣系統下運作的大型陌生人網絡。從某個角度來看，彼時貨幣正在把人們分開來——大型市場中的人互不相識，但從另一個角度來看，貨幣正在那些原本不可能產生互動的人之間、建立起一種抽象的聯繫。此舉開啟了一種奇特的心態：當人們變得依賴根本見不著的遠方之人時，就會對他們使用的東西之原產地、自己生產的東西將被賣向何方，失去關聯（disassociated）。但在邁入資本主義之前的社會裡，個人對於他們的親屬及周遭的生態環境，是有感知的；但現在我們跟這份感知已經漸行漸遠，並越來越接近一種不管其來龍去脈的商品化心態（decontextualised commodification），把事物的價值跟用來協調市場的貨幣混為一談。

用神經系統來比喻貨幣時，我們可以想像貨幣系統四通八達，能把距離很遠的人們連結起來。但是人們在資本主義入侵之前擁有的美好力量——例如互惠文化與環保意識——則能抵禦資本市場有毒的面向，讓它們無法作怪。可是被貨幣系統解鎖的龐大市場系統，就會令人與支撐他們的社區和生態環境解離，變得麻木與具有侵入性。事實上，現代的大規模資本主義之核心特徵，就是瘋狂的貨幣交易行為，竟被視為崇高的精神，且必須伴隨與主宰我們存在的每個部分。這種追求交易最大化的無靈魂驅動力，留下了日益增長的生存空白。

我們盲目地跌入了這些可怕的系統，它們不斷促使我們追求短期欲望的滿足，讓我們無法追求長期的欲望。要是我們試圖從這些系統中抽身，它們就會破壞及擾亂我們的生活。大規模市場並不會帶領我們朝著烏托邦緩慢前進，只會打造出集中生產和消費、追求獲利的企業集團（conglomerations），也就是跨國企業。在企業集團中工作的個人有很多感受，但集團裡的金融和企業部門，眼中只有利潤，別無其他「感受」。系統就像越轉越快的離心機，早就離我們而去了。

於是「奇點」的概念便應運而生，谷歌的首席未來學家雷蒙．庫茲威爾援引啟蒙運動的

＊兩個不相互作用的粒子之間的糾纏，會導致它們的連帶運動，這顯示糾纏有可能是一種在多方系統中啟動集體行為的來源。

傳統，並給它來個神祕的轉身；啟蒙運動認為歷史是一場人類試圖超越自然的長征，與此同時心靈也會超越肉體。奇點的開始景象是人類赤身裸體地蹲在史前的漫漫荒野中，結尾的景象則是我們昇華成一個人與科技的混合體（human-technology hybrid），不僅能長生不老，還能殖民太空；並透過「超級人工智慧」——一個純粹的、理性的、超越宇宙的頭腦——來隨意調節一個人工環境。在奇點大學男廁裡的小便池上方，有個根據庫茲威爾的布道內容創作的連環漫畫，其中的引文如下：

演化是個靈性過程。技術演化與生物演化是一樣的。未來我們將演化為兼具生物和非生物智慧的混合體……把我們的大腦插入雲端，就能有效地擴大我們的新皮質，變得更接近於上帝，理想。人類與人工智慧合而為一。

說實話，庫茲威爾跟他的工作夥伴們所指的「超越宇宙的靈性人工智慧雲」，就是我在書中不斷提到的「金融－企業集團」，這個集團的「心態」就像我在第1章描述的那樣——那些高居摩天大樓裡的法律實體，只會以冷酷的邏輯思維，透過掃描人們來尋找大規模的盈利機會。它只看重規模與效率，根本不在乎損害我們喜愛的事物——未知的開放空間、對等式的連結、質感、自發性及自由的旅程。要是允許企業資本主義露出它的本色，那它會要求窺探我們的腦波，並大力推動心靈感應支付（payment-by-telepathy），這樣便能獲知他人的想法。超連結市場（hyperconnected markets）悄悄潛入你我生活中最深層的部分，就是我們這個年代的定義性特徵（defining feature）。

一切如常中的擾動

我在本書的開頭即表明，我不會寫那些「乘風破浪」的美好故事，而是想要掀開全球經濟的板塊構造。被庫茲威爾那幫人造神的超連結市場，以及推動它的金融巨擘和科技巨頭合體，是正在定義未來的底層力量。但此事卻鮮少在日常生活中被提及，因為它已經被大家視為理所當然見怪不怪了，而且公眾辯論的焦點，反倒是放在這個整體趨勢中出現的擾動。當然啦，隨著各行業巨頭在國際支付基礎設施上爭奪相對權力，商業和地緣政治的鬥爭也繼續上演。在此過程中，西方和東方的勢力範圍正在形成，「美國的科技－金融集團」表明要對抗「中國的科技－金融集團」（歐盟則努力在兩大陣營之間形成第三股勢力）。

然而這些持續進行的緊張關係，有可能會在適當的時候，發生有趣的意外變化。比如說，雖然數位金融可能在新冠疫情期間取得了重大勝利，但提供數位貨幣基礎的商業銀行，卻發現自己處於一個微妙的位置。他們的爆紅成功可能來得太快，令中央銀行感到緊張；央行官員們知道，要是他們放手讓現金死去，將會讓商業銀行獨霸天下，但如果他們推動CBDC做為替代，又可能會破壞這些機構的穩定。中央銀行的工作並不是讓商業銀行破產，但如果他們不提供某種形式的「數位現金」，恐怕又會催生出公眾對黑暗市場替代品的需求，比如泰德公司提供的穩定幣。

在未來幾年，我們可能會看到巨型玩家被鎖定在「墨西哥式對峙」（Mexican stand-off）*。金融巨擘們已經聯手破壞了現金，但現在的情勢有可能迫使央行與他們在數位領域展開競爭，或是允許穩定幣玩家崛起。**唯一的解套方法是，央行設法加強並推廣實體現金，但這麼做需要對抗力量更強大的跨國企業資本主義，而後者的力量已經強大到超越個別國家了**。各位千萬別忘了當初亞馬遜花了多大的勁，試圖遊說反對支持現金的立法。

而這一切已滲入地緣政治的範疇內，各個民族國家都想為自家的跨國企業打造優勢。中國有個明確的對外發展任務：亦即擴大其科技巨頭的勢力，但同時採取行動推進CBDC。中美兩國的差異在於，美國傾向於國家和企業之間保持微妙的區別，但CBDC

對中國構成的意識形態衝突較少——因為國家已經對銀行業具有強而有力的控制。但全球經濟畢竟是跨國的，中國的CBDC對美國的利益是一種威脅。美國在意識形態上仍自視為自由市場的代表，所以美國很可能會透過威士卡和臉書之類的參與者來宣傳自己，進而透過WhatsApp進軍印度等國家。然而這些跨國企業所傳達的是一種超越自己國家的精神，況且它們是機會主義者：打個比方說吧，如果臉書覺得有必要讓印度的WhatsApp用戶、使用中國的CBDC支持的穩定幣付款，誰敢保證臉書絕不會這樣做呢？

這些混亂的商業地緣政治，未來十年還會繼續展開，但不會超出「科技－金融」融合的大範圍。至於這種融合將會如何發展，大多數公民並不覺得自己有能力做出任何的個人施為（personal agency）†；但是對於超連結監控資本主義潛入人們的生活，大家還是會出於本能的萌生起一股想要抵擋它的欲望，從而做出許多與之對抗的反應。所以我相信那幫加密貨幣「新教徒」，會繼續發揮想像力，設法在網路空間中找到一個非國家領域的出口。雖然這樣的願意通常具有誤導性且是互相衝突的，但也帶有一絲希望，現在我們就來聊聊這方面的

* 類似七傷拳的概念，若想出招傷人，自己也免不了有損失。

† 指個體透過自己的行動來達成目的。

議題吧。

加密貨物崇拜教之優勢和劣勢

二十世紀初，人類學家在太平洋的美拉尼西亞群島（Melanesia）觀察到一個奇怪的現象：島民們用木頭打造貨機模型，希望它們能讓貨物從天上掉下來，人類學家將此稱為「貨物崇拜教」（cargo cults）。

一些學者對這種行為的解釋是：對殖民時代的壓力做出的反應。島民們發現外國飛機常載來貨物，對於不明白箇中緣由的島民來說，弄些湊合的仿製品倒也合情合理。貨物崇拜者為了想得到一個相關的世界（豐富的貨物），卻製造出不相關的人工製品（木頭飛機）：行為本身算不上是非理性的，只是因為不清楚事件之間的因果關係，才會鬧出笑話。

但我們必須留意貨物崇拜主義——做出徒具表面意義卻不具實質內容的行為——在許多理想主義社區中盛行，包括比特幣運動。該運動不斷聲稱數量限定的網路收藏品將挑戰全球貨幣體系，但擺在眼前的事實卻是，加密代幣正在被標準市場吞噬，且變成了跟其他東西一樣可以進行交易的產品。事實上，加密代幣看起來「跟錢一樣」的唯一原因是，拜它們的美元價格之賜——來自於投機市場——讓它們能夠透過對等交易被交換成（swapped）其他的有價物，如果你把它的美元價格去掉，這種能力也就不存在了。換句話說，是它們的美元價格使加密代幣具有類似貨幣的特質。

比特幣的鐵粉把這樣的評價，看成是對比特幣的批評，但比特幣的交換能力有可能迎來一個對等交易的新時代。對等交易——以標了價的商品相互交換，而非使用金錢進行買賣的行為——在歷史上發生的情況並不多見，但比特幣（以及其他類似的加密代幣）卻可增強這種做法。對於生活在困難體制下的人，或是在主流貨幣體系的縫隙中運作的人，這種交易方式說不定確實是有用的。不過依賴這種可以進行對等交易的收藏品之弱點在於，像伊隆・馬斯克這樣身價億萬的實業家，隨便發一則推文就會劇烈地改變其價格，這將嚴重損及那些靠它們賴以為生的弱勢族群的生活。

比特幣的實際情況，與圍繞著比特幣的行銷話術之間，也仍存在著衝突：後者把加密代幣當做貨幣系統的競爭對手來行銷，卻又以美元計價。為了解決這種認知上的不一致，行業的啦啦隊聲稱，比特幣價格的不斷上漲，未來將會在某個拐點達到最高峰，屆時整個貨幣體系將發生逆轉，世上所有物品都將以比特幣來定價。但這是個分類錯誤，即便是土地、亞馬遜的股票、珍稀郵票，甚至是黃金，也沒有人相信它的價格會不斷上漲，最後還被拿來為其他東西定價。價格上漲只會讓人繼續持有那樣東西（因為預期未來的貨幣收益會更高），但不會令他們把該物視為貨幣。不過這種把加密代幣當成「貨幣」來推銷的做法現在相當普遍，並為許多人帶來虛假的希望，令他們誤入歧途。

不過或許人們需要虛假的希望。人類學的某個分支說不定能提供一些洞察力來理解這種現象，那就是對狂歡節的研究。人類學家研究狂歡節，無論是古代的還是現代，發現它能讓社會秩序暫時變得動盪，讓人們產生暫時的遁世幻想，而得以發洩鬱悶的情緒，比特幣的投機熱潮就頗具狂歡性。企業資本主義令人對生存產生的空虛感，既可以勾起人們的反叛情緒，同時也會令他們萌生快速致富的渴望以逃離現狀。比特幣能讓人們同時為了這兩件事而採取行動：他們可以想像自己正在顛覆經濟秩序，並透過這個系統追求投機性的美元收益。

比特幣運動並非是唯一一個陷入困境的技術織夢者社群，以太坊社區和更廣泛的區塊鏈運動，繼續以其智慧合約系統和自動化 DAO 向前邁進。我們業已看到這幫人是如何被掠奪其技術的企業寡頭輕鬆收編的，因此所謂的「區塊鏈技術」，現在已經混入了各式各樣的目的，不過它還是會不斷湧現出有趣的混合體。許多區塊鏈創新者其實跟金融技術推廣者一樣，是支持數位自動化與反對現金的，但他們卻聲稱想要建立一個去中心化版本的金融技術，並橫掃全球。如果把雲端貨幣定義為存放在巨型資料中心裡的數位貨幣，那麼區塊鏈創新者會想像自己把雲端扁平化，並創造出一個在更分散式的平台上管理的數位貨幣基礎設施。

但那樣的願景有一部分是幻想，因為以太坊（以及其他加密貨幣）社群把他們最大的希望寄託在穩定幣上，但穩定幣仍然與正常的貨幣體系繫連（也可說是掛鉤）在一起。穩定幣現在被用來建立所謂的「去中心化的金融」（DeFi）平台，就像一般的金融科技公司需要依賴數位銀行貨幣，DeFi靠的是建立智慧合約系統，來管理、借出或發送數位穩定幣，從而以更分散的形式複製主流金融科技所推動的金融自動化。例如DeFi平台可能也想推出穩定幣貸款，提供一個部分去中心化的金融技術平台。

區塊鏈技術圈內人士所謂的「去中心化」，通常是指「一個非由特定人士控制的分散式大型基礎設施」。那麼從廣義上來講，區塊鏈技術運動是在這樣的假設下進行的：建立人人可用但不受任何人控制的跨國數位基礎設施。這是一個值得追求的目標，卻與一個古老的傳統相牴觸；它認為「去中心化」是為了利於在地管理，所以要把大型基礎設施分解成較小型的基礎設施，這是現代許多另類經濟專案（alternative economy projects）背後的傳統觀念，這些專案試圖透過建立小規模的永續生活設計系統（permaculture）、社區信用聯盟、地方合作社，以及社區貨幣，讓經濟生活回歸在地化。在這些專案的背後，是對一個美好世界的憧憬，在這個世界裡，各種社區倡議和諧共存同舟共濟。這與支持加密貨幣的基本精神是不同的，加密貨幣想的是促成一個不露面的跨國黑暗市場，在那裡沒有人需要信任機構或彼此。

那我們能否協調各式各樣的去中心化願景，並將它們各自擁有的強大元素結合起來，形成一個更強大的東西？答案是肯定的，方法就是使用「承諾」。

承諾是金錢最原始的前身：想像你的朋友打算現在給你一些東西，但其中暗藏了你以後會歸還它——或類似東西——的承諾；當你接受了朋友的好意時，你們的行為會形成一種隱性的正向「平衡」，也就是你會覺得有必要或想要回報對方。當你接受了朋友的恩惠、物品或支援時，他們心裡或多或少會感覺自己給了你一份人情，而你則會想要還清欠對方的人情。這種互惠系統維繫了社區，但在這個簡單的人際關係例子中，我們可以看到這份眾人之力（people-powered）是形成貨幣系統的關鍵：好友之間的承諾是非正式的、沒有記錄的、未經丈量的；但如果是關係較疏遠的夥伴給你一些東西，則可換取一個有紀錄的正式承諾。這種「承諾支付」的悠久傳統稱為「相互信貸」（mutual credit）。相互信貸系統——例如薩丁尼亞島的 Sardex 系統——是人們為了獲得商品和服務而相互給予承諾的網絡，而中央管理員則負責制定標準、解決爭端，並追蹤每個人是否履行其承諾。每個人的承諾餘額的擴大或縮小，取決於他們付給別人多少錢，以及獲得多少錢的回報。

相互信貸系統有點像小型的神經系統，通常只連結數百人，而非數以億計的人。不過這種「承諾支付」系統，可以透過加密技術的改換用途（repurpose）來擴大規模：不是用加密網路來傳遞比特幣之類的網路收藏品，而是用它來傳遞有機的人際承諾。就如「六度分隔」理論所示，你只需透過六個「朋友的朋友」，就能接觸到世界上的任何人。如果我認識你，而你又認識其他人，我便可以透過你向那個人發出承諾，以便從他們那裡獲得真實的回報。這個概念稱為「信用漣漪」（rippling credit），因為承諾可以在相互信任的人之間產生漣漪。

在所有可以創造一個完全平行的貨幣系統的概念中，這個或許是影響力最大的。在本書付梓之時，Trustlines、Circles、Sikoba、Grassroots Economics 這些倡議者，都在推動類似的想法，他們使用區塊鏈架構實現這些概念。想要參與兼具理想與現實的貨幣創新的人，不妨試試這個兼容並蓄的混合化區域（hybridisation zone）。

關於現金的冥想

不過，我不想給讀者留下一個錯誤的印象，以為我們只需建立社區貨幣系統，就能對抗吞噬我們的「技術－金融」漩渦，那是一廂情願的想法。而這也是為什麼我們必須大力保護現金系統。

我們正身處在一個像是自動駕駛的全球經濟體系裡，感覺不管你是否願意，人類社會都注定變得日益自動化，且與自然界漸行漸遠。這種感覺會激發許多情緒，其中之一就是焦慮。我的工作經常讓我接觸到一些人，他們既對這種自動駕駛感到恐慌，也對自己的無能為力感到憤怒。有個人發了一封電子郵件給我，裡面有個CNBC報導的連結，是關於威士卡利用新冠疫情大肆推廣「無現金超級盃」的事。文章指出，威士卡在美式足球場上設置許多「反向自動提款機」，讓觀眾把現金轉換成數位貨幣。該郵件的內容只有兩句話：「布萊特這太可怕了，請你阻止這一切以拯救我們的現金。」

我不認識此人，但他的收件人名稱是「支持川普的艾倫」（AaronForTrump）。這已經不是第一次有川普的支持者發電子郵件給我，並表示支持我擁護現金的主張。我也遇過一些抱持陰謀論的地平論者（flat-earthers），他們認為企業利用新冠疫情進一步擴大權力的行為，簡直就像疫情和企業資本主義已經合而為一了。還有我自己製作的影片內容，曾被某人用在一部紀錄片裡，該紀錄片聲稱新冠疫情是比爾．蓋茲設計的，目的是為了推動5G和無現金社會，以便在奧威爾式的新世界秩序下奴役所有人。影片的製作者找我討論關於現金戰爭的片段，我解釋對現金開戰是被資本主義體制的麻木擴張所驅動，但這個說法對他們來說太隱晦了不夠直白，所以他們乾脆精心挑選了部分片段——只要能讓他們聲稱是比爾．蓋茲親自策畫反現金大戰的即可。

於是我發現自己竟然跟極右派的怪咖，以及一名福音派傳教士，異口同聲地怒斥著全球菁英們策畫的撒旦陰謀。這段影片是我媽的一位南非友人透過WhatsApp發送給我的，它在她的社群媒體網路中快速傳播，在被YouTube刪除之前的流覽量已達到了數百萬次。但是現在這種分析方式——把我們社會的巨型系統造成的混亂影響，全怪罪到比爾．蓋茲一個人身上（或是「猶太人」、「馬克思主義者」或是「菁英人士」之類的團體）——非常流行。全球經濟的運行規模之大，很少人有時間且具備足夠的訓練來理解，但人們還是必須找到一些說法，來解釋它為什麼令我們如此焦慮不安。於是陰謀論者趁虛而入編造了這些說法，且往往在此過程中與極右派分子同流合汙。

雖然此時現金已發現自己被捲入這些敘述之中，但主流機構中卻沒有多少人意識到這一點。在新冠疫情剛開始沒多久的時候，我受邀加入一個名為「英國護現金」的臉書私人群組；該群組誓言要挑戰企業的反現金行動，並定期發布最新的陰謀論，在短短幾周內吸引了來自各行各業的三萬多名成員。但是該組織發布的理論往往很粗糙，顯然是為了合理化人們出於本能的擔憂。

陰謀論者認為單憑蓋茲一人之力就能策畫一場對現金的戰爭，這樣的想法其實是錯誤的；但他們認為現金系統阻礙了只謀私利的數位公司繼續擴張其網絡，這點倒是正確的。主流機構拒絕正視該問題，則助長了惡性重大的極右派民粹主義之禁根。大機構只會要求威士卡和谷歌幫他們推動數位版的普惠金融，卻不會出手保護和促進業已存在的現金基礎設施。照此情況發展下去，一場對抗全球科技金融漩渦的戰鬥，恐怕會被納入極右翼分子的旗幟之下，而此情況其實是我們所有人都該密切關注與防範的——不論你抱持什麼樣的政治立場。

那我們該怎麼做呢？答案之一是**我們必須強烈主張自己的現金使用權，並將之視為一項政治行動**。金融科技業把我們使用現金的願望，說成是拒絕與時俱進的頑固作為，但我要鄭重澄清：我們頑強拒絕的是隨企業資本主義起舞。**我們之所以必須保護現金，至少是為了向自己證明，我們並非只是個毫無思想的頭像，會乖乖聽從一個對你我漠不關心的系統，幫助它發揚光大它想不斷擴張的邏輯**。支持現金運動的議程很簡單，亦即面對數位中樞神經系統的步步進逼，繼續維持現有的現金周邊神經系統，此舉雖然無法打造出理想的烏托邦社會，但至少不會淪為一個反烏托邦的社會。

我的保護現金主張向來是務實和政治性的，我們是平凡的人類，不是（也不想變成）大腦被塞進人工智慧的永生超級生物。我們集混亂和矛盾於一身，這種精神唯有更樸實無華的貨幣化身，才能提供更好的保護。**現金是一種具有商品身體的信用貨幣，它雖是由大型機構孕育出來的，卻混跡人間，就像個對陌生人也熱情相待的朋友。**它雖是資本主義的產物，卻阻止資本主義的不斷擴張。一言以蔽之，**現金是不同宗教、文化和主張的匯合。想要使用現金，就必須接受它的緩慢和矛盾，而這點在一個瘋狂兩極化的世界中看來，其實還蠻像某種冥想修行。**

謝辭

非常感謝我了不起的經紀人 Patrick Walsh（PEW公司），以及 Margaret Halton 和 John Ash，看著你們創造奇蹟，真是一樁樂事。

感謝本書的編輯群雄：Bodley Head 出版公司的 Stuart Williams 及 Lauren Howard、Harper Business 圖書公司的 Hollis Heimbouch，以及 Ana Fletcher。你們下的工夫不光是打磨了一顆粗糙的鑽石，而是把它從原礦中挖掘出來。還要感謝 Daniel Halpern 對本書之願景的信任。非常感謝企鵝蘭登書屋和 Harper Business 圖書公司其他在幕後提供幫助的諸位。

衷心感謝那些閱讀手稿、並為我們提供編輯建議、技術意見與修正的人士，包括 Rohan Grey、Sarah Jaffe、Phoebe Braithwaite、Victor Fleurot、Frederike Kaltheuner、Irene Claeys、Jules Porter 和 Tarn Rodgers John。謝謝你們用鼓勵的話語來鞭策我，並感謝 Guillaume Lepecq 提供的資料。

超級感謝幫助我撐過黑暗期並堅持下去的朋友們，包括所有的佛洛登老鄉們、Julio Linares、Kei Kreutler、Eli Gothill、Jaya Klara Brekke、Matthew Lloyd、Dan Nixon、Lynne Davis、Adrian Blount、J.P。Crowe, Sam Gill, Rita Issa, Alistair Alexander, James Jackson, Saara Rei, Jules Mueller, Shaun Chamberlin, Alice Thwaite, Max Haiven, Cassie Thornton, Phoebe Tickell, Jutta Steiner, Monika Bielskyte, Stacco 和 Ann Marie、Nathaniel Calhoun、Steve Grumbine、Simon Youel、Joel Benjamin、Simka 和 Manu，以及 Glen Scott。

特別感謝我的家人，在遠方支持著我。

特別感謝 Scott Lye 和 Jeff Cavaliere，讓我在寫作中毫髮無傷，感謝 Jürgen Carlo Schmidt 助我保持靈魂的完整。

特別感謝 Sophia，提議我寫這本書。

謹向已故的美國人類學家大衛・格雷伯（David Graeber）致敬，很遺憾沒來得及請你為本書題辭，謝謝你對我們的啟發。

最後我要特別感謝地球，感謝它不懼烈陽的光芒，為我們提供了一個家。

參考文獻

第1章

1. 'How complex is BP? 1,180 companies across 84 jurisdictions going 12 layers deep', 3 Sept. 2014, https://blog.opencorporates.com/2014/09/03/how-complex-is-bp-1180-companies-across-84-jurisdictions-going-12-layers-deep/
2. Pawe Folfas, 'Intra-firm trade and non-trade intercompany transactions: changes in volume and structure during 1990–2007', p.3, https://www.etsg.org/ETSG2009/ papers/folfas.pdf

第2章

1. 當時受阻的支付請求多達五百二十萬筆：其中的細節可在英國威士卡於二〇一八年六月十五日送呈英國國會的說明函中找到，https://www.parliament.uk/globalassets/documents/ commons-committees/ treasury/Correspondence/2017-19/visa-response-150618.pdf
2. 關於孟加拉央行在美國聯準會的帳戶遭駭一事請參考 https://en.wikipedia.org/wiki/Bangladesh_

Bank_ robbery

3. 央行的研究顯示，其實數位支付的密碼輸入器風險更大：Bank of England, ‘Cash in the time of Covid’, Quarterly Bulletin 2020 Q4, 24 Nov. 2020, https://www.bankofengland.co.uk/quarterlybulletin/2020/2020-q4/cash-in-the-time-of-covid

4. ‘Reports on the End of Cash are Greatly Exaggerated’: Federal Reserve Bank of San Francisco, 20 Nov. 2017, https://www.frbsf.org/our-district/about/sf-fedblog/reports-death-of-cash-greatly-exaggerated/

5. 央行的紀錄顯示，民眾從自動提款機領取現金的情況大增，參見：‘Cash still king in times of COVID-19’ by the ECB’s Fabio Panetta https:// www.ecb.europa.eu/press/key/date/2021/html/ecb.sp210615~ 05b32c4e55.en.html, the Bank of England’s ‘Cash in the time of Covid’, https://www.bankofengland.co.uk/ quarterly- bulletin/2020/ 2020- q4/ cash- inthe-time-of-covid and the Federal Reserve’s ‘2021 findings from the Diary of Consumer Payment Choice’ https://www.frbsf.org/cash/publications/fednotes/2021/may/ 2021- findings- from- the- diary- of- consumer- paymentchoice/

6. 包括那些不希望自己的財富在銀行危機中被鎖在銀行裡無法取出的人：Morten Bech, Umar Faruqui, Frederik Ougaard & Cristina Picillo, ‘Payments are a-changin’ but cash still rules’, BIS Quarterly Review, March 2018, https://www.bis.org/publ/qtrpdf/r_qt1803g.pdf

7. 聯準會發現在颶風來襲前，民眾的現金需求會大增：該情況是聯準會的現金產品辦公室的Alex Bau在一場私人說明會中提出的，參見‘Understanding Cash Usage: Rethinking Volume Forecasting’, Feb. 2019

8. 現金在十美元以下的交易中占比超過五成，在整個支付量中占比為三成：參見 Federal Reserve Bank of San Francisco, '2018 Findings from the Diary of Consumer Payment Choice' 15 Nov. 2018, https://www. frbsf.org/cash/files/ federal- reserve- cpo- 2018- diary- of- consumer-paymentchoice-110118.pdf

9. 'we want a cashless society': Javier E. David, 'Bank of America CEO: "We want a cashless society"', Yahoo!Finance, 19 June 2019, https://finance.yahoo.com/ news/bank-of-america-brian-moynihan-cashless-society-210717673.html

10. 銀行想方設法阻撓現金的使用：參見 Risen Jayaseelan, 'The joys and sufferings of going cashless', The Star, 7 Jan. 2019, https://www.thestar.com.my/business/ business- news/2019/01/07/ the- joysand-sufferings-of-going-cashless/

11. 關於「在印度不用現金的男人」、「善就是不用現金」兩大宣傳活動的詳情請參考：https://www.visa.com.bz/visaeverywhere/global-impact/cashless-man-of-india.html and https://www. campaignindia.in/video/ visa-looks-to-spread- goodness- and- educationwith-kindnessiscashless/434240

12. 該宣傳活動是「英國威士卡試圖在二〇二〇年以前，讓使用現金變得『奇怪』之長期策略的最後一步」，現在英國威士卡已將相關資料從其官網下架，但從 Internet Archive 仍可找到其中一個版本：https://web. archive.org/web/20171016092002/https://www.visa.co.uk/newsroom/ visaeurope-launches- cashfree- and- proud- campaign- 1386958?returnUrl= % 2fnewsroom % 2fcash-free-and-proud-video-female-22806.aspx

13. 發出一萬美元的獎金給「不收現金」的潮流小店：參見 'Meet the Cashless Challenge winners' at https://usa.visa.com/visa-everywhere/ innovation/visa-cashless-challenge-winners.html
14. 支付公司甚至散布現金不環保的觀念：參見 'Why Going Cashless Is Better for the Environment', written by digital payments company Pomelo Pay https:// www.pomelopay.com/blog/cashless-better-for-environment
15. 亞馬遜請專人遊說反對要求商店收現金的立法：《費城詢問者報》（Philadelphia Inquirer）追蹤報導了此事。參見 'Amazon warns it may rethink plans to open a Philly store if the city bans cashless retailers', 15 Feb. 2019, https:// www.inquirer.com/business/retail/ amazon- go- philadelphia- cashless-storeban-20190215.html, and 'Emails show how Philly officials tried to help Amazon escape proposed cashless store ban', 26 Feb. 2019, https://www. inquirer.com/news/ amazon- go- cashless- store-philadelphia- lobbying20190226.html
16. 設下「使用現金門檻」要求民眾超過一定金額即不得使用現金：參見 Peter Sands, Haylea Campbell, Tom Keatinge and Ben Weisman, 'Limiting the Use of Cash for Big Purchases: Assessing the Case for Uniform Cash Thresholds', M-RCBG Associate Working Paper Series No. 80, Sept. 2017, https://www.hks.harvard.edu/sites/default/files/centers/mrcbg/ files/80_limiting.cash.pdf
17. 近期更提議將限額進一步降低至三百歐元：Guillaume Lepecq, 'ECB calls for Greece to drop Cash Payment Limitations. But what about the other Countries?', CashEssentials, 3 Dec. 2019, https:// cashessentials.org/ecb-callsfor- greece- to- drop- cash- payment- limitations- but- what- about- the-

othercountries/

18. 二〇二〇年的清廉印象指數（Corruption Perceptions Index）: The index can be found here https://www.transparency.org/en/cpi/2020

19. 它通常會搭配國家機關服務拒收現金的規定，此類案例頗多，不過最知名的當屬德國的 Norbert Häring 用現金支付他的廣播電台執照費，導致歐盟法院的介入。參見 https://norberthaering.de/en/my-ecj-courtcase-on-cash/timeline/

20. 「Paytm 祝賀了不起的莫迪總理做出了獨立印度金融史上最大膽的決定！」：想看這則廣告的圖片請參考 'E-commerce companies are bombarding us with front page ads after demonetisation', The News Minute, 10 Nov. 2016, https:// www.thenewsminute.com/article/e-commerce-companies-are-bombardingus-front-page-ads-after-demonetisation-52670

21. 據說馬來西亞就曾探索去貨幣化的可行性：自從馬國總理納吉，因為印度總理莫迪在二〇一六年的去貨幣化作為，而稱讚他是位「了不起的改革者」後，謠言便不脛而走。

22. 德國聯邦銀行向以支持現金而聞名：各國央行多半不鼓勵行員公開推廣現金，但德國聯邦銀行經常提出支持現金的報告，其中甚至包括對「現金大多用於地下經濟」的說法進行研究 (see 'Cash demand in the shadow economy', Deutsche Bundesbank Monthly Report March 2019, https:// www.bundesbank.de/ resource/blob/793190/466691bce4f27f76407b35f8429441ae/mL/ 2019- 03-bargeld-data.pdf），而且也對「現金既慢又不方便」的說法進行調查 (see 'Study finds that cash payments are quick and cheap', 12 Feb. 2019, https://www.bundesbank.de/en/tasks/topics/study-finds-

thatcash-payments-are-quick-and-cheap-776688). 德國聯邦銀行也是第一批站出來力挺現金並駁斥現金傳播新冠疫情的央行 (see 'Cash poses no particular risk of infection for public', 18 March 2020, https://www.bundesbank.de/en/tasks/topics/ cash- poses- no- particular- risk- of- infection-forpublic-828762

23. Along with researchers at the IMF: See for example, Katrin Assenmacher & Signe Krogstrup, 'Monetary Policy with Negative Interest Rates: Decoupling Cash from Electronic Money', IMF Working Paper No. 18/191, 27 Aug. 2018, https://www.imf.org/en/Publications/WP/Issues/2018/08/27/Monetary- Policy-withNegative-Interest-Rates-Decoupling-Cash-from-Electronic-Money-46076

24. 荷蘭央行支持保留現金：參見 'Dutch central bank concerned about decreasing use of cash', NL Times, 29 Oct. 2018, https://nltimes.nl/2018/10/29/dutch-central-bank-concerned-decreasing-use-cash and 'Cash is still king: central bank calls for action to keep notes and coins', DutchNews, 7 July 2021, https://www.dutchnews.nl/ news/2021/07/ cash- is- still- king- central- bank- calls- for- action- to-keepnotes-and-coins/

25. 'If Crisis or War Comes': The Swedish information booklet can be found here https://www.dinsakerhet.se/siteassets/dinsakerhet.se/ broschyren- omkrisen-eller-kriget-kommer/om-krisen-eller-kriget-kommer---engelska.pdf

第3章

1. 偽幣甚至曾經被當做政治武器：參見 Karl Rhodes, 'The Counterfeiting Weapon', Econ Focus, Federal Reserve Bank of Richmond, vol. 16 (1Q), pages 34–37, https://www.richmondfed.org/-/media/richmondfedorg/ publications/research/econ_focus/2012/q1/pdf/economic_history.pdf
2. 印度當代的政治人物曾指控巴基斯坦的特情局：參見 Shiban Khaibri 'Fighting economic terrorism', Daily Excelsior, 19 Oct. 2013, https://www.dailyexcelsior.com/fighting-economic-terrorism/

第4章

1. 擁有銀行帳戶的羅馬尼亞人高達八六%：'Statistics show gap between Romanians' card ownership and usage', Romania Insider, 24 June 2019, https://www.romania-insider.com/lidl-card-usage-2019
2. 'along the Eastern seaboard'：Tony Kontzer, 'Inside Visa's Data Center', Network Computing, 29 May 2013, https://www.networkcomputing.com/networking/ inside-visas-data-center
3. 歐洲央行在二〇一三年與中國人民銀行設定了一個「換匯額度」：European Central Bank, 'ECB and the People's Bank of China establish a bilateral currency swap agreement', 10 Oct. 2013 https://www.ecb. europa.eu/press/pr/date/2013/html/pr131010.en.html

第5章

1. 英國的銀行分行家數大減二八%，自動提款機數則減少二四%：UK Parliament, 'Statistics

on access to cash, bank branches and ATMs', 12 Oct. 2021 https://commonslibrary.parliament.uk/researchbriefings/cbp-8570/

2. 全球谷歌趨勢資料顯示，「無現金」搜尋大增：互動式圖表請見 https://trends.google.com/trends/explore?date=all&q=cashless

3. 例如「網路星期一」一詞便是由全美零售聯合會創造出來的：Jessika Toothman & Kathryn Whitbourne, 'How Cyber Monday Works', HowStuffWorks, 2 Dec. 2019, https://money.howstuffworks.com/personalfinance/budgeting/cyber-monday1.htm

4. 數項研究調查的數據顯示，較高收入者使用現金的比例最低：參見 John Bagnall, David Bounie, Kim P. Huynh, Anneke Kosse, Tobias Schmidt, Scott Schuh & Helmut Stix, 'Consumer Cash Usage: A Cross-Country Comparison with Payment Diary Survey Data', European Central Bank Working Paper Series, No. 1685, June 2014, pp.18–19, https://www. ecb.europa.eu/pub/pdf/scpwps/ecbwp1685.pdf

5. 公開讚揚印度莫迪政府打擊現金的作為：塞勒於二〇一八年十一月八日在推特上對莫迪的行動發表評論指出：「這是我長期支持的一項政策，是邁向無現金的第一步，且是減少貪腐的好的開始。」https://twitter.com/r_thaler/status/796007237458206720

第6章

1. PayPal有權將你的資料分享給六百個組織：Wolfie Christl, 'Corporate surveillance in everyday life: How companies collect, combine, analyze, trade, and use personal data on billions', Cracked Labs

report, June 2017, p.21

2. 谷歌會利用像這樣的來源，宣稱：Sridhar Ramaswamy, ‘Powering ads and analytics innovations with machine learning’, Google Inside AdWords, 23 May 2017, https://adwords.googleblog.com/2017/05/ powering-ads-and-analytics-innovations.html

3. 彭博社報導谷歌完成了一項收購信用卡資料的祕密交易：Mark Bergen & Jennifer Surane, Bloomberg, ‘Google and Mastercard Cut a Secret Ad Deal to Track Retail Sales’, 30 Aug. 2018, https://www.bloomberg. com/news/articles/ 2018- 08- 30/ google- and- mastercard- cut- a- secret- ad- dealto-track-retail-sales

4. 像富國銀行和花旗銀行都對其客戶的消費行為建立了個人檔案：參見 Blake Ellis, ‘The banks’ billion-dollar idea’, CNN Money, 8 July 2011, https://money.cnn.com/2011/07/06/pf/banks_sell_shopping_ data/

5. 兩個月後英國的《泰勒評論》便呼籲打擊現金的使用：The July 2017 Taylor Review of Modern Working Practices can be found here https://assets.publishing.service.gov.uk/government/uploads/system/ uploads/attachment_data/file/627671/ good- work- taylor- review- modernworking-practices-rg.pdf. See also Vanessa Holder, ‘Crackdown proposed on cash-in-hand payments’, Financial Times, 12 July 2017, https://www.ft.com/ content/c215174a-6640-11e7-9a66-93fb352ba1fe

6. 「國際貨幣基金的核心職責之一是監管國際貨幣體系」：See IMF Surveillance factsheet https://www.imf.org/en/About/Factsheets/ IMF-Surveillance

7. 法案的第 314 條（a）款允許對被鎖定的個人帳戶進行監控：See FinCEN's 314(a) Fact Sheet https://www.fincen.gov/sites/default/files/shared/ 314afactsheet.pdf
8. 在二〇一〇年外洩的一份聯邦調查局文件中提及該局的「熱觀察」系統：Ryan Singel, 'Feds Warrantlessly Tracking Americans' Credit Cards in Real Time', Wired, 2 Dec. 2010
9. 《明鏡周刊》獨家報導了國安局的「追錢」行動：'NSA Spies on International Payments', Der Spiegel, 15 Sept. 2013 https://www.spiegel.de/international/world/ spiegel- exclusive- nsaspies-on-international-bank-transactions-a-922276.html
10. SWIFT 網路也需受此監視：關於 SWIFT 的監控及其合法性之細節請見 Johannes Köppel, The SWIFT Affair: Swiss Banking Secrecy and the Fight against Terrorist Financing. New edition [online]. Genève: Graduate Institute Publications, 2011 (generated 03 Nov. 2021). DOI: https:// doi.org/10.4000/ books.iheid.225
11. 學者娜塔莉・瑪黑雪勒在其學術論文中探討了此事：Nathalie Maréchal, 'First They Came for the Poor: Surveillance of Welfare Recipients as an Uncontested Practice', Media and Communication, Vol. 3, No. 3, 20 Oct. 2015 https://doi.org/10.17645/mac.v3i3.268
12. 他們使用了管理花費的應用程式：例如 GoHenry app https://www.gohenry.com/uk/benefits-for-parents/
13. 現在已有許多報導指出中國人的旅行及其他「特權」受阻：See Harry Cockburn, 'China blacklists millions of people from booking flights as "social credit" system introduced', Independent, 22 Nov.

2018. See also Ed Jefferson, 'No, China isn't Black Mirror – social credit scores are more complex and sinister than that', New Statesman, 27 April 2018

14. 它設法贏得了一紙對巴克萊銀行的臨時禁制令：See Dahabshiil's press release about the injunction here https://www.dahabshiil.com/blog/ dahabshiilwins-injunction-against-barclays-1/ 7. The Unnatural Progress of a 'Rapidly Changing World'

第7章

1. 因為半數以上的銀行不再處理現金：Josh Robbins, 'Bank and ATM closures: what the UK can learn from Sweden', Which?, 20 Dec. 2019, https:// www.which.co.uk/news/2019/12/ bank- and- atm-closures- what- theuk-can-learn-from-sweden/

2. 民眾表示，現金看得見摸得著的實體性，是他們偏好使用現金的一個主要原因：Deutsche Bundesbank, 'Payment behaviour in Germany in 2017', https://www.bundesbank.de/resource/blob/737278/458ccd8a8367fe8b36bb fb501b5404c9/mL/ zahlungsverhalten- in- deutschland- 2017-data.pdf and Chris Jennings, 'Survey: It's a Card-Obsessed World, but Cash Is Still King—Here's Why', GoBankingRates, 1 Nov. 2019 https://www.gobankingrates.com/ credit- cards/advice/ survey-americans- prefercash-to-credit/

3. 多項研究顯示，數位支持會鼓勵消費者快速做出「不痛不癢」的消費：See for example, Martina Eschelbach, 'Pay cash, buy less trash? – Evidence from German payment diary data', International

Cash Conference 2017, https://www.econstor.eu/handle/10419/162908 and Drazen Prelec & Duncan Simester, 'Always Leave Home Without It: A Further Investigation of the Credit-Card Effect on Willingness to Pay', Marketing Letters, Vol. 12, 2001, pp.5–12 https://link.springer.com/article/10.1023/A:1008196717017. For a shorter overview, see Hal E. Hershfield, 'The Way We Spend Impacts How We Spend', Psychology Today, 10 July 2012, https://www.psychologytoday.com/ us/blog/the-edge-choice/201207/the-way-we-spend-impacts-how-we-spend

4. 參見威士卡的「無現金的好處」網站：'Are cashless payments good for business?' https://usa.visa.com/visa-everywhere/innovation/benefitsof-going-cashless.html

5. 美國國際開發總署與威士卡和谷歌及其他企業組成了夥伴關係：國際開發總署已將此文件從其原本的出處移除了，目前只剩下存檔版本，https://web.archive.org/web/20201016190208/https://www.usaid. gov/sites/default/files/documents/15396/Lab-Fact-Sheet.pdf

6. 它有個如何將印度貨幣系統數位化的操作手冊：此文件原標題為'Beyond Cash'，但現已移除只剩下存檔版本 https://web.archive.org/web/20210731050518/https://www.digitaldevelopment.org/ beyond- cash. 想要了解更多關於美國國際開發總署在世界各地推動數位支付的策略，請看'Mission Critical: Enabling Digital Payments for Development' briefing, https://www.usaid.gov/sites/default/files/documents/ 15396/USAID-DFS-OpportunityBrief.pdf

7. 不過關於亞馬遜在幕後偷偷進行遊說的事還是浮上檯面了：See 'Amazon warns it may rethink plans to open a Philly store if the city bans cashless retailers', 15 Feb. 2019, https://www.inquirer.com/

business/ retail/amazon-go-philadelphia-cashless-store-ban-20190215.html and 'Emails show how Philly officials tried to help Amazon escape proposed cashless store ban', 26 Feb. 2019, https://www.inquirer.com/news/amazon-go-cashless-storephiladelphia-lobbying-20190226.html

8. 《華爾街日報》質疑法律是否「對創新設下限制」：Scott Calvert, 'Philadelphia Is First U.S. City to Ban Cashless Stores', Wall Street Journal, 7 March 2019, https://www.wsj.com/articles/philadelphiais-first-u-s-city-to-ban-cashless-stores-11551967201

第8章

1. 德國商業銀行成立了自家的金融技術培育單位：See Commerzbank's description here https://www.commerzbank.de/en/nachhaltigkeit/markt___kunden/ mittelstand/main_incubator/main_incubator.html
2. 梅爾・艾文斯把這種冷酷的商業機構贊助藝術的現象稱為「藝術洗白」：Mel Evans, Artwash: Big Oil and the Arts (Pluto Press, 2015)
3. 肯特里奇創作了一支名為「二手閱讀」的動畫短片：https://www.youtube.com/watch?v=IEfUjg5viGk
4. 這個數位介面取了個真人的名字——Erica：美國銀行對Erica的簡介 https://promotions.bankofamerica.com/digitalbanking/mobilebanking/erica
5. 例如匯豐銀行把它的聊天機器人命名為「匯豐之音」：See HSBC's Josh Bottomley comment on this at CogX 2019 here https://youtu.be/ lqnZVXCRhZM?t=1620

6. 中國的支付寶和微信率先採用了臉部辨識支付（刷臉支付）：‘Smileto-pay: Chinese shoppers turn to facial payment technology’, Guardian, 4 Sept. 2019, https://www.theguardian.com/world/2019/sep/04/smile-to-paychinese-shoppers-turn-to-facial-payment-technology

第9章

1. 前基督教傳教士梅根・奧吉布林對於奇點故事的說法：Meghan O’Gieblyn, ‘God in the machine: my strange journey into transhumanism’, Guardian, 18 April 2017, https://www.theguardian.com/technology/2017/ apr/18/god-in-the-machine-my-strange-journey-into-transhumanism
2. 提爾隨後資助朗斯代爾和其他一些人，把同樣的模式應用於國家安全：See Peter Waldman, Lizette Chapman & Jordan Robertson, ‘Palantir Knows Everything About You’, Bloomberg Businessweek, 19 April 2018, https:// www.bloomberg.com/features/2018-palantir-peter-thiel/
3. 帕蘭泰爾公司把自己出租給摩根大通等主要金融公司：Waldman et al (see above).
4. 例如匯豐銀行與其三千九百萬名客戶的互動，產生了約一五〇拍位元組的數據：See HSBC’s Josh Bottomley discuss these figures at CogX 2019 https://youtu.be/boxy3llT-00?t=423
5. 例如加拿大皇家銀行有一個由一百名博士組成的人工智慧研究團隊：See Foteini Agrafioti, Head of RBC’s Borealis AI, discuss the team here https:// www.rbccm.com/en/insights/story.page?dcr=templatedata/article/insights/ data/2019/04/pushing_the_boundaries_of_science_with_ai
6. 現在我們只剩三名交易員，而且我們覺得這樣的演變很自然：高盛的喬安・漢福德在二〇一九年的 CogX 大會（歐美地區最盛大的科技大會）上的演講 https://youtu.be/ lqnZVXCRhZM?t=749

7. 「黑人貸款的被拒絕率要高得多」：See for example, Sray Agrawal, 'Fair AI: How to Detect and Remove Bias from Financial Services AI Models', Finextra, 11 Sept. 2019, https://www.finextra.com/blogposting/17864/ fair- ai- how- to- detect- and-remove- bias- from- financialservices-ai-models

8. 國際隱私組織（Privacy International）二〇一五年的報告指出，烏干達政府正在試辨各種監視技術：Privacy International, For God and My President: State Surveillance In Uganda, Oct. 2015, https://privacyinternational. org/sites/default/files/2017-12/Uganda_Report_1.pdf

9. 整體範例常常導致過度負債：See Isabelle Guérin, Solène Morvant-Roux, Magdalena Villarreal (editors), Microfinance, Debt and Over-Indebtedness Juggling with Money (Routledge, 2014)

10. Lenddo 會分析某人使用手機留下的「數位足跡」：See for example, Privacy International, 'Fintech's dirty little secret? Lenddo, Facebook and the challenge of identity', 23 Oct. 2018, https://privacyinternational. org/ long- read/2323/ fintechs- dirty- little- secret- lenddo- facebook- andchallenge-identity. See also María Óskarsdóttir, Cristián Bravo, Carlos Sarraute, Bart Baesens & Jan Vanthienen, 'Credit Scoring for Good: Enhancing Financial Inclusion with Smartphone-Based Microlending', Thirty Ninth International Conference on Information Systems, San Francisco, 2018, https:// eprints.soton.ac.uk/425943/1/Credit_Scoring_for_Good_Enhancing_Financial_Inclusion_with_Smart.pdf.

11. 該公司聲稱它們使用機器學習來分析多達一萬兩千個變量以計算信用評分：Watch 'How does Lenddo work?' on the Omidyar Network's YouTube channel https://www.youtube.com/

watch?v=0bEJO4 Twgu4

12. 肯亞的 Tala 公司分析了一萬個數據點：See Kate Douglas, 'How calling your mother can help you get a micro-loan in Kenya', How we made it in Africa, I Nov. 2016, https://www.howwemadeitinafrica.com/ calling-mother-can-help-get-micro-loan-kenya/56525/

13. Neener Analytics 把心理測驗技術應用於「猶豫不決」的人：See the Neener team's description of what they do here http://www.neeneranalytics.com/what-we-do.html, and their Finovate presentation here https://finovate.com/videos/finovatespring-2019-neener-analytics/

14. 這是自動催債機器人的聲音：Voca.ai (now acquired by Snap) provides this service. See a demonstration here https:// www.youtube.com/watch?v=FBcaCp8CObA

第 10 章

1. 受到來自《美國愛國者法案》附則的壓力：See for example, Eric J. Gouvin, 'Bringing Out the Big Guns: The USA PATRIOT Act, Money Laundering, and the War on Terrorism', 55 Baylor L. Rev. 955, 2003, and Fletcher N. Baldwin, 'Money laundering countermeasures with primary focus upon terrorism and the USA Patriot Act 2001', Journal of Money Laundering Control, Vol. 6 No. 2, 2002, pp.105–136

第 12 章

1. 政治學的馬蹄鐵理論：For a basic overview of the theory, see https:/ en.wikipedia.org/wiki/

Horseshoe_theory. 該理論的某些版本認為，極右派和極左派的共同特徵是威權主義傾向，反國家主義有可能是另一個共同特徵，且兩者都拒絕向政治光譜的中心靠攏。

2. 例如美國的比特幣交易員切德・艾瓦托斯基建了一座海上家園：Adam Forrest, 'US Bitcoin trader faces death penalty after Thai navy seizes floating home of fugitive "seasteaders"', 20 April 2019, https://www. independent.co.uk/news/world/asia/bitcoin- chad- elwartowski- thai- navy- floatinghome-seasteading-phuket-a8878981.html

3. 「比特幣就像他們擔心的那樣，一種選擇離開的方式」：原文出自黑暗錢包的宣傳影片，見 https://www.youtube.com/watch?v=Ouo7Q6Cf_yc

4. 這是密碼學家尼克・薩博率先在一九九四年使用的術語：Nick Szabo, 'The Idea of Smart Contracts', 1997, http://www.fon.hum.uva.nl/rob/Courses/InformationInSpeech/CDROM/Literature/LOTwinterschool2006/szabo.best. vwh.net/idea.html

5. 史蒂夫・班農相信比特幣是推動「全球民粹主義抗爭」的一種手段：Billy Bambrough, 'Donald Trump And Steve Bannon In Surprise Bitcoin Split', 5 Aug. 2019, https://www.forbes.com/sites/billybambrough/2019/08/05/donaldtrump-and-steve-bannon-in-surprise-bitcoin-split/

第13章

1. 高盛等投資銀行開始考慮成立加密交易部門：https://www.wsj.com/articles/goldman-sachs-explores-a-newworld-trading-bitcoin-1506959128 and https://www.bloomberg.com/news/

articles/2017-10-02/goldman-sachs-said-to-explore-starting-bitcoin-tradingventure

2. 為任何形式的銀行間協調，建立「區塊鏈」解決方案，例如證券化：See for example William Suberg, 'Blockchain Meets Securitization Market In New Chamber Of Digital Commerce Partnership', Cointelegraph, 1 March 2017, https://cointelegraph.com/news/ blockchain- meets- securitization-market- innew-chamber-of-digital-commerce-partnership

3. 摩根大通的一個團隊建立了自家的 DLT 系統，稱為 Quorum：Quorum has now been acquired by ConsenSys https://consensys.net/quorum/

4. NASDAQ has announced a partnership with R3: See R3 press release 'Nasdaq to collaborate with R3 on institutional grade offerings for digital assets exchanges', 29 April 2020, https://www.r3.com/press-media/nasdaq-tocollaborate- with- r3- on- institutional- grade- offerings- for- digital- assetsexchanges/

5. 泰達幣有一部分是「無擔保的」：關於泰達的爭議有大量的報導，其中說得最清楚的請見 Nikhilesh De, 'Tether Says Its Stablecoin Is "Fully Backed" Again' Coindesk, 8 Nov. 2019, https://www.coindesk.com/tether-says-its-stablecoin-is-fully-backed-again

6. 泰達幣的美元儲備可以轉移至這些地方：See Amy Castor, 'The curious case of Tether: a complete timeline of events', 17 Jan. 2019, https://amycastor. com/2019/01/17/the-curious-case-of-tether-a-complete-timeline-of-events/

7. 透過以太坊的智慧合約發給你稱為 USD Coin 的加密美元當做回報：See the FAQ on USD Coin here https://help.coinbase.com/en/coinbase/gettingstarted/crypto-education/usd-coin-usdc-faq

8. 頭條新聞聲稱 Libra 將「摧毀商業和中央銀行」：Robert Johnson, ‘BitMEX CEO: “Libra Will Destroy Commercial & Central Banks”’, 2 July 2019, https://cryptodaily.co.uk/2019/07/bitmex-ceo-libra-willdestroy-commercial-central-banks
9. 認為 Libra 將成為美國對抗中國數位支付平台的力量：read the testimony here https://financialservices.house.gov/uploadedfiles/ hhrg-116-ba00-wstate-marcusd-20190717.pdf
10. 臉書執行長祖克伯也發了一則推文：Josh Constine, ‘Facebook’s regulation dodge: Let us, or China will’, TechCrunch, 17 July 2019, https://techcrunch.com/2019/07/17/facebook-or-china/
11. 央行的主要智庫對二十三家央行進行了調查：OMFIF, Retail CBDCs: The next payments frontier, https://www.omfif.org/ibm19/

結語

1. 這在英國已經奏效，二〇二〇年的現金使用量下降超過五成：This figure is based on Enryo research. See https://enryo.org/news-%26- media/f/cash-usage-falls-by-over-50%25-but-will-remain-stable-until-2030
2. 二〇二〇年亞馬遜的收入大增四成以上：Tom Huddleston Jr., ‘How much revenue tech giants like Amazon and Apple make per minute’, CNBC, 1 May 2021, https://www.cnbc.com/2021/05/01/how-much-revenue-techgiants-like-amazon-and-apple-make-per-minute.html

翻轉學 翻轉學系列 114

AI 時代的現金戰爭

通膨、銀行倒閉、金融詐騙……

當金錢只剩一組數字，如何在「無現金社會」保護自己的雲端財富？

Cloudmoney: Cash, Cards, Crypto and the War for our Wallets

作者	布萊特・史考特（Brett Scott）
譯者	閻蕙群
封面設計	FE 工作室
內文排版	黃雅芬
校對	魏秋綢
行銷企劃	呂玠忞
出版二部總編輯	林俊安

出版者	采實文化事業股份有限公司
業務發行	張世明・林踏欣・林坤蓉・王貞玉
國際版權	鄒欣穎・施維真・王盈潔
印務採購	曾玉霞・謝素琴
會計行政	李韶婉・許俽瑀・張婕莛
法律顧問	第一國際法律事務所　余淑杏律師
電子信箱	acme@acmebook.com.tw
采實官網	www.acmebook.com.tw
采實臉書	www.facebook.com/acmebook01

ISBN	978-626-349-268-4
定價	500 元
初版一刷	2023 年 6 月
劃撥帳號	50148859
劃撥戶名	采實文化事業股份有限公司
	104 台北市中山區南京東路二段 95 號 9 樓
	電話：(02)2511-9798　傳真：(02)2571-3298

國家圖書館出版品預行編目資料

AI 時代的現金戰爭 : 通膨、銀行倒閉、金融詐騙……當金錢只剩一組數字，如何在「無現金社會」保護自己的雲端財富？ / 布萊特 . 史考特 (Brett Scott) 著 ; 閻蕙群譯 . -- 初版 . – 台北市 : 采實文化 , 2023.06

368 面 ; 14.8×21 公分 . --（翻轉學系列 ; 114）

譯自：Cloudmoney : cash, cards, crypto, and the war for our wallets

ISBN 978-626-349-268-4（平裝）

1.CST: 電子資金 2.CST: 電子商務 3.CST: 電子貨幣 4.CST: 數位科技

563.146　　112005009

采實出版集團
ACME PUBLISHING GROUP